실무형
팀장

실무형 팀장

내 일도 하고,
팀도 챙기고,

성과도 내야 하는
슈퍼 울트라

임희걸 지음

경이로움

실무형 팀장이 온다

구조조정의 산물, 실무형 팀장의 등장

끝이 보이지 않는 불경기와 전 산업에 걸친 구조조정, 그리고 AI(Artificial Intelligence, 인공지능) 도입의 확산은 일자리의 소멸을 가속화하고 있다. 직장인들은 매일 지친 몸을 이끌고 출근하지만, 자신의 미래가 어디로 향하는지 아는 사람은 드물다. 불황의 깊은 파도가 지나가고 나면 조직에는 상흔이 남는다. 그 상흔 중 하나가 바로 '실무형 팀장'이다.

불경기에는 기업은 조직을 슬림화하고, 줄어든 인원만큼의 업무 공백은 자연스럽게 팀장의 몫이 된다. 사람은 줄었지만 업무는 줄지 않으니, 누구에게도 딱히 넘기기 어려운 일들이 팀장에게 몰린다. 가장 책임감 있는 사람이 팀장이라는 이유로, 가장 어려운 일을 맡게 되기도 한다. 워라밸(Work Life Balance, 일과 삶의 균형)을 중요하게 여기는 MZ세대 대신, 팀장이 야근과 주말 근무를 감수해야 하는 일도 비일비재하다. 이러한 이유로 조직에는 언젠가부터 궁여지책으로 실무형 팀장이 등장하게 된다.

그렇다면 원래 팀장은 어떤 사람이어야 할까? 그동안 통용되어 온 정의는 '팀원이 성과를 내도록 돕는 사람'이다. 이는 팀장을 관리와 지원에 국한된 존재로 간주하며, 실무에서는 손을 떼는 것이 바람직하다는 전제로 정의되었다.

그러나 이 정의에 변화의 조짐이 나타나고 있다. 최근 변화된 팀장의 정의는 '업무에서 얻은 통찰력을 활용해 사업 전략을 세우는 사람'이다. 이제 조직은 팀장에게 단순한 관리자를 넘어, 전략가로서의 역할을 기대한다. 팀장이 사업의 미래를 설계하고 전략을 수립하는 존재로 거듭나기를 바라는 것이다. 기존의 방식만으로는 이전과 같은 성과를 낼 수 없는 시대다. 팀장은 변화에 맞추어 새로운 역할을 수행해야 한다.

새롭게 요구되는 팀장의 역할을 세분하면 다음과 같다. 첫째, 시장 흐름을 읽고 사업 전략을 수립한다. 전략이 더는 통하지 않는 시점이 오면, 방향을 과감히 수정할 수 있어야 한다. 둘째, 팀원이 지속적으로 성과를 개선할 수 있도록 체계를 만들고 협력과 소통을 활성화한다. 셋째, 팀의 실력을 끌어올린다. 팀원 개개인의 역량을 키우고, 서로 배움을 주고받는 문화를 조성한다.

누가 팀장이 되는가?

21세기 혁신의 아이콘, 애플(Apple)의 공동 창업주 스티브 잡스(Steve Jobs)의 말을 통해 팀장의 자질을 살펴보자.

> "You know who the best managers are?
> They are the great individual contributors who never ever want to be a manager.
> But decided they have to be a manager,
> because no one else is gonna be able to do as good a job as them."
>
> "어떤 사람이 최고의 팀장인 줄 아십니까?
> 절대 팀장이 되고 싶지 않다고 생각하는 일잘러입니다.
> 그러나 그들은 자기보다 더 잘할 수 있는 사람이 없다는 걸 깨닫고는
> 결국 팀장 자리를 받아들입니다."

잡스는 최고의 성과를 올리기를 열망하는 사람이 팀장이 되어

야 한다고 보았다. 그런 사람만이 실무에서 통찰력을 얻고, 새로운 기회를 발굴하며, 세상에 없던 상품과 서비스를 만들어 낼 수 있기 때문이다.

변화된 팀장 모델은 팀장이 실무에서 손을 떼서는 안 된다고 말한다. 현장을 이해하고, 실무를 직접 경험해야 일의 본질을 꿰뚫는 통찰을 얻을 수 있다. 결국 가장 일 잘하는 사람, 우리 일의 내일을 잘 아는 사람이 팀장이 되어야 한다.

모두에게 호갱?

실무형 팀장은 불황과 구조조정의 산물이지만, 동시에 회사의 미래를 이끌 핵심 인물로 부상하고 있다. 실무형 팀장은 양면성을 지닌 존재다. 부득이한 필요에 의해 만들어졌지만, 더 큰 필요를 창출할 잠재력을 가지고 있다.

하지만 실무형 팀장이 되는 일은 결코 쉬운 선택이 아니다. 조직에는 도움이 될 수 있어도, 개인에게는 팀장 자리가 혹독한 시험대가 된다. 팀장의 어깨 위에는 팀원들의 빈자리를 메우는 야근과 주말 근무, 감정 쓰레기통 역할, 상사의 비위 맞추기, 창의적인 전략 마련 등 온갖 부담이 얹힌다.

처음 팀장이 되었을 때는 누구나 훌륭한 리더를 꿈꾼다. 인자하고 자상하며 열정 넘치는 대학 선배 같은 리더 말이다. 하지만 시간이 지나면, 자신의 모습이 꿈꾸던 팀장의 모습이 아니라는 사실을 깨닫게 된다. 매일을 간신히 버티며 거울 앞에 선 자신과 마주한다.

나는 실무형 팀장이 어떻게 버티고 살아남을 수 있을지 함께 고민하기 위해 이 책을 썼다. 스트레스와 정신적 소진 속에서도 무너지지 않기 위해 어떤 전략이 필요한지를 제안한다. 실무형 팀장은 장군이자 병사이고, 감독이자 선수다. 본래 양립하기 어려운 2가지 역할을 동시에 해내야 하는 존재다. 그런 이들을 위해 이 책은 몇 가지 솔루션을 제시하고자 한다. 내가 직접 사용한 방법도 있으며, 실무형 팀장으로 버티고 있는 선배들에게 전해 들은 지극히 현실적인 방법도 포함되어 있다.

가급적 바로 적용 가능한 구체적인 팀 운영법을 담고자 했다. 단순히 방향만 제시하는 것이 아니라, 시작이 막막하지 않도록 실제로 써먹을 수 있는 구체적인 방법을 전달하는 데 집중했다.

실무형 팀장에게 필요한 팀 운영 스킬은 익히기 어렵지만, 한번 익히면 엄청난 무기가 될 수 있다. 머지않아 대부분의 팀장이 실무형이 될 것이다. 고도성장기를 지나 저성장기에 진입한 선진국들은 이미 그런 흐름을 겪고 있다. 단순한 관리형 팀장은 더 이상 시장에서 환영받지 않는다. 반면 사업의 흐름을 읽고 앞서 움직일 수 있는 실무형 팀장은 더 높은 가치를 인정받는다. 이 흐름에 먼저 올라탄 사람에게는 분명히 더 큰 기회가 주어질 것이다.

나 역시 언제까지나 실무형 팀장으로 남기를 바란다. 운동선수는 나이 들면 경기장을 떠나야 하지만, 실무형 팀장은 사무실에서 선수로서 계속 뛸 수 있다. 나는 팔짱을 끼고 팀원을 뒤에서 지켜보는 팀장이 아니라, 함께 뛰는 팀장이고 싶다. 어떻게 하면 더 빠르고 효과적으로 실무를 해낼 수 있을지를 고민한다. 관록에만 의지하는 것이 아니라, 일하는 방식을 몸소 보여주는 스마트한 팀장이 되고 싶다.

마지막으로 다시 한번 잡스의 말을 소개하며 프롤로그를 마무리하고자 한다.

"The greatest people are self-managed — they don't need to be managed."
"탁월한 사람은 스스로 관리합니다.
누군가 자기를 관리해 줄 사람이 필요하지 않죠."

목차

○ 프롤로그 실무형 팀장이 온다 • 4

CHAPTER 1

왜 실무형 팀장인가?

○ 실무형 팀장은 왜 생겨났을까? • 17

○ 관리형 팀장 vs. 실무형 팀장 • 25

○ 친구 같은 팀장, 동료 같은 팀장 • 34

○ 멀티 제너레이션팀을 잘 다루어야 한다 • 41

○ 팀장, 그걸 왜 해? • 51

○ 실무를 놓지 않는 커리어가 좋은 이유 • 59

CHAPTER 2

호갱님, 안녕하세요?

- 실무형 팀장, 나는 무엇을 하는 사람인가? • 71
- 위아래와 모두 단절된 느낌, 혼자 남겨진 느낌 • 82
- 실무도 하는데 전문성이 바닥? • 93
- 확증 편향 경계하기 • 100
- 실무와 관리 비중을 정하기 어려운 이유 • 107

CHAPTER 3
실무형 팀장을 위한 팀 운영 매뉴얼

- 일이 돌아가는 체계 쌓기 · 121
- 알아서 일하는 낙원 같은 팀 · 136
- 자율성과 모티베이션 · 151
- 팀원이 감동하는 커리어 지원 · 161
- 동료와 함께하는 새로운 인사 관리 · 175
- 팀워크를 단단히 하는 우리 팀만의 문화 만들기 · 185
- 핵심에 집중하는 성과 관리 · 197
- 케이스별 의사결정 방식 · 206
- 팀원의 성장, 성장, 성장 · 221

CHAPTER 4
실무형 팀장의 '나 먼저 살아남기'

- 실무형 팀장, 나는 누구인가? • 243
- 완벽한 리더 말고, 나다운 리더 되기 • 251
- 실무형 팀장의 울트라 전문성 • 260
- 팀장의 콘텐츠가 권위를 만든다 • 272
- 팀장의 시간 관리, 이것만 알면 된다 • 283
- 가장 강력한 커리어 자산 '팀장 리더십' • 295
- 멘털 꽉 부여잡는 방법 • 305

- 에필로그 나의 진심이 닿기를 바라며 • 318

CHAPTER 1

왜 실무형

팀장인가?

실무형 팀장은
왜 생겨났을까?

스타트업 리더십을
벤치마킹하려는 경영 트렌드

실무형 팀장이 주목받게 된 이유는 스타트업의 조직 관리 방식을 따라가려는 트렌드 때문이다. 중견기업부터 대기업까지 앞다투어 스타트업의 문화를 본받으려 한다.

    스타트업에서는 팀장은 물론 임원도 실무자 역할을 병행하는 경우가 흔하다. 대기업의 팀장이 감독이라면, 스타트업의 리더는 농구의 포인트 가드(Point guard)에 가깝다. 포인트 가드는 야전 사령관이다. 선수로 뛰면서도 경기의 흐름을 읽고 팀을 유리하게 이끄는 역할을 한다.

왜 많은 회사가 스타트업의 리더십을 벤치마킹하려고 할까? 스타트업으로 시작한 구글(Google), 아마존(Amazon), 애플 등 혁신 기업이 높은 성과를 보여주었기 때문이다.

이들은 경쟁 조건을 송두리째 바꾸어 놓았다. 한국 기업은 '패스트 팔로워(Fast follower)'로서 선두 기업이 만든 상품을 더 빠르고, 더 효율적으로 만들어 내는 데 강점이 있었다. 그러나 실리콘밸리의 혁신 기업은 새로운 비즈니스 모델을 만들어 냈다. 그들은 경쟁자를 만들지 않고 새로운 시장을 창출했다. 수익률도 높았고, 성장률도 뛰어났다.

이전까지 한국 경영자의 관심사는 '효율적 경영을 통한 성과 창출'에 있었다. 기업은 보유 자원을 최대한 활용해 더 높은 성과를 올리는 것을 목표로 했다. 이 접근은 성과 창출의 방법이 명확히 보일 때 유효했다. 더 빠르게, 더 적은 비용으로 문제를 해결하는 것이 중요했고, 고도성장기에는 이런 방식이 통했다.

인력 관리 측면에서도 치밀한 조직 관리에 집중했다. 경영자가 목표를 할당하면 예하 조직은 목표 달성을 위해 충실하게 움직였다. 팀장은 업무 관리 체계를 정교화하고, 관리를 강화했다. 조직이 대형화되고 관료화될수록 이 모델이 잘 통했다. 패스트 팔로워의 조직 관리에는 관리형 팀장 모델이 딱 맞았다.

그러나 스타트업에는 이러한 조직 관리 모델이 통하지 않는다. 스타트업이 속한 생태계에서는 생존을 위한 스케일업(Scale-up)이 핵심이다. 일정한 궤도에 올라 이익을 만들기 위해서는 폭발적인 성장 구간이 반드시 필요하다. 단기간에 스케일업 구간을 통과하고 확실한 생존기에 들어가기 위해 빠른 속도를 추구한다. 따라서 성장성과 속도가 우선이다. 스타트업은 수익성보다는 새로운 비즈니스 모델을 제안하는 창의적 역량을 더 높게 본다.

새로운 사업을 제안하는 역량, 성장 중심의 사고, 빠른 속도를 지향하는 일 처리 방식은 지금까지 한국 기업 문화가 가지지 못한 스타트업의 장점이었다. 관료화된 대기업은 실패를 줄이고 일의 완성도를 높이려는 데 집중한다. 반면 스타트업은 빠르게 시도하고, 실패가 생기면 새로운 시도로 덮어씌우는 방식으로 운영한다.

경영 전략의 차이는 서로 다른 형태의 리더십을 만들어 냈다. 대기업의 리더십은 효율성과 성과 창출에 초점을 둔다. 이와 달리 스타트업은 자율과 실험, 빠른 실행력을 끌어내는 리더십을 최고로 친다. 구글과 같은 혁신 기업이 시장에서 주목받을수록 새로운 리더십을 외치는 목소리도 커졌다.

문제는 우리 기업들은 전략이나 조직 문화는 바꾸지 못한 채 '스타트업의 리더십'만 바라게 되었다는 점이다. 조직이라는 몸통은 굼뜨지만, 리더십이라는 머리는 생기 넘치길 원하는 셈이다.

이러다 보니 조직 내 실제 관리 방식과 이상적인 관리 방식이

서로 충돌하게 된다. 간섭하고 통제하는 문화가 여전한데도, 조직의 역량은 크게 미치지 못하는데도 팀장의 리더십은 '자율, 창의, 도전'을 갖추라고 요구받는다. 이런 맥락에서 실무형 팀장이 등장하고 확산되기 시작한 것이다.

복잡해진 경영 환경과 구조조정

경제 위기가 반복되고, 경영 환경이 악화되면서 구조조정은 일상이 되었다. 기업은 앞다투어 인력 규모를 줄이고 계층 구조를 단순화한다. 줄어든 인력만큼 남은 사람의 업무 범위는 넓어지는, 즉 팀원 수는 줄어들지만 업무량은 늘어난다.

이처럼 경기가 나빠지면 실무형 팀장이 늘어난다. 처음에는 단순히 팀원의 빈자리를 채우기 위해 팀장이 실무에 투입된다. 그러나 이는 임시방편일 뿐이다. 인력 부족이 장기화되면, 팀 운영 자체를 더 효율적으로 해야 할 필요성이 생긴다. 팀장이 실무에 직접 뛰어들어 업무 체계를 정비하고, 팀의 일하는 방식을 다듬어 나가게 된다.

장기 불황을 먼저 겪은 일본이 대표적이다. 2023년 9월, 일본 생산성 본부의 조사에 따르면, 300인 이상 기업에서 근무하는 팀장

중 97%가 실무와 관리를 동시에 맡고 있었다. 이는 인력 감축으로 팀원이 부족해지자 팀장이 직접 실무에 뛰어들 수밖에 없었던 결과였다.

이러한 흐름은 단순한 인력 감축에서 그치지 않는다. 특정 과제를 위해 일시적으로 구성된 프로젝트팀(Project team)이나 빠른 피드백과 반복 실험을 통해 민첩하게 일하는 애자일팀 (Agile team)처럼, 유동적으로 구성과 해체가 반복되는 조직이 늘고 있다. 조직 구조가 유연해지면서, 1명의 팀원이 여러 팀의 일을 동시에 맡는 경우도 많아졌다. 당연히 팀 운영은 더욱 복잡해졌다.

팀장 입장에서는 팀원의 프로젝트 일정을 고려해야 하고, 일이 몰려 병목 현상이 생기지 않도록 조율도 해야 한다. 이제는 팀원을 믿고 기다리기만 해서는 일이 제때 끝나지 않는다. 팀장은 일정을 직접 챙기고, 경우에 따라서는 실무를 병행하면서 문제를 해결해야 한다.

그뿐만 아니라 일하는 현장 자체가 수시로 변한다. 특히 AI와 같은 여러 신기술이 빠르게 도입되면서 업무 방식이 계속 바뀌고 있다. 팀장은 실무에서 잠시만 손을 떼도 감각이 무뎌지고, 뒤처질 수 있다는 불안감이 커진다. 그래서 실무의 끈을 놓지 않으려는 것이다.

비즈니스 현장과 팀원이 요구하는
팀장의 전문성

팀장에게 '관리자' 이상의 전문성이 요구되는 시대가 된 것도 실무형 팀장이 늘어나게 된 배경 중 하나다.

팀장이 되었다는 것은 실무자로서 훌륭한 커리어를 쌓았다는 의미이기도 하다. 그러나 팀장이 되었다고 해서 그간 쌓아온 전문성이 자동으로 유지되지는 않는다. 실무에서 멀어지면 감각도 금방 떨어지고, 과거의 경험은 곧 낡은 것이 된다.

반면 고유 업무를 가진 팀장은 실력을 유지하기 쉽다. 실무 흐름을 계속해서 관찰할 수 있고, 문제를 직접 해결해 볼 수 있기 때문이다. 이는 곧 팀장의 권위를 높여주는 요소가 된다.

예전에는 직급이 높을수록 중요한 정보에 접근할 수 있었다. 그러나 지금은 실무자가 더 많은 정보를 취할 수 있다. 날마다 새로운 기술과 트렌드가 쏟아지고, 고객 접점에서 수집된 빅데이터를 통해 시장 흐름이 분석된다. 최신 정보를 얻고 제대로 된 의사결정을 하려면, 팀장이 실무 최전선과 멀어지면 안 된다.

예전에 한 선배 팀장이 한 말이다.

"팀장에게는 인성이 중요하지, 실무 능력은 중요한 게 아니야."

물론 기본적인 성품은 매우 중요하다. 그러나 어느 정도의 인성이 갖추어졌다면, 그다음으로 중요한 것은 실력이다.

미국 애크런대학교(The University of Akron)의 로저 메이어(Roger C. Mayer) 교수의 연구에 따르면, 리더는 실력과 성품을 모두 갖추어야만 신뢰를 얻는다. 실무를 전혀 이해하지 못하는 상사는 잘못된 결정을 내리기 쉽다.* 아무리 성격이 좋아도 일이 해결되지 않으면 팀원은 실망하게 된다. 예컨대 팀장이 거절을 잘 못해서 자꾸 새로운 일을 떠안으면 어떻게 될까? 우리 팀이 하겠다고 큰소리를 쳤지만, 그 뒷감당은 팀원 몫으로 돌아온다.

반대로 팀장이 고유 업무를 직접 수행하고 있으면, 실력을 자연스럽게 보여줄 수 있다. 이런 팀장은 업무 트렌드를 이해하고 있고, 최신 이슈를 파악하고 있으며, 팀원들이 일의 세부 사항을 이야기해도 척척 알아듣는다. 그런 팀장이라면 누구라도 믿고 따르고 싶어진다.

물론 전문성과 성품을 모두 갖춘 팀장이라면 금상첨화다. 하지만 '훌륭한 성품'을 갖추는 일은 전문성을 키우는 것보다 훨씬 어렵다.

아직도 많은 조직에서는 팀장이 실무에 손대면 팀 관리에 집중하지 못할까 봐 걱정한다. 눈앞의 일을 직접 처리하기보다 팀원이 더

---

* Mayer, R. C., Davis, J. H., & Schoorman, F. D. (1995). An integrative model of organizational trust. *Academy of Management Review, 20*(3), 709-734.

큰 성과를 내도록 돕는 게 팀장의 본업이라고 생각하기 때문이다.

하지만 이미 많은 팀장이 실무형이 되었고, 또 그렇게 변해가고 있다. 팀장이 실무를 한다는 것이 옳고 그른지의 문제가 아니라, 현실이 실무형 팀장을 요구하고 있는 시대가 된 것이다.

 실무형 팀장 SUMMARY

- 스타트업으로 시작한 구글, 아마존, 애플 등 혁신 기업이 높은 성과를 보여줌에 따라 스타트업 리더십이 확산되었다.
- 디지털 전환과 AI 도입, 구조조정 등 환경의 변화로 팀장이 직접 실무에 뛰어드는 환경이 조성되었다.
- 팀장의 전문성이 리더십 신뢰의 기준이 되면서 실무 경험의 중요성이 높아졌다.

관리형 팀장 vs. 실무형 팀장

관리형 팀장과 실무형 팀장의 결정적 차이

과거에는 팀장이 팀 관리에 대해 고민할 시간이 충분히 있었다. 팀원과의 면담 전날, '어떤 토크로 피드백을 시작할까?' 하는 사소한 것도 오래 고민했다. 주말에 뭘 했는지 물어볼지, 날씨 이야기로 운을 뗄지…. 여유롭게 이런저런 고민을 할 수 있었다. 팀장끼리 상의도 할 수 있어서 선배 팀장에게 조언을 구하기도 했다. 삐딱한 눈으로 보면 월급 루팡 같기도 한 모습이지만, 당시에는 팀장의 이런 여유를 조직 관리에 꼭 필요한 요소로 여겼다.

반대로 실무도 해야 하는 실무형 팀장은 늘 여유가 없다. 그래서 자신의 결정이 옳은 게 맞는지 항상 불안에 시달린다. 하지만 고민할 시간이 부족하다. 다양한 정보를 충분히 고려해서 결정하고 싶지만, 시간에 쫓겨 부족한 정보를 토대로 결정을 내려야 한다. 더 잘할 수 있는데 그렇게 하지 못한다는 죄책감에 시달린다. 하반기 팀 실행 전략을 세워본다. 급하게 작성해 제출해 보니 작년, 재작년과 다를 바 없어 보인다. '아, 더 잘할 수 있었는데…. 조금만 시간이 더 있다면!'

관리형 팀장은 정보를 모은다며 열심히 인맥을 관리했다. 임원이나 다른 부서 팀장과 잦은 저녁 식사 자리를 가졌다. 업계 모임이나 거래처와의 식사도 빠짐없이 챙겼다. 정보가 곧 힘이던 시대였기에, 인맥을 쌓고 정보를 수집하는 일은 팀장의 중요한 역할 중 하나였다.

실무형 팀장은 정보를 위해 뛰어다닐 수 없다. 실무형 팀장도 당연히 인맥이 없으면 불안하다. 하지만 그럴 여유가 없다. 쏟아지는 일을 처리하다 보면 김밥으로 점심을 때우는 일이 흔하다. 저녁 약속이나 모임은 실무형 팀장에게는 사치다. 그래도 일을 잘하는 것이 최고의 전략이라고 믿는다. 그런데 옆 부서의 팀장이 상사와 골프를 치고, 저녁마다 술자리에 나가는 모습을 보면 마음이 심란하다. 정보의 인맥이라는 안전망에서 나만 빠진 게 아닐까, 사내 정치에서 소외되는 것은 아닐까, 다들 아는 정보를 나만 모르는 것은 아닐까 눈치를 본다.

한편으로는 팀원 사이에도 끼지 못해 쓸쓸하다. '이렇게 일만 하다가는 다른 팀장들과 멀어지고, 팀원도 나를 따돌리는 것이 아닐까?'라는 생각에 초조하고 불안하다. 당장 일에서 눈을 뗄 수 없는데, 마음은 늘 심란하다.

관리형 팀장의 장점

팀장 리더십 관련 책들은 리더와 실무자가 다름을 강조한다. 리더에게는 리더만의 역할이 있다. 리더는 직접 일을 하는 사람이 아니다. 팀원이 일을 더 잘할 수 있도록 지원하고, 관리해야 한다. 직접 일해서는 한 사람 몫의 성과만 낼 수 있다. 하지만 팀 전체가 시너지를 발휘하도록 하면 10배, 20배의 성과를 올릴 수 있다. 이것이 팀장의 역할이라고 대부분의 책에서 강조한다.

실무에 몰입하다 보면 팀 전체를 살피기 어렵다. 조직 단위로 크게 벌어지는 상황을 간파하기 힘들다. 실무자에게는 자신의 일이 가장 급하고 중요해 보이기 때문이다. 실무자는 당면한 문제를 풀기 위해 깊이 고민하고 대안을 검토한다. 그래서 실무자는 세부적인 요소에는 강하지만 큰 그림을 보기 어려워진다. 아무리 팀장이라도 실무에 집중할 때는 당장의 일이 더 급해 보인다. 큰 시각으로 팀 전체를 보려 해도 자기도 모르게 실무에 끌려 들어가게 된다.

아무래도 직접 일하지 않는 관리형 팀장은 전체를 관찰할 여유가 있다. 차분히 팀원 하나하나를 살펴보고 강점과 약점을 발견한다. 팀원이 협업은 어떻게 하는지, 소통은 어떻게 하는지 차분히 지켜볼 수 있다. 전반적인 상황을 꿰뚫어 보고 큰 개념을 잡아내기에도 유리하다. 나무에서 눈을 돌려 숲의 형세를 살피려면 그만한 시간과 마음의 여유가 있어야 하는데, 관리형 팀장은 실무를 하지 않기에 가능한 일이다.

팀장에게 요긴한 역량 중 하나가 '구조화 능력'이다. 구조화란 복잡한 상황을 자기만의 시각으로 해석해 내는 능력을 말한다. 일과 관련된 상황은 조각난 정보 형태로 보인다. 그래서 이를 분류하고 일정한 흐름을 찾은 뒤에 재해석하는 과정을 거쳐야 한다. 이때 일정한 사고의 프레임을 통해 재해석이 이루어진다. 뛰어난 팀장은 자신만의 사고 프레임을 가진 사람이다. 구조화를 통해 얻은 해석을 바탕으로 최적의 해법을 제시할 수 있다.

이런 구조화를 위해 필요한 사고 프레임과 재해석 능력 측면에서도 관리형 팀장의 위치가 유리하다. 관리형 팀장은 실무에서 약간 거리를 두고 관찰하고 생각할 여유가 있기 때문이다.

팀장이라면 누구나 관리 역할만 하고 싶은 것이 사실이다. 그 편이 역할 스트레스가 적다. 게다가 앞서 말한 것처럼 리더 고유의 구조화 능력도 키울 수 있다. 그러다 보니 실무형 팀장이 되기를 원하는 사람은 드물다. 선택할 수 있다면 많은 이가 '관리형 팀장' 모델을 택할 것이다.

관리형 팀장의 단점

그렇지만 관리형 팀장 모델에도 명백한 한계가 있다.

우리는 그동안 수많은 관리형 팀장을 보았다. 아마도 당신이 과거에 함께 일한 팀장 대부분은 관리형이었을 것이다. 그런데 그들 모두가 구조화 능력을 갖추고 있었던가? 결정할 수 있는 시간이 충분히 있었으니 매번 최고의 결정을 내렸는가? 팀원이 일하는 모습을 세세히 관찰하고 피드백하고 코칭했는가? 그들은 조직 관리만 하면 충분했는데도 왜 최고의 팀장이 되지 못했던 것일까?

나와 함께 일했던 팀장들도 대부분 관리형이었다. 조직 관리 외에는 다른 일이 없었기에 실무형 팀장보다 여유가 있었다. 별로 중요하지 않은 보고서에 밑줄까지 치며 꼼꼼히 오타를 체크했다. 회의에서 자기 개인사나 정치 이야기를 늘어놓는 등 잡담하는 시간도 많았다. 솔직히 크게 바빠 보이지 않았는데, 심지어 어떨 때는 매우 한가해 보였는데도 일에 대한 시각은 협소했다.

"이거 비용이 왜 이렇게 많이 듭니까? 예전에 진행했던 프로젝트 예산과 비슷하게 맞추세요."

"5~6년 전에 비슷한 컨설팅을 진행한 적이 있었는데, 그 보고서를 좀 찾아보고 이번 프로젝트도 비슷하게 진행합시다."

그들은 오래전에 들었던 전문가의 견해를 그대로 되풀이하고 10년 전의 경험에 비추어 결정을 내리려 했다. 자신이 주니어였을 때 사례를 꺼내며 잔소리를 하기도 했다. 아무리 경험에서 나온 노하우라고 좋게 생각하려고 애써도, 이해하기 어려웠다. 과거의 성공 경험에만 갇혀 있는 것이 아닐까 하는 의구심이 들었다. 도전하기보다는 익숙한 방식에 매몰되는 모습이었다.

물론 과거 경험과 지식이 무조건 낡고 쓸모없다는 뜻은 아니다. 그러나 편한 방식, 익숙한 방식만 추구하면 경험은 오히려 함정이 된다. 성공 경험에 빠져 과거의 방식을 고집하게 된다면, 관리형 팀장의 시간적·정신적 여유는 아무 의미가 없다. 오히려 여유가 자기 합리화를 위한 시간으로 변해버려, 그렇게 할 수밖에 없는 이유를 찾는 데 힘을 쏟게 된다.

나의 팀장들도 관리형 팀장의 함정에 빠져 있었다. 팀장이 되는 순간 실무를 놓았고 금세 실무 감각을 잃어버렸다. 실무자는 최신 기술과 정보를 바탕으로 이야기하는데, 팀장은 주관적 경험에만 의지해 주장을 내세웠다. 과거 방식만 들이대니 팀원은 그 의견을 받아들이기 어려웠다. 서로 간 견해 차이가 커졌고, 그럴수록 팀장은 고집을 굽히지 않았다. 점점 팀에서 소통이 줄어들었고, 역동적으로 협력하는 모습이 사라졌다.

　인간에게 정체성은 삶의 목표이자 이유다. 그렇기 때문에 자기가 무시당했다고 느끼는 순간, 존재가 모욕당했다고 여긴다. 리더 역시 구성원이 자신을 무시한다고 생각하면 크게 분노하고, 그럴수록 자존심을 지키기 위해 어떻게든 주장을 관철시키려 한다. 내가 틀렸다는 사실을 받아들이기보다는 거부하는 쪽을 선택한다. 설사 상대의 의견이 논리적으로 타당하다는 생각이 들어도 일단 트집을 잡는다. 이렇게 꽉 막힌 리더를 설득하는 것은 정말 어려운 일이다.

관리형 vs. 실무형, 어떤 팀장 모델이 정답일까?

　관리형 팀장과 실무형 팀장. 어느 쪽이 맞고 틀린지를 따지려는 것이 아니다. 각각의 팀장 모델에는 장점도 있고 단점도 있다. 만일 실무자의 관점을 유지하면서도 팀 전체를 조망할 수 있다면 더할 나위 없을 것이다. 하지만 이런 팔방미인 팀장이 되기는 쉽지 않다.

　팀장의 역할을 어떻게 정의하느냐에 따라 추구해야 할 팀장 유형이 달라진다. 팀원이 더 잘 일할 수 있도록 돕는 것이 팀장의 역할이라 생각하는가? 팀원 혼자서는 불가능한 성과를 만들어 내기 위해 팀장이 필요하다고 생각하는가? 그러기 위해 실무 비중을 조절하고 팀 운영에 집중해야 한다고 생각하는가? 그렇다면 당신에게는 '관리형 팀장' 모델이 적합하다.

반면 팀장이 실무 전문성을 유지해야 한다고 생각하는가? 현상을 관찰하고 나만의 관점으로 문제를 해석하는 능력이 중요하다고 보는가? 명령이나 지시만 내리고 팔짱 끼고 있는 팀장이 한심해 보이는가? 리더에게는 먼저 어려운 일에 도전하는 솔선수범의 자세가 중요하다고 보는가? 그렇다면 당신은 '실무형 팀장'에 가깝다.

어느 쪽이든 옳고 그름의 문제가 아니다. 이는 스타일의 문제일 뿐이다. 다양한 유형 중 어느 것을 선택할 것인가의 문제다. 이 책에서는 실무형 팀장이 늘어날 수밖에 없는 시대적 흐름을 강조하고 그런 추세에 대비하는 법을 다룰 것이다. 그렇다고 해서 팀 운영에 집중하려는 관리형 팀장이 잘못되었다고 말하려는 것은 아니다.

다만 나는 지금은 팀장이 관리에만 집중할 수 없는 상황이라고 말하고 싶다. 조직은 팀장에게 더 복합적이고 어려운 문제 해결을 요구한다. MZ세대 팀원들은 팀장이 남다른 실력을 보여주기를 기대하고, 비즈니스 현장에서는 팀장의 날카로운 시각을 필요로 한다. 실무에 깊이 관여하지 않고 한발 물러선 채 관리만 해서는 이런 다양한 계층의 기대에 충분히 부합하기 어렵다.

실무형 팀장 SUMMARY

- 관리형 팀장은 여유가 있는 대신 실무 감각이 떨어질 수 있다.
- 실무형 팀장은 늘 시간 부족에 시달리며 불안과 죄책감에 시달린다.
- 관리형은 큰 시각으로 볼 수 있고 구조화 능력이 있다는 게 장점이나, 과거 경험에 매몰된다는 단점이 있다.
- 두 모델의 장단점은 공존하지만 시대 흐름상 실무형 팀장이 늘어나는 추세다.

친구 같은 팀장,
동료 같은 팀장

배트를 휘두르는 감독

오랜만에 만난 친구는 사회인 야구에 푹 빠져 있었다. 퇴근 후에 시간을 내 훈련을 하고, 주말이면 다른 팀과 경기를 치르느라 바빴다. 꽤나 시간과 돈, 열정까지 필요해 보였다. 친구에게 전해들은 사회인 야구 리그는 취미 이상이었다. 팀과 경기 규모가 내 예상을 뛰어넘었다. 전문화된 협회가 운영하고, 프로 심판이 경기를 진행한다. 아마추어이지만 야구에 대한 열정만은 프로야구를 방불케 했다.

    친구가 속한 야구팀의 유일한 문제는 선수들에게 별도의 생업이 있다는 점이다. 팀에는 본래 선수가 더 많았지만, 생업 때문에 자리를 비우는 경우가 많아 매번 시합 인원을 간신히 맞추곤 했다. 당연히 감독도 선수로 뛰어야 하는 상황이 생겼다. 감독은 친구보다 한 살 많은 형님인데, 4번 타자를 겸하고 있다. 자기 타순이 아닐 때만 경기 운영 지시를 내리고, 수비할 때는 감독도 수비 포지션에 들어가야 하므로 경기 지시가 이루어지지 않는다.

이 팀은 관리자와 선수 간의 심리적 거리가 존재하지 않는다. 이것이 가장 큰 장점이자 단점이다. 선수 겸 감독은 자기도 선수이기 때문에 동료의 마음을 쉽게 읽을 수 있어 감독만 하는 사람에 비해 권위적이지 않고 친근하다는 게 장점이다.

사실 사회인 야구에서도 감독은 권력을 가진 존재다. 선수들은 좋은 포지션을 얻기 위해 감독에게 선물을 바치거나 식사를 대접한다. 경기가 끝나고 소주잔을 기울일 때는 형님이라고 부르지만, 경기 중에는 깍듯이 운영 지시를 지켜야 한다. 그래서 보통의 감독은 권력 때문에 선수와 거리가 생긴다. 프로야구 팀 못지않게 감독의 권위를 존중해 주어야 한다.

하지만 이 팀처럼 감독이 선수와 함께 경기를 뛰는 경우에는 사정이 조금 다르다. 실책이 나와도 감독은 위로보다는 공감으로 다가갈 수 있다. 직접 실책을 해본 사람의 말은 다르다. 선수의 마음을 먼저 헤아린다. 위계보다 연대가 더 중요한 분위기다.

'자리가 사람을 만든다'는 말은 사실이다. 역할의 변화는 관계의 거리를 바꾼다. 하지만 동시에, 그 자리를 어떻게 채우느냐에 따라 거리를 좁힐 수도 있다. 함께 뛰고, 같은 실수를 겪고, 동료로서 공감하는 순간들. 그때 우리는 역할이 아니라 사람으로 연결될 수 있다.

선수를 겸해서 어려운 점

감독이 선수를 겸하는 게 좋은 점만 있는 건 아니다. 선수 겸 감독은 시합을 전체적으로 보기 어렵다. 리더는 하늘에서 내려다보듯 큰 시각으로 팀 전체를 조망할 수 있어야 한다. 우리 팀 선수들의 상태, 경기의 흐름, 상대 팀의 전략을 읽어야 한다. 경기장에서 공을 치고, 달리고, 수비를 하는 동안에는 더그아웃(Dug-out, 선수 대기석)에서 경기를 보는 것처럼 볼 수 없다.

    게다가 냉정함을 유지하기 어렵다는 것도 문제다. 공 하나하나를 잘 쳐야지 하고 생각하면, 선수로서 감정 몰입이 되기 때문에 냉철하게 판단하기 어렵다. 그뿐만 아니라 좋은 공을 놓치거나, 좋은 득점 기회를 날리면 절망감에 사로잡힌다. 프로야구 경기를 보면, 팀이 위기에 몰려 해답이 보이지 않는 때를 마주친다. 선수 모두가 절망에 빠진 때, 감독은 상황을 극적으로 뒤집을 한 수를 내놓는다. 어떻게 저런 냉철한 승부수를 던질 수 있는지 신기할 따름이다. 감독은 큰 그림을 보기 위해 자신을 통제하고 냉정함을 유지하기 위해 노력한다. 경기 내내 희망과 절망 사이를 오락가락하는 감독은 팀에 도움이 되지 않는다.

실무형 팀장, 선수 겸 감독에게 어려운 점이 하나 더 있다. 사회인 야구팀에서는 선수들 간에 분란이 잦다. 각자 원하는 타순이나 수비 포지션이 있다. 친구가 속한 팀의 감독은 득점 기회를 제일 많이 얻고, 가장 주목받는 포지션인 4번 타자를 자신이 담당하는 것으로 타순을 정했다. 이에 불만을 가진 팀원이 많았다. 얽힌 이해관계는 팀을 크게 흔들 수 있다. 실무형 팀장도 마찬가지다. 팀장이 담당한 고유 업무 중심으로 유리하게 의사결정을 했다든가, 예산을 먼저 배분한다는 오해가 생긴다.

세상에 공짜는 없다. 실무형 팀장이라는 역할은 장점이 많지만, 그만큼 단점도 있다. 이걸 어떻게 활용해 팀의 과제를 해결하고 당신의 커리어를 개발할지, 그 답을 찾아가야 한다.

솔선수범, 진정성 있는 리더십의 정수

권위보다는 진정성이 우대받는 시대가 왔다. 아직도 시니어들은 후배를 따끔하게 질책하는 엄한 상사가 필요하다고 말한다. 정작 누구도 그 역할을 맡고 싶어 하지는 않지만, 필요성에는 공감하는 듯하다. 이는 권위적으로 빠르게 문제를 해결하겠다는 발상이다. 그러나 개인주의와 자율성을 중시하는 세대에게 이런 접근 방식은 세대 간의 충돌을 일으킨다. 이제 리더는 진정성에 기반해, 자율적인 규율과 문화로 구성원을 움직여야 한다. 질책과 피드백에 순순히 따르는 문화는 점점 사라지고 있다.

그렇다면 어떤 수단으로 조직을 통제하고 목적을 달성할 수 있을까? 바로 '진정성'이다. 진정성이란 '진실하고 참된 성품'이라는 뜻이다. 구성원의 머리가 아닌 마음을 움직이게 하는, 즉 스스로 느끼고 자발적으로 따라오게 만들어야 한다.

이때 중요한 키워드는 '공감'과 '솔직한 소통'이다. 이런 과정이 마음을 움직인다. 관리형 팀장에 비해 실무형 리더는 팀원과 쉽게 어울릴 수 있는 위치에 있다. '나도 실무자 중 한 사람'이라는 포지션은 실무형 팀장의 큰 강점이다. 이 포지션을 활용하면 구성원에게 더 솔직하고 가깝게 다가갈 수 있다.

그리고 무엇보다도, 진정성을 겸비한 리더십의 정수는 '솔선수범'에 있다. 회사에서는 팀장이 가장 어려운 일, 가장 까다로운 일을 직접 맡는 모습이 바로 솔선수범이다. 『삼국지』의 맹장 조조는 조직의 우두머리인 대장군이었지만, 종종 최전방에서 병사들을 지휘했다. 부상병이 생기면 직접 상처를 치료해 주었고, 부상이 심한 경우 병사 곁에서 밤새 간호하기도 했다. 책에서는 조조가 간사한 인물로 묘사되지만, 병사들에게는 솔선수범하는 리더였다.

이런 솔선수범은 실무형 팀장에게 가장 자연스럽게 실현된다. 왜냐하면 실무형 팀장은 대개 팀에서 가장 어려운 일을 맡기 때문이다. 조직은 가장 일 잘하는 직원에게 팀장 자리를 제안하기에, 팀장이 되어서도 여전히 가장 까다롭고 영향력이 큰 업무를 맡는다.

예를 들어 영업팀의 실무형 팀장은 팀에서 가장 높은 실적을 올리는 사람이다. 어떤 팀에서는 팀장이 전체 실적의 70%를 담당하기도 한다. 나머지 팀원의 실적을 다 합쳐도 30%에 불과하다. 기획 부서의 실무형 팀장은 전략 수립이나 프로젝트 기획 등 난도 높은 핵심 과제를 담당한다. 이런 과제는 자료 조사 능력, 분석력, 논리적 사고 등이 필요하기에 보통의 팀원이 쉽게 맡을 수 없다. 팀장이 되기 직전까지 에이스 팀원이었기 때문에 가능하다.

팀장이 고난도의 일을 맡아 직접 성과를 내는 모습은 팀장에 대한 팀원의 신뢰를 높인다. 반대로 자기는 실무에 손도 대지 않으면서 입으로만 지시를 내리는 팀장은 권위를 잃기 쉽다. 진정성 있는 리더는 입으로 조직을 통제하려 하지 않는다. 말이 아닌 행동으로 팀을 이끈다. 그저 성과로 보여줄 뿐이다.

또한 팀장이 직접 일하는 모습은 팀원 교육의 수단이 되기도 한다. 팀원은 팀장이 일하는 과정을 관찰하며 자연스럽게 고수의 업무 방식을 습득하게 된다. 말로 설명하는 것보다 직접 보여주는 것이 더 효과적이다. 솔선수범하는 팀장의 모습, 이것이야말로 최고의 학습법이다.

 **실무형 팀장 SUMMARY**

- 선수 겸 감독은 팀원의 마음을 잘 이해하고 상대적으로 관계가 가깝다는 장점이 있다.
- 하지만 팀 전체를 조망하기 힘들고 냉정함을 유지하기 힘들다. 그리고 얽힌 이해관계로 팀장에게 유리한 의사결정을 한다는 오해를 받기 쉽다.
- 권위보다는 진정성이 우대받는 시대에서 어려운 일을 솔선수범하는 팀장의 모습은 팀원의 신뢰를 얻을 수 있고, 좋은 팀원 교육 수단이 되기도 한다.

멀티 제너레이션팀을
잘 다루어야 한다

위아래 눈치를 보는
실무형 팀장의 고충

대기업 계열사에서 팀장으로 일하는 친구가 최근 팀 운영의 어려움을 털어놓았다. 한동안 MZ세대 이슈로 조직이 홍역을 앓았다고 한다. 이들은 9시 정각에 출근하고 5시 59분에 퇴근하면서도 늘 당당했다. MZ세대는 개인의 취향과 의견이 존중받기를 원했다. 회식 장소를 정하는 것부터 회의 방식에 이르기까지, 자기에게 맞지 않는 방식에는 곧잘 의문을 제기했다. 팀장으로서 그들의 목소리를 최대한 수용하려다 보니 팀의 의사결정이 지연되는 경우도 종종 발생했다. 공정과 공평을 중시하는 그들에게 업무를 배분하거나 피드백을 줄 때도 매번 그 이유를 설명해야 했다. 그래도 어쩔 수 없는 시대적 흐름이라고 여기며, 친구는 그들을 이해하려 애썼다.

그런데 엎친 데 덮친 격으로, 이번엔 부장 둘이 친구의 팀에 팀원으로 배치되었다. 과거 옆 부서에서 팀장을 지내던 선배들인데, 임금피크제 대상자가 되어 팀장에서 팀원으로 내려온 것이다. 공식적으로는 팀원이지만 은연중에 눈치를 보게 되는, 쉽게 일을 지시하기 어려운 존재들이었다. 회의 시간에는 후배들의 의견에 심하게 개입하기도 했다. 다른 팀원들은 그런 참견에 노골적으로 불만을 드러냈다. 친구는 요즘 팀장에게는 MZ세대도 어렵지만, 시니어세대도 만만치 않은 짐이 된다고 푸념했다.

고령화가 본격화되면서 팀장의 고민은 더 깊어지고 있다. 불과 10년 전만 해도 이런 갈등은 거의 존재하지 않았다. 이제는 여러 세대가 하나의 팀으로 모여 있다 보니, 서로에 대한 이해가 부족할 수밖에 없다. 마치 태극기 집회에 참여하는 어르신과 그 시위 때문에 교통 체증을 불평하는 청년이, 같은 사무실에 나란히 앉아 있는 형국이다. 팀장은 언제 두 세대 간 갈등이 폭발할지 몰라 늘 불안하다.

게다가 비즈니스 문제는 점점 더 복잡해지고 있다. 경영 환경은 빠르게 바뀌고, 불확실성은 높아져서 팀 내부의 소통과 협력이 무엇보다 중요한데도, 세대가 섞이다 보니 하나가 되기가 어렵다. 실제로 수많은 멀티 제너레이션(Multi generation)팀이 신뢰 하락과 소통 단절을 경험하고 있다.

특히 앞으로는 팀장과 시니어세대와의 갈등이 팀장과 MZ세대와의 갈등보다 더욱 부각될 가능성이 크다. 팀장보다 나이가 많은 선배 팀원과 함께 일하는 경우가 많아지고 있기 때문이다. 과거에 상사였던 선배가 지금은 팀원으로 있다는 사실만으로도 팀장에게는 큰 압박이다. 종종 회의 중 옛날 이야기를 꺼내며 과거의 위계를 은근히 강조하거나, 지시에 자기 의견을 덧붙이는 일도 흔하다. 경험이 더 많다는 이유로 팀장의 판단을 깔보는 듯한 태도도 보인다. 단점이나 실수를 피드백하려 해도 잘 받아들이지 않는다. '이제 와서 바꿀 수 없다' '남은 직장 생활이 얼마 되지 않는다'는 식으로 자포자기하는 경우도 있다.

반면 MZ세대는 조직 전체의 팀워크보다는 개인의 취향을 우선시한다. 리더의 지시에 이들이 납득할 수 있는 설명을 바라고, 감정적 동의 없이 지시를 따르지 않는다.

결국 팀장은 위로는 시니어세대, 아래로는 MZ세대를 동시에 고려해야 하는 곤란한 처지에 놓인다. 각 세대는 자신이 이해받지 못한다고 느끼고, 그 하소연을 고스란히 팀장에게 쏟는다. 이제 멀티 제너레이션팀의 팀장은 단순한 관리자가 아니라, 세대 간 이해를 중재하고 소통의 다리를 놓는 조정자의 역할까지 감당해야 한다.

멀티 제너레이션팀의 팀장은 '실력'으로 통제한다

실력으로 시니어세대 통제하는 법

"팀장님, 주니어급 실무자 회의에 제가 꼭 들어가야 할까요? 한때 팀원이던 친구들과 같이 실무를 이야기하고 있자니 좀 창피한 느낌이 들어서요."

한 선배 팀원이 실무자 회의에 몇 차례 참석한 뒤, 조심스럽게 면담을 요청했다. 회의에서 자신의 의견을 당당히 내고 싶지만, 그럴 수 없다고 했다. 최신 지식을 무장한 후배들 앞에서 자신도 모르게 입을 다물게 되는 상황이 불편하다는 것이다. 회의 내내 아무 말도 하지 못한 자신이 초라하게 느껴졌다고 했다. 나는 결국 회의 참석은 하지 않도록 배려할 수밖에 없었다.

선배 팀원은 어떻게든 자존심을 지키려 애쓴다. 오랜 경험을 지녔고, 한때는 팀의 핵심 실무자였던 이들이다. 여러 명의 팀원을 이끌던 리더 역할을 수행한 경우도 있다. 이들도 이제는 후배에게 자리를 내주어야 한다는 걸 잘 안다. 그럼에도 불구하고 마음속 깊은 곳에는 여전히 '특별한 존재'로 존중받고 싶은 마음이 자리한다.

시니어 팀원은 자신이 익숙한 경험과 지식을 통해 문제를 해결하려 한다. 그것이 더 이상 통하지 않을 때, 과거의 틀을 벗어나 새로운 방법을 배워야 한다. 그런데 이 지점이 어렵다. 오랜 시간 쌓아온 자신의 방식을 내려놓는다는 것은 자존심이 허락하지 않는다. 그래서 많은 시니어 팀원이 옛 방식을 고수하려 한다.

이럴 때 팀장이 실무에 능숙하다면 그들을 자연스럽게 도울 수 있다. 직접적인 조언은 오히려 시니어 팀원의 자존심을 상하게 할 수 있으니, 슬쩍 시범을 보이거나 결정적인 팁을 살짝 던지는 식의 '티 나지 않는 지원'이 필요하다. 물론 이를 위해서는 팀장이 실무를 깊이 이해하고 있어야 한다. 실무형 팀장이기에 가능한 접근법이다. 실무형 팀장은 눈에 띄지 않게 시니어 팀원이 새로운 업무 방식에 적응하도록 이끈다.

실력으로 MZ세대 통제하는 법

MZ세대, 특히 Z세대는 신기술과 트렌드에 밝다는 것에 강한 자부심이 있다. 경험의 가치를 낮게 보고, 시간과 연륜을 쉽게 인정하지 않는다. 단지 오래 일하고 다양한 경험을 쌓았다는 이유만으로는 존경하지 않는다. 선배라면 '탁월한 실력'을 보여줄 수 있어야 한다고 생각한다.

주니어는 자신보다 업무 스킬이 뛰어난 선배를 만나 성장하기를 바란다. 그래서 팀장이든 선배든 배울 점이 있는 사람인지 직접 확인하려고 덤벼든다. 처음부터 우러러보며 배우겠다고 하는 팀원은 드물다. 선배가 실력을 실제로 보여줄 때 비로소 존경이 따라온다. Z세대는 '머리로 먼저 납득해야' 행동이 따르는 특성이 있다.

이런 세대를 이끌기 위해서는, 결국 팀장이 실력을 갖추어야 한다. 실력으로 존경받고 실력으로 리더십을 세워야 한다. 이런 이유로 앞으로 팀장에게 전문성은 선택이 아니라 필수다. 실무 프로젝트에 정기적으로 참여하며 실무 감각을 유지하고 보여주는 팀장은 자연스럽게 Z세대의 인정을 얻게 된다.

과거에는 직책과 권한이 팀장에게 힘을 실어주었다. 팀장으로 임명되어 사내 공지에 이름이 올라가면, 구성원들은 자연스레 리더로 인정했다. 그러나 이제는 다르다. 직책만으로는 팀원의 신뢰를 얻기 어렵다. 회사가 팀장을 임명하더라도, 새로운 팀장은 팀원에게 진짜 능력이 있는지 '시험'을 받는다. 이 시험에 합격하면 자연스럽게 권위가 따라오고, 그렇지 못하면 팀을 이끄는 데 어려움을 겪게 된다.

멀티 제너레이션팀을 잘 다룰수록 기회가 많다

부모님 또래의 선배와 자식 같은 신입이 함께 일하고 있다. 사실 이 정도의 나이 차라면 가족 사이에서도 공감대를 형성하기 쉽지 않다. 세대 이슈는 점점 커지고 있지만, 어떤 팀장도 이런 조직을 다루어 본 경험이 없다. 멀티 제너레이션팀을 어떻게 운영해야 할지에 대한 가이드도 부족하다. 관련된 교육 과정도 없고, 조언해 줄 선배도 없는 것이 현실이다. 세대 갈등 문제에 부딪힐 때마다 팀장 혼자서 머리카락을 쥐어뜯는다.

그러니 지금부터라도 멀티 제너레이션팀에 미리 대비하자. 앞으로 모든 팀이 겪게 될 이슈이고 누군가에게는 위기가 되겠지만, 당신에게는 큰 기회가 될 수 있다. 변화는 준비된 사람에게는 기회가 된다. 세대 차이가 팀워크에 방해만 된다는 선입견에서 벗어나자. 서로의 다름을 활용해 더 큰 성과를 만들어 낼 방법을 찾으면 된다.

시너지를 기대할 수 있는 세대 다양성

멀티 제너레이션팀이 갈등만 가득한 팀이라 생각했다면 그렇지 않다. 다양한 구성원들이 모여 있을수록, 창의적인 결과를 만들어 낼 수 있다는 연구 결과는 많다. 신제품 개발, 트렌드 분석, 금융 시장 예측…. 이러한 일들은 복잡성이 크고 비정형적인 업무들이다. 조직에서 이런 유형의 업무 비중이 빠르게 커지고 있다. 정보량이 급속도로 증가하고, 네트워크가 복잡하게 얽히고 있기 때문이다. 불확실성이 높은 과제일수록 집단 지성을 통해 해결할 수밖에 없다. 이들 과제는 한 사람이 모두 해결하기 어렵다. 여러 사람의 머리를 모을수록 창의적인 답이 나올 가능성이 크다. 이것을 '대중의 지혜'라고 한다. 선거 결과를 예측하는 방송을 봐도 알 수 있다. 소수 전문가의 예측은 종종 틀리지만, 여론 조사처럼 많은 사람의 판단을 반영한

집단 지성은 결과를 꽤 정확하게 예측해 낸다.

개인이 혼자 창출할 수 없는 탁월한 성과를 내기 위해 팀이라는 조직이 존재한다. 단순히 개인 업무 성과를 더한 것 이상의 결과를 만들어 내야 팀의 존재가치가 있다. 그러기 위해 다양성은 핵심 열쇠다. 모두가 똑같이 생각하고, 똑같이 일한다면 '1+1=2' 그 이상이 되기 어렵다. 시너지 효과는 서로 다른 생각에서 비롯된다.

그러나 다양성은 양날의 검이다. 사람은 누구나 자신과 비슷한 계층과 뭉치고, 다른 그룹을 배제하려는 성향이 있다. 세대 다양성을 제대로 관리하지 못하면 팀은 세대별로 찢어지고 서로를 비방하게 된다. 그렇다고 서로 다른 세대의 팀원을 억지로 친하게 만들 필요는 없다. 팀은 가족이 될 필요가 없다. 효과적으로 소통하고 협력할 체계를 만드는 것으로 족하다. 서로의 장점을 잘 활용해 기존과는 다른 방식의 성과를 만들어 내면 된다.

멀티 제너레이션팀 운영에 강한
실무형 팀장

실무형 팀장은 멀티 제너레이션팀 운영에 강점을 가진다.

첫째, 업무 이해도가 높아 역할과 책임(Role and Responsibility, R&R)을 명확히 할 수 있다. 다양한 세대가 얽히면, 역할과 책임을 둘러싼 논쟁이 쉽게 생긴다. 현실적으로 회사에는 누구의 일인지 구분하기 어려운 과제가 많다. 이때 팀장은 역할과 책임을 분명히 구분하고, 필요하면 문서화한다. 그리고 반복적으로 소통해 각자의 책임 범위를 분명히 한다. 이를 위해 팀장은 팀 전체의 업무 범위와 난도를 파악하고 있어야 하며, 각 업무에 필요한 역량도 알고 있어야 한다. 그래야 적재적소에 팀원을 배치할 수 있다. 결국 실무를 꿰뚫는 눈이 있어야 한다는 뜻이다.

둘째, 실무형 팀장은 업무 갈등에 대한 이해도가 높다. 세대가 얽히면 다양성 측면에서 유리해지지만, 동시에 오해와 갈등도 잦아진다. 각 세대는 자기 목소리를 내고 싶어 하고, 공감받고 싶어 한다. 누구도 자신의 의견이 무시당했다고 느끼고 싶어 하지 않는다. 실무형 팀장은 팀원 개개인의 업무 현황과 이슈를 잘 이해하기 때문에, 팀원의 마음을 세심하게 살피는 데도 유리하다.

앞으로 우리는 팀장보다 더 권위를 내세우는 '팀원님'을 모시고 일하게 될지도 모른다. 누군가는 팀원 관리가 더 어려워졌다고 할 테지만, 누군가는 그런 상황에서도 탁월한 성과를 만들어 낼 것이다. 그 차이는 결국 높은 업무 이해도를 바탕으로 한, 촘촘하고 세심한 업무 관리에서 비롯될 가능성이 높다. 실무형 팀장으로서 우리 팀의 각 직무가 어떻게 작동하는지, 그 흐름에 대한 관심을 절대 놓지 말아야 할 이유다.

실무형 팀장 SUMMARY

- 시니어세대와 MZ세대가 혼재된 팀에서는 세대 간 갈등이 빈번하다.
- 전문성을 바탕으로 위아래세대를 실력으로 통제해야 신뢰를 확보할 수 있다.
- 멀티 제너레이션팀은 갈등도 많지만 다양한 계층의 집단 지성으로 창의성이 발휘될 가능성이 높다.
- 실무형 팀장은 업무와 업무 갈등에 대한 이해도가 높아 멀티 제너레이션 팀 운영에 유리하다.

팀장, 그걸 왜 해?

책임만 크고 외로운 자리

회사 후배들과 이야기를 나누다가 흥미로운 점을 발견했다. 후배들의 롤 모델이 임원이나 팀장이 아니라, 평사원으로 정년 퇴직한 선배라는 사실이다. 그 선배는 잠시 팀장을 거쳤지만 직장 생활 대부분을 팀원으로 지냈고, 특별한 고생 없이 순탄하게 직장 생활을 이어왔다. 후배들이 그 선배를 롤 모델로 삼는 이유는 리더가 되는 것을 피하고 싶어서였다.

"팀장 연봉이 조금 높긴 하지만 그 정도 연봉으로 온갖 책임을 떠안기니 싫어요." "팀장은 아침부터 저녁까지 수많은 회의에 참석하는데, 시간 낭비일 뿐이에요. 의미 있는 회의가 없어 보여요." "실무는 눈에 보이는 결과라도 있지만, 팀 관리는 내가 노력한다고 크게 달라지지 않을 것 같네요"라며 딱히 팀장을 맡아야 할 이유를 느끼지 못한다고 이야기했다.

주니어들이 팀장을 되기를 꺼리는 첫 번째 이유는 '책임'이 크기 때문이다. 나의 첫 팀장은 직책이 올라갈수록 연봉이 오르는 이유는, 그만큼 욕먹을 일이 많아지기 때문이라고 농담처럼 말하곤 했다. 주니어 시절에는 정말 그 말이 농담인 줄 알았지만, 지금은 그 '욕먹을 일'이 무거운 책임이라는 걸 알게 되었다.

회사 일은 언제나 좋은 결과로만 끝나지 않는다. 내가 아무리 열심히 해도 상사의 잘못된 의사결정으로 일이 틀어질 수 있다. 때로는 고객의 변덕이나 경쟁사의 압도적인 역량 탓에 노력이 수포로 돌아가기도 한다. 그럼에도 불구하고 일이 어긋났을 때는 결국 팀장이 가장 많은 책임을 진다. 실패 가능성을 생각하면 책임이 적은 자리가 마음 편할 수밖에 없다.

책임과 보상이 같은 비율로 증가한다면 위안이 되겠지만, 현실은 전혀 다르다. 책임은 한없이 늘어나고 보상은 찔끔 늘어난다. 합리적인 사람이라면 당연히 팀장이 되기를 회피하는 편이 낫다. 예전에는 그나마 명예라도 있었다. 팀장이라는 직책이 주는 권위, 그리고 이후에 임원으로 승진할 수 있다는 커리어 패스(Career path)*가 무거운 책임을 감내할 수 있는 힘이 되었다. 하지만 요즘에는 아주 탁월한 커리어가 아니고서야 팀장 이후 임원을 기대하는 사람은 많지 않다.

게다가 팀장이 되면 워라밸을 지키기 어려워진다. 팀원은 불필요한 야근에 항의하고 원하는 때 휴가를 쓰는 것이 당연한 권리라고 생각한다. 반면 팀장은 리더라는 이유로 회의와 업무 공백을 메우기 위해 눈치를 보며 야근까지 감수해야 한다.

무엇보다 팀장의 자리는 외롭다. 이것이 주니어들이 팀장이 되기를 꺼리는 두 번째 이유다. 권한이 생긴다는 것은 칼자루를 쥐게 되었다는 뜻이다. 이전에는 아무리 동료와 허물없는 사이였다 해도, 그들이 '팀장이 칼자루를 쥐고 있다'는 사실을 의식하는 순간부터 팀장이 있는 자리에서는 사석에서조차 말을 조심하게 된다.

팀원들이 거리를 두면서 팀장에게는 속마음을 털어놓을 곳이 없어진다. 모두가 겉으로 드러내지 않을 뿐, 팀장이라면 누구나 마음을 터놓을 상대를 찾는다. 하지만 안타깝게도 팀장이라는 역할, 리더라는 역할은 본질적으로 외로운 자리다. 그 외로움을 이겨내는 방법은 스스로 찾을 수밖에 없다.

---

* 특정 분야 또는 직무에서 어떻게 경력을 쌓아갈지에 대한 계획과 흐름

준비 없이 맡게 된
실무형 팀장

IT 시스템 영업을 담당하는 팀원이 있었다. 그는 시스템 개발 역량은 물론, 고객과의 커뮤니케이션 능력도 뛰어났다. 이런 하이 퍼포머(High performer)*는 종종 팀 전체 실적의 60~70%를 혼자 책임지기도 한다. 이런 인재가 이직하면 팀 전체가 휘청인다. 그래서 조직은 하이 퍼포머에게 팀장 자리를 제안하며 연봉을 올려주고, 예산과 권한도 부여해 잡아두려 한다. 생색도 함께 낸다.

하지만 당사자는 팀장이 되기를 원하지 않는다. 지금 맡은 실무에 만족하며 성과를 내고 있기 때문이다. 고민 끝에 '지금처럼 일하면서 가끔 팀원들을 챙기면 되지 않을까?' 생각하고 팀장을 수락한다. 하지만 막상 팀장이 되고 나니 현실은 생각했던 것과 달랐다. 매일 하소연을 털어놓는 팀원들과 면담을 하느라 자신의 고유 업무를 할 시간이 없다. 팀장이 되기 전엔 몰랐던 수많은 불만이 팀 안에 쌓여 있었고, 그걸 매일 듣고 받아주는 일은 상당한 에너지가 소모되는 일이었다.

리더십 워크숍에서 만난 한 팀장도 요즘 팀장은 유치원 교사나 다름없다고 푸념했다. 불만을 듣고 달래는 일이 팀장 업무의 대부분

---

* 꾸준히 뛰어난 성과를 내며, 조직이나 팀에 큰 기여를 하는 사람

이라는 것이다. 팀원을 성장시키고 성과를 내도록 돕는 게 팀장의 역할이라고 생각했는데, 막상 해보니 기대와 현실은 달랐다.

조직은 일 잘하는 사람, 즉 하이 퍼포머를 리더로 삼는다. '일을 잘하니까 팀도 잘 이끌겠지'라는 단순한 기대 때문이다. 하지만 스포츠 팀을 봐도, 뛰어난 선수가 반드시 훌륭한 감독이 되는 것은 아니다. 독일 축구 국가대표팀을 두 차례나 월드컵 우승으로 이끈 요아힘 뢰프(Joachim Löw)는 선수 시절에 차범근에게 밀려 빛을 보지 못했지만 감독으로서 탁월한 성과를 냈다. 이처럼 실무자 시절에 두각을 드러내지 못했던 사람이 오히려 훌륭한 감독이 되는 경우도 많다.

예전에는 팀장의 차상위자가 팀장을 승계하는 문화가 있었다. 차상위자는 후임이 될 것을 알고 있었기에 팀장을 관찰하고 자연스럽게 조직 운영법을 익혔다. 팀장도 그를 후계자로 보고 팀장 수업을 해주었다. 물론 이런 방식이 항상 성공을 보장하진 않았다. 단지 실력과 상관없이 연공서열에 따라 팀장 후계자가 정해지는 부적합한 사례도 있었다. 그래도 최소한 준비된 후계자가 있다는 점에서 지금보다는 나았다.

전문가들은 미리 리더십 파이프라인(Leadership pipeline)*을 정해서, 후계자를 체계적으로 육성하라고 말한다. 아쉽게도 현실에서 적

---

* 기업에서 리더가 될 인재들을 선발하고 그들의 역량을 파악해서 리더십 단계별로 인재가 리더의 자리에 적재적소하게 배치될 수 있도록 관리하는 인재 양성 프로그램

용하기 어렵다. 저성장기에 기업들은 수시로 조직 체계를 바꾸고, 전격적으로 리더 포지션을 교체하기 때문에 언제 어떻게 리더 포지션이 바뀔지 예측하기 어렵다.

누가 팀장이 될지 알 수 없는 상황에서 갑자기 팀장으로 선발된다. 준비되지 않은 사람은 자신이 정말 적임자인지 의심하고 고민에 빠진다. 역량도, 마음의 준비도 되어 있지 않은 상태에서 팀장직을 떠안게 되는 것이다.

실무형 팀장이 되면 유리한 점도 있다

이처럼 준비 없이 팀장을 맡게 된 상태에서 실무까지 하라고 하면 고뇌에 빠질 수밖에 없다. '왜 내가 이런 역할까지 떠맡아야 하나' 하는 회의감이 앞선다. 팀장이 무슨 부귀영화를 누리자고 왜 이렇게 많은 부담을 감수해야 할까?

팀장은 팀 전체의 성과에 책임을 진다. 반면 실무자는 자신의 업무 결과만 책임지면 된다. 책임이라는 말은 같지만 결은 다르다. 팀장의 성과는 즉각적으로 드러나지 않는다. 하지만 팀 전체가 시너지를 내면 더 큰 성과로 돌아온다. 팀장은 무겁지만 넓은 책임을 지는 대신, 이루는 성과도 크고 이를 위한 조직의 지원을 많이 받을 수도 있다.

반대로 실무는 내가 직접 통제할 수 있고 결과도 빠르게 보인다. 하지만 세세한 부분까지 챙겨야 하므로, 일하는 방식이나 협업 체계를 고민하기 어렵다. 즉, 나무를 보느라 숲을 보기 힘들다. 진정한 전문가는 단순히 자기 일만 잘하는 것이 아니라, 관련된 상위 조직의 흐름과 원리까지 이해하는 사람이다. 내 일과 연관된 업무를 이해하고 상위 조직이 돌아가는 원칙을 깨달으면 그 사람의 가치는 몇 배로 상승한다. 따라서 한 사람의 업무 범위를 넘어서는 일을 해봐야 시각이 넓어진다. 팀장의 역할은 이런 '시스템적인 시각'을 갖추는 기회이기도 하다.

실무형 팀장이 확산되면 초기에는 팀장 기피 현상이 더 심해질 것이다. 실무까지 겸해야 하는 리더 역할은 2배의 스트레스를 의미하기 때문이다. 그러나 장기적으로는 실력 중심의 리더십을 중시하는 MZ세대 팀원들이 실무형 팀장을 더 높이 평가하게 될 것이다. 말로만 떠드는 리더보다는, 직접 보여주는 리더에게 충성도가 더 높아질 수 있다.

무엇보다 실무형 팀장은 개인 커리어 관점에서도 좋은 기회다. 실무형 팀장이 되었다는 건 '리더십 트랙'과 '전문가 트랙'이라는 2개의 커리어 패스를 동시에 가질 수 있다는 의미다. 조직 관리 역량을 키울 수도 있고, 실무 전문성을 더 깊이 있게 확장할 수도 있다. 마지막으로 팀장은 더 많은 정보를 얻을 수 있고, 지원받는 것도 늘어난다.

 실무를 할 줄 아는 리더와 실무만 잘하는 팀원 중 어느 쪽이 더 가치가 높을까? 당연히 실무만 잘하는 팀원보다 실무까지 잘하는 리더가 더 큰 가치를 가진다.
 실무형 팀장으로서 스트레스를 줄이면서도 역할을 충실히 수행할 수 있는 모델을 만들어 내는 것이 중요하다. 그렇게만 된다면, 실무형 팀장은 리더 기피 현상을 막는 대안이 될 수 있다.

 실무형 팀장 SUMMARY

- 팀장은 책임만 크고 외로운 자리로 인식되어 기피 대상이 되었다.
- 일 잘하는 하이 퍼포머가 어쩔 수 없이 팀장을 맡는 경우가 많아졌다.
- 팀장이라는 직책은 커리어 전환의 기회이기도 하나 스트레스가 크다.
- 실무형 팀장의 장점을 잘 살릴 수 있도록 역할 모델을 만든다면, 리더 기피 현상도 극복 가능하다.

실무를 놓지 않는 커리어가 좋은 이유

기업은 관리형 팀장을 원치 않는다

팀장 개인의 커리어 관점에서 살펴보자. 전통적인 팀장의 커리어 목표는 여러 부서를 거치며 관리 능력을 키우고, 비즈니스 이해와 조직 관리 스킬을 갖춘 뒤 상위 직책으로 이동하는 것이었다. 예전에는 이러한 커리어 패스가 당연한 수순으로 받아들여졌다. 그러나 이제는 고령화와 잦은 조직 변화로, 이러한 커리어 패스가 점차 사라지고 있다.

그렇다면 현재의 달라진 커리어 패스는 무엇일까? 조직은 빠르게 변화하는 환경에 대응하고자 30~40대 임원 수를 늘리고 있다. 임원의 평균 연령이 낮아지면서, 한번 승진 기회를 놓치면 이후에는 다시 기회를 얻기 어렵다. 40대 중후반만 되어도 더 이상 갈 곳이 없는 상황이 발생한다. 젊은 임원을 모시는 나이 든 팀장은 다음 커리어 목표를 상실하게 된다. 결국 젊은 인재에게 자리를 내어주거나 현재 팀장 자리를 간신히 지키는 수준에 그치게 된다.

이러한 현실에서 커리어 전환이나 이직 시에는 단연 실무형 팀장이 유리하다. 현재는 관리만 하는 팀장을 선호하는 기업이 드물기 때문이다. 오히려 특정 분야에 전문성을 갖추고 있으면서 팀 관리 경험도 있는 인재를 선호한다. 주요 채용 플랫폼을 보면 인사 전문가인 팀장, 회계 전문가인 팀장을 찾는 공고는 많지만, 특정 분야 전문성이 없는 '제너럴리스트(Generalist)* 팀장을 찾는 공고는 거의 없다. 실무를 병행함으로써 이러한 시장 요구에 부합하는 역량을 갖추게 되는 것이다. 관리 능력에만 의존해 커리어를 쌓아온 팀장은 좋은 이직 제안을 받기 어렵다.

게다가 이제는 한번 팀장이 되었다고 그 자리에 계속 머무를 수 있는 시대도 아니다. 팀장은 다시 팀원으로 돌아가야 하는 상황에

---

* 특정 분야에서의 전문가인 스페셜리스트(Specialist)의 반대말로, 다방면에 지식과 경험이 있는 사람

놓일 수 있다. 팀원→팀장→임원이라는 수직 커리어 패스가 아닌, 관리자와 실무자 사이를 오가야 하는 시대다. 고유 업무가 없는 관리형 팀장은 다시 실무자로 돌아가기 어렵다. 관리 직책을 잃은 인력을 새 직무에 배치하고 처음부터 교육할 조직은 많지 않다. 고령화가 심화된 지금, 팀장이라도 언제든 실무자로 복귀할 수 있도록 준비되어 있어야 한다. 이런 관점에서 보면 실무형 팀장이 커리어 측면에서도 훨씬 유리하다.

전 세계적으로 전문직 제도가 확산하고 있다

기업에서 높은 보상을 받고 좋은 포지션에 있는 사람 대부분이 관리직이다. 전문가들은 조직이 관리자에게 높은 보상을 제시하는 이유는 개인으로서 일하는 것보다 조직 관리자로서 일하는 게 더 높은 성과를 올리기 때문이라고 말한다. 일정한 연령이나 경력을 넘기면 반드시 관리자가 되어야 한다는 고정관념이 강한 우리나라에서 두드러지는 특징이기도 하다.

과거에는 일하는 체계를 만드는 것이 중요하지 않았다. 매뉴얼과 프로세스에 따라 체계적으로 일하기보다, 개개인의 업무 스타일에 따라 그때그때 임기응변식으로 일을 했다. 그러다 보니 개개인의 역량에 크게 의존할 수밖에 없었다. 체계적인 업무 매뉴얼과 프로세스가 없다 보니 일 잘하는 선배가 후배에게 일하는 방법을 도제식으로 전달하는 식이었다. 좋은 선배를 만나면 일을 잘 배울 수 있었으나, 선배 운이 따르지 않으면 제대로 일하는 방법을 배울 수 없었다. 체계가 없이 개인 역량과 임기응변에 의존했으므로 업무를 재분배해 주고 그때그때 의사결정을 내려줄 관리형 팀장이 필요했다.

이제는 일하는 체계를 만드는 것이 팀장의 주요 역할이 되었다. 당장 일이 돌아가게 하는 것뿐만 아니라, 개개인이 효율적으로 일하고 팀원 간에 협력하는 체계를 만들어야 한다. 팀의 업무 체계가 정립된 이후에는 지속적으로 프로세스를 혁신하고 새로운 비즈니스 기회를 제안하는 팀장이 높이 평가받는다. 체계를 구축하고, 그것을 개선하고, 새로운 비즈니스에 통찰력을 발휘하는 데도 실무까지 꿰고 있는 실무형 팀장이 단연 유리할 수밖에 없다.

그러므로 이제는 직책 중심의 인사 관리에서 벗어나야 한다. 조직 관리를 하지 않아도, 놀라운 아이디어로 새로운 비즈니스 모델을 만들어 내는 사람이 있다. 연구자로서 오랜 연구 끝에 신기술이나 신소재를 만들어 산업의 지형 자체를 바꾸는 사람도 있다. 너무 오랫동안 관리 역량에만 가치를 부여해 온 관행에 대해 성찰이 필요한 시점이다.

해외의 많은 기업이 관리자 커리어 외에도 '전문직 제도'를 함께 운영하고 있다. 전문직 제도는 특정 분야의 전문 지식과 기술을 갖춘 사람을 임원까지 대우하는 인사 제도를 말한다. 모두가 다른 사람을 관리하는 일에 능하고, 그런 일을 원하는 것은 아니다. 오히려 많은 사람이 오랫동안 실무자로 일하며 그 속에서 성과를 내고 싶어 한다.

기술직뿐만 아니라, 화이트칼라(White collar) 사무직 중에서도 다양한 직무에 전문직 제도를 운영한다. 실무를 담당하면서도 팀을 이끄는 팀장 역할의 일부를 병행하는 식이다. 실무를 하는 팀장이 아니라, 일부 팀장 역할을 하는 실무자라고 보면 된다. 이러한 투 트랙 커리어 패스가 확산할수록 '팀장'과 '실무자'라는 구분은 점점 의미를 잃게 된다.

우리나라의 경우, 뒤늦게나마 삼성전자와 현대자동차 등 대기업을 중심으로 전문직 제도가 도입되고 있다. 신소재, 신기술, 신규 비즈니스 분야 등에서 실무자를 우대하는 커리어가 생기고 있으나, 아직 그 확산 속도는 빠르지 않다.

지금까지는 많은 직원을 거느리고 현장을 시찰하거나, 여러 사람을 모아 회의하는 리더의 모습이 전형적이었다. 하지만 이제는 연구소 한구석에서 밤늦도록 실험을 반복하거나, 몇몇 기술자와 함께 조용히 아이디어를 주고받는 모습이 새로운 리더의 이미지가 될지도 모른다.

조직 관리 역량과 실무 전문 역량, 이 2가지를 모두 갖추었다면 실무형 팀장이 선택할 수 있는 옵션도 더 많아진다. 자신의 커리어 방향을 스스로 선택할 수 있는 가능성이 열리는 셈이다.

80세까지 일해야 하는 시대에서 전문성의 의미란?

'100세 시대'라는 말이 언제부터 쓰이기 시작했을까? 꽤 오래전부터 사용되었을 것 같지만, 실제로는 불과 20여 년 전부터 일부 논문에서 언급되기 시작했다. 20년 전까지만 해도 대부분의 사람은 자신이 100세까지 살 것이라고는 생각하지 못했다는 뜻이다. 그런데 최근 10여 년 사이에는 '120세 시대'라는 말까지 등장했다.

그렇다면 120세 시대에는 몇 살까지 일을 해야 할까? 예측 기관에 따라 다르긴 하지만, 적어도 80세까지는 현업에서 활동해야 할 가능성이 크다. 우리보다 20년 먼저 초고령 사회에 진입한 일본은 미래 우리 모습의 예고편이기도 하다. 일본 총무성의 조사에 따르면, 2020년 기준 70세 이상 일본 남성의 45.7%가 여전히 일하고 있었다. 이를 기준으로 보면, 50대 중반에 직장에서 나오더라도 그 후 최소 20~25년은 더 일해야 하는 시대가 온다는 이야기다. 물론 같은 직종에서 계속 일하기보다는, 전혀 다른 직무나 형태의 일을 선택해야 할 가능성이 높다.

이처럼 오래 일해야 하는 시대에는 결국 '월급이 아닌 방법으로 돈을 벌 수 있는 능력', 즉 '전문성'이 핵심이 된다. 조직에 속하지 않아도 스스로 수익을 창출할 수 있는 실력, 차별화된 콘텐츠로 고객의 문제를 해결해 주는 능력이 있어야 한다. 인생 후반기에도 유효한 전문 서비스의 핵심은 '콘텐츠'다. 고유한 콘텐츠로 고객의 문제 해결을 도울 수 있어야 고객은 그에 합당한 대가를 지불한다.

그렇다면 과연 어떤 콘텐츠가 고객의 문제 해결에 도움이 될까? 2가지가 있다. 하나는 실무 전문성이 축적됨으로써 쌓이는 '센스 메이킹(Sensemaking)'과 리더로서의 경험을 반영한 '리더십 콘텐츠'다.

센스 메이킹

센스 메이킹은 정보를 분석하고 시장의 흐름을 읽어내는 능력을 뜻한다. 수많은 단편적인 정보와 신호 속에서 지금 우리가 어디에 있는지, 어디로 가야 할지를 판단하고, 아직 결론에 도달하지 않은 사안에 대해 큰 그림을 그려내는 힘이다.

미국의 철강 재벌 앤드루 카네기(Andrew Carnegie)는 사업에서 성공하기 위해서는 우선 한 분야의 최고 전문가가 되어야 한다고 했다. 높은 전문성이 있어야 시장의 방향을 읽고 사업의 진로를 결정할 수 있기 때문이다. 여러 가지 일에 능력이 분산되면 성취 가능성이 작아진다고 했다.

전문성이란 단지 오래 일했다고 생기는 것이 아니다. 차별화된 실무 능력은 물론, 그 속에서 다양한 경험과 노하우를 반복적으로 성찰하고 의미화할 수 있을 때 비로소 형성된다. 센스 메이킹은 이러한 성찰의 과정에서 발현되는 고차원적 능력이고, 앤드류 카네기가 우선 한 분야의 최고 전문가가 되는 게 중요하다고 한 이유다.

리더십 콘텐츠

또 다른 콘텐츠는 리더십 콘텐츠다. 리더 경험을 나만의 방식으로 해석해 사람을 움직이는 방법을 습득한다면 이것이 바로 리더십 콘텐츠에 해당한다.

기업은 본질적으로 특정한 문제를 해결하기 위해 '사람'이 모인 공간이다. 따라서 사람을 움직이는 리더십이 문제 해결의 중요한 해법이 된다. 분석이나 논리만으로는 해결되지 않는 문제도 리더십으로 돌파할 수 있다. 그렇기에 리더십 콘텐츠는 매우 값비싼 자산이 될 수 있다.

2011년에 미국 ASTD(American Society for Training & Development, 미국인력개발학회) 콘퍼런스에서 미국의 저명한 리더십 코치 '마셜 골드스미스(Marshall Goldsmith)'의 강연에서 들은 말이다. 그는 자신의 강연이 시간당 2억 원의 가치가 있다고 했다. 그런데도 아무 조직에나 팔지 않고 자신의 조언이 성과를 낼 수 있는 기업에서만 강연한다고 한다. 이것만 봐도 리더십이 시장에서 매우 높이 평가받는 역량임을 알 수 있다.

이처럼 차별화된 실무 능력에 기반한 전문성과 리더 경험에서 비롯된 리더십 콘텐츠, 이 2가지를 모두 개발하기에 가장 유리한 위치에 있는 사람이 바로 실무형 팀장이다. 물론 실무와 관리라는 2가지 역할을 병행하는 일이 결코 쉽지는 않다. 그러나 한번 그 역할에 익숙해지면, 실무형 팀장은 다른 누구보다도 강력한 커리어 자산을 보유하게 된다. 점점 더 오래 일해야 하는 시대에 실무형 팀장의 전문성과 경험은, 인생 후반기를 지탱해 줄 든든한 기반이 될 것이다.

 실무형 팀장 SUMMARY

- 실무 능력이 있는 팀장은 유사시 실무자로 전환이 용이하다.
- 글로벌 기업은 실무와 관리의 투 트랙 커리어 패스 제도를 운영 중이다.
- 80세까지 일하는 시대에서 실무형 팀장의 전문성은 생존력이다.
- 센스 메이킹, 리더십 콘텐츠는 실무형 팀장의 강력한 무기이며, 인생 후반기를 지탱해 줄 든든한 기반이 된다.

CHAPTER 2

호갱님,

안녕하세요?

실무형 팀장,
나는 무엇을 하는 사람인가?

정체성 혼란으로 괴로워하는
실무형 팀장

우리는 살아가면서 '나는 누구인가?' '나는 얼마나 가치 있는 사람인가?'와 같은 자신의 정체성에 관한 질문에 끊임없이 직면한다. 관계를 맺고, 패션이나 물건으로 자기를 표현하며, 더 나은 사람이 되기 위해 애쓰는 것 역시 이런 질문에 대한 답을 찾는 과정일 수 있다.

직장에서도 마찬가지다. 조직 안에서 내가 어떤 일을 하고, 어떤 존재인지를 분명히 아는 것은 직무 만족도와 직결된다. 그런데 자신의 역할이 모호하다면, 혼란에 빠지고 스트레스를 받기 쉽다. 흔히 겪는 정체성 혼란은 다음과 같은 3가지 상황에서 발생한다.

① 역할 범위가 모호할 때

자신이 조직에서 어떤 역할을 담당하고 있으며, 그 역할이 조직에 어떤 기여를 하는가를 알지 못하는 경우다. 이런 모호함은 주 업무가 계속 바뀌거나, 명확한 역할이 부여되지 않을 때 발생한다.

예전에 종합상사에 근무하는 친구를 만났다. 명함에 '자재 구매 팀장'이라 적혀 있었지만, 무슨 일을 하는지 도통 짐작이 가지 않았다. 종합상사의 자재 구매 업무가 궁금해 물었더니 돌아온 답은 다음과 같았다.

"희귀 원재료를 구하러 해외도 다녀. 신사업이 진행되면 거기에 필요한 자재도 내가 구매하지. 대표님이 환경에 관심 많으셔서 친환경 자재 구하러 지방 출장도 자주 가. 총무팀 일이 필요하면 그것도 도와."

"그럼 그렇게 다양한 업무 중에 문제가 생기면 누구 책임이야?"

"책임은 다 내가 져야지. 대표님도 재료에 문제가 생기면 다 내 책임이라고 하시는걸."

친구의 말투에는 열정도 자부심도 사라진 냉소가 배어 있었다. 역할이 모호한 상황은 결국 '나는 어떤 존재인가?'라는 질문에 대해 제대로 답을 할 수 없는 혼란으로 이어진다. 일이 많은 것이 고된 게 아니라, 정체성이 흔들릴 때 진짜 괴로움이 시작된다.

② 서로 충돌하는 역할을 동시에 담당할 때

작은 조직일수록 한 사람에게 여러 역할을 맡기는 일이 잦다. 문제는 이해 상충 문제가 있는, 반대되는 성격의 일을 동시에 맡길 때 발생한다.

예전에 회사에서 비상 경영을 선포한 적이 있었다. 관리팀이 주관한 회의에서 각 부서의 추진 과제를 논의하던 중이었다.

"이번 비상 경영 과제에서 영업지원팀은 '현장의 고충 해결'과 '예산 절감'을 담당해 주시기 바랍니다."

"아니, 최근 조사에 따르면 예산이 너무 적고, 비용 사용 절차가 지나치게 까다롭다는 게 현장의 고충이었는데요. 그러면 예산을 더 확보해 주라는 건가요, 아니면 비용을 더 줄이라는 건가요? 어떻게 한 부서에서 이 2가지 상반된 업무를 다 하라는 겁니까?"

"그거야 뭐…. 영업지원팀에서 알아서 하셔야죠."

상충되는 업무를 동시에 맡게 되면, 결국 어느 하나의 목표도 제대로 달성할 수 없게 된다. 예산을 줄이면 현장의 불만이 커지고, 현장을 만족시키면 비용을 과도하게 썼다고 질책받는다. 결국 애초부터 달성하기 어려운 목표를 붙잡고 고민만 거듭하다 지쳐버리는 것이다.

③ 역할 범위의 한계가 없을 때

역할 경계가 모호한 조직에서는 모든 일이 결국 실무형 팀장에게 쏠리게 된다. 회식 장소 예약, 팀 회의 참석, 상사의 출장 일정 조율까지…. 팀장이라는 이유로 별다른 이의 제기 없이 떠맡게 된다.

이런 상황에서는 새로운 일이 생기는 속도가 기존 업무를 처리하는 속도보다 더 빨라진다. 끝내도 끝이 없다. 그 결과 사람들은 묘한 방식으로 이 현실에 적응하기 시작한다.

'어차피 빨리 끝내도 또 다른 일이 생기겠지. 서두른다고 나아지는 것도 없고, 그냥 천천히 하자. 바빠 보이면 누가 뭐라 하지 않겠지'와 같은 생각을 하게 되며, 효율을 추구하기보다는 소진을 피하는 방식을 선택한다. 일의 속도를 늦추고, 감정 소모를 줄이며, 가능한 한 버티는 방식으로 일하게 된다. 겉으로는 '바쁜 사람'처럼 보이지만, 실상은 버티기의 기술을 익힌 셈이다.

하지만 이러한 태도는 습관이 되고, 습관은 곧 실력 저하로 이어진다. 실력이 줄어들면 일이 두려워지고 어려운 일은 피하고 싶은 마음이 강해진다. 그러다 나중에는 매사에 소극적인 사람으로 변한다.

실무형 팀장은 누구나 이러한 딜레마 속에서 '도대체 나는 누구인가?'라는 정체성 혼란에 빠지기도 한다. 이곳에서 나의 역할이 무엇인지 고민하다 하루가 가고, 이틀이 간다. 조직이 기대하는 역할에 부응해 제 몫을 다하고 싶지만, 현실은 과도한 요구에 부담만 커질 뿐이다.

　팀장에게 주어진 책임에는 한계가 없다. 위에서도, 아래에서도 책임을 묻는다. 회사는 끊임없이 더 높은 성과를 요구하고, 임원은 사소한 문제가 생겨도 팀장이 제대로 관리하지 못했기 때문이라고 핀잔을 준다. 팀원은 워라밸을 내세우며 각자의 권리를 주장한다. 결국 팀장은 위에서도 아래에서도 존중받지 못하는 서글픈 존재가 된다.

　실무 비중이 높은 팀장은 본인의 고유 업무를 수행하느라 팀 관리에 소홀하다는 비판을 받는다. 반면 팀 관리에 더 집중하면 실무 공백이 발생한다는 말을 듣는다. 결국 어느 쪽이든 완벽하게 해냈다는 평가는 듣기 어렵다. 온종일 분주히 움직여도 성과는 부족하고, 평가는 냉정하다.

왜 조직은 실무형 팀장의 고충을 방치하는가?

문제를 해결하기 위해서는 회사 차원의 지원이 필요하다. 조직은 팀장에게 어떤 미션을 기대하고 있는지 명확히 정의해 주어야 한다. 팀장이 일에 몰입할 수 있도록 역할을 분명히 정하고, 책임 범위의 경계도 명확히 설정해야 한다. 그것은 조직의 몫이다. 하지만 이렇게 팀장을 지원하는 규칙과 시스템을 제대로 정비해 둔 회사는 드물다.

상위 관리자들의 지원이 부족하다는 점도 아쉽다. 환경이 빠르게 변하면서 팀장에게 요구되는 역할도 그때그때 달라진다. 팀장 역시 팀원처럼 상위 리더로부터 피드백을 받아야 한다. 즉, 팀장에게도 변화하는 역할을 파악하고, 그에 맞게 코칭해 줄 상사가 필요하다. 팀장이 제 역할을 다할 수 있도록 돕는 것이 바로 상위 관리자이자 경영자인데, 현실에서 이런 코칭을 해주는 상사는 극히 드물다. 팀장이 뭘 힘들어하는지 귀 기울여 들어주는 관리자도 거의 없다.

결론적으로 조직과 경영자는 팀장을 '지원해야 할 대상'으로 보지 않는다. 팀장의 책임감과 노력 덕분에 당장은 큰 문제가 없어 보이기 때문이다. 하지만 자세히 들여다보면, 팀장 혼자 고군분투하며 버티고 있다. 문제가 터지기 전까지는 누구도 관심을 두지 않는다.

최근에는 사회적 약자인 직원을 보호해야 한다는 사회 분위기가 강해지고 있다. 팀원이 불만을 제기하면 조직은 민감하게 반응한다. 그러나 정작 팀장의 고민에는 귀를 기울이는 사람이 없다. 물론 구성원을 보호하는 문화가 자리 잡는 것은 바람직하다. 다만 보호받아야 할 대상에 팀장도 포함되어야 함에도 불구하고, 관리자라는 이유로 그 대상에서 배제된다. 결국 팀장은 조직과 구성원 사이에서 양쪽 입장을 동시에 대변하며 외롭게 버티고 있다.

요즘 구성원들의 조직 문화에 대한 요구는 '존중'의 문제로 확대

되고 있다. 언어 사용, 업무 배분, 소통 방식 전반에서 구성원들은 더 많은 존중을 요구하고, 이는 곧 포용적 리더십(Inclusive leadership)으로 연결된다.

포용적 리더십은 '기업을 둘러싼 모든 요소가 다양해진 시대에, 리더는 더욱 유연하고 공감하는 태도를 갖추어야 한다'는 흐름에서 비롯되었다. 시장은 점점 더 세분화되고, 고객의 요구는 다양해지고 있으며, 조직이 필요로 하는 인재 또한 다양한 특성과 배경을 가진다. 결국 이러한 다양성을 수용하고 포용할 수 있는 리더십이 경쟁력이 된다는 이야기다(포용적 리더십의 핵심가치는 DEI로, Diversity 다양성, Equity 형평성, Inclusion 포용성을 의미한다).

하지만 포용적 리더십은 팀장 혼자만의 노력으로 발휘할 수 있는 리더십이 아니다. 팀장은 가장 많이 일하면서도 따뜻하고 부드러운 사람이기를 요구받는다. 팀원의 모든 다양성을 존중하고, 배경과 성향을 이해해야 한다. 당연히 어깨는 더 무거워질 수밖에 없다.

팀원들도 그걸 알고 있다. 팀원들은 실무형 팀장이 다양한 역할을 동시에 수행하며 고군분투하는 모습을 매일 목격한다. 그러다 결국 "나는 절대 팀장이 되지 않겠다"라고 말하게 된다.

이것이 바로 지금 확산되고 있는 '리더 포비아(Leader phobia)' 현상이다. 리더가 되고 싶지 않은 시대. 그 출발점에는 실무형 팀장이 혼자서 감당해야 했던, 너무나 무거운 무게가 있다.

근본적인 문제가 해결되지 않는 이유

① 완전무결한 리더상에 대한 요구

특히나 우리 문화에서 리더는 혼자서 모든 것을 극복해야 하는 영웅적 존재다. 역사를 거치며 리더는 강력한 권위를 가진 사람이라는 인식이 강해졌고, 우리는 나약하고 우유부단한 리더보다 추진력 있고 올곧은 리더를 원했다. 이런 기대는 조직 안에서도 자연스럽게 자리 잡게 되었다.

다음은 우리 문화에서 리더를 바라보는 일반적인 시각이다.

리더를 바라보는 일반적인 시각

- 리더는 타고난 사람이다. (그러므로 배워서 나아질 리 없다.)
- 완벽한 사람이 리더 자리를 맡아야 한다. (리더가 되었다는 것만으로 어느 정도 그 능력을 검증받았다는 뜻이다.)
- 가장 높은 성과를 올린 사람이 경쟁에서 살아남으며 자연스럽게 리더가 된다.
- 리더에게 실패란 없다. 실패하면 책임을 묻고 교체해야 한다.
- 외향적이고 추진력이 강해 보이는 사람이 리더 자리에 어울린다.

우리의 강력한 선입견에 따르면 리더는 완성된 존재, 완벽한 존재여야 한다. 부족함을 인정하거나 공부하는 리더는 신뢰받기 어렵다. 리더에게도 누군가의 코칭이나 조언이 필요하다는 말은 받아들여지지 않는다.

즉, 우리 조직 문화에는 여전히 카리스마형 리더 모델이 깊이 뿌리내려 있다. 사회학자 막스 베버(Max Weber)는 '카리스마'를 타고난 비범함이나 매력으로 구성원들의 자발적 신뢰와 복종을 이끌어 내는 리더의 자질이라 설명했다. 이런 리더상은 어쩌면 권위주의적 근현대사의 잔재일지도 모른다.

카리스마형 리더상을 팀장에게도 그대로 적용함으로써, 팀원은 최고경영자에게 기대할 만한 완벽한 리더상을 팀장에게도 투영한다. 팀장이라면 이미 완성된 사람이어야 한다는 암묵적 기대가 존재한다.

상위 리더에게 팀장의 역할 충돌을 해결해 달라고 말하면 돌아오는 답은 이렇다.

"그런 건 팀장이 알아서 해야지. 팀장의 일이 뭔지 딱 정해주는 조직이 어디 있어? 팀장이 무슨 신입사원이야?"

아무리 팀장이 자신의 정체성이 흔들린다고 말해도 아무도 귀 기울여 듣지 않는다.

② 새로운 조직 문화 요구의 확산

지금 우리 조직이 처한 또 다른 모순은 아래로부터의 새로운 조직 문화 요구가 계속 커지고 있다는 점이다. 이는 사회가 성숙하고 기업이 성장하면서 자연스럽게 나타나는 흐름이며, 리더십과 관련된 요구가 상당 부분을 차지한다. 문제는 이 리더십 이슈들이 모두 중간관리자인 팀장에게 집중된다는 것이다.

예를 들어 최근 가장 빈번하게 발생하는 갈등 중 하나는 근무 시간과 관련된 세대 간 충돌이다. 주니어는 근로계약서에 명시된 근무 시간을 철저히 지켜야 한다고 주장하고, 시니어는 출근 시간을 다소 유연하게 해석하며 일찍 출근해 업무를 준비하거나 늦게까지 남아 정리하라고 말한다. 이로 인해 세대 간 대립이 벌어진다.

회사는 이 갈등에 개입하고 싶어 하지 않는다. 어느 쪽 말이 옳은지도 말해주지 않는다. 대신 팀장에게 적절히 처리하라고만 지시한다.

결국 회사가 답을 회피하는 모든 이슈는 팀장에게 전가된다. 근무 시간 해석에 따른 문제를 해결해야 하고, 일 잘하는 사람에게만 일이 몰리는 몰리는 현상도 조율해야 한다. 구성원이 퇴사를 결심하면 붙잡는 것도 팀장의 몫이다. 평가의 공정성에 문제가 제기되면 팀장이 일일이 면담하고 설득해야 한다.

하지만 평가 제도는 누가 설계했는가? 팀장은 공정한 평가를 위해 어떤 시스템적 지원을 받고 있는가? 그 누구도 답하지 않는다.

이렇게 오늘도 팀장은 '나는 무엇을 하는 사람인가?'라는 질문에 답을 찾지 못한 채 하루를 버틴다. 그리고 그중에서도 실무형 팀장은 더 깊은 질문을 마주한다.

'나는 팀장인가, 팀원인가?'

 실무형 팀장 SUMMARY

- 모호한 역할 범위, 충돌되는 역할, 한계가 없는 역할 범위로 실무형 팀장은 정체성의 혼란에 빠진다.
- 회사는 팀장을 지원해야 할 대상으로 보지 않아 실무형 팀장의 정체성에 관한 고충을 방치한다.
- 오히려 팀원, 즉 구성원을 존중하는 문화는 확대되어 팀장에게 포용적 리더십까지 요구된다.
- 완전무결한 리더상에 대한 요구로 회사와 상사는 팀장을 방치한다.

위아래와 모두 단절된 느낌, 혼자 남겨진 느낌

중간 지대는 외롭다

회사 내 팀장 전원이 실무형이라면 비교 대상이 없으니 상대적으로 스트레스도 덜 받을 것이다. 하지만 현실에서 모든 팀장이 실무형일 수는 없다. 어느 회사든 문화와 상황에 따라 실무형 팀장과 관리형 팀장이 섞이기 마련이다.

비교 대상이 생기면 자연스럽게 소외감도 커진다. 나는 실무까지 하느라 매일 쫓기듯 일하고 있는데, 느긋하게 관리 업무만 하는 선배 팀장을 마주치면 허탈감이 밀려온다. 상대적 박탈감은 실무형 팀장을 더욱 외롭게 만든다.

실무를 겸하는 팀장은 더욱 고립되기 쉽다. 과거의 관리형 팀장은 시간적 여유가 있어 선후배 팀장들과 고민을 상담하며 해결의 실마리를 얻고, 공감대를 형성했다. 팀 운영 과정에서 겪는 스트레스를 동료 팀장들의 지지나 격려로 해소할 수 있었던 것이다.

그러나 실무형 팀장은 이런 관계를 쌓기 어렵다. 끊임없이 밀려드는 실무를 처리하려면 늘 시간이 부족하다. 동료 팀장들과 관계를 맺고 싶지만, 매번 생각만 할 뿐 실제로 움직일 여유가 없다. 팀장 역할이 버겁게 느껴질 때 관리형 팀장들처럼 비슷한 처지의 사람들과 공감대를 나누면 위로가 되기도 하지만, 실무형 팀장은 속내를 털어놓을 대상이 없다.

팀장이 된 순간부터 동료였던 팀원과는 자연스레 거리가 생긴다. 동료 입장에서는 팀장과 막역하게 지내기 어렵기 때문이다. 그런데 실무에 치이다 보면 기존의 팀장 그룹에도 쉽게 끼어들지 못한다. 결국 실무형 팀장은 어디에도 속하지 못한 채 혼자가 된다.

그렇다고 상사가 힘이 되어주지는 못한다. 상사는 흔히 '소주 잔을 기울이며 허물없이 이야기할 수 있는 존재'가 아니다. 직급 간 거리감, 권위, 평가자라는 역할이 여전히 존재한다. 그렇다면 실무형 팀장은 누구에게 고민을 나누고, 누구에게서 위로를 받을 수 있을까?

어떤 팀장들은 말한다. 일만 잘하면 되지 않느냐고, 성과만 뛰어나면 동료나 팀원들도 결국 나를 인정하지 않겠느냐고 말이다. 물론 일 잘하는 것도 중요하다. 업무 성과를 내기 위해 팀장이 존재하는 것도 맞다. 하지만 일만 잘한다고 모든 문제가 풀리지는 않는다.

실제로 일은 거의 하지 않으면서도 관계 능력만으로 승승장구하는 사람도 있다. (물론 모두가 그렇다는 건 아니지만) 이런 사람들을 마주할 때마다 성과로 인정받는다는 믿음은 순진하게 느껴진다. 직장은 다양한 성향의 사람이 모인 공간이다. 일로 인정받는 사람도 있지만, 인간관계나 자기 PR로 인정받는 사람도 있다. 사내 정치에 몰두하는 사람도 있고, 소위 줄을 잘 서는 사람도 있다. 그만큼 일터는 복잡하게 얽혀 있는 공간이며, 누가 더 인정받는가는 단순한 문제가 아니다.

사람들의 무리 속에서는 언제나 자연스럽게 내집단과 외집단이 나뉘게 된다. 내집단은 정체성을 공유하고 소속감을 느끼는 집단이다. 같은 학교·같은 지역 출신, 같은 스포츠팀 팬 등이 여기에 해당한다. 이들은 서로 더 친밀하게 교류하며, 내부 정보를 자연스럽게 공유한다. 반면 외집단은 이질감을 느끼는 집단, 소속감을 느끼지 않는 집단이다. 외집단은 배척의 대상이 되기 쉽다. 내집단 구성원의 결속을 강화하기 위해 종종 외집단을 배척하기 때문이다.

이렇게 형성된 내집단에는 일정한 진입 장벽이 존재한다. 흡연자 모임은 담배를 함께 피워야 하고, 골프 모임은 어느 정도 실력과 매너를 갖추어야 한다. 술·담배를 하지 않고 골프나 공통 취미가 없는 팀장이라면 내집단 진입은 더욱 어려워진다. 더군다나 한두 번 참여한다고 바로 내부 일원이 되는 것은 아니다.

내집단에 들어가지 못한 실무형 팀장은 다른 팀장들은 알고 있는 중요한 정보를 자신만 모르고 있을 때 큰 위기를 느낀다. 회사가 조직 개편이나 인사를 앞두고 술렁이는 시기에 어딘가에서는 이미 정보가 돌고 있다. 모두가 '카더라'를 나누는 상황에서 나만 아무런 정보도 듣지 못한 채 홀로 남겨져 있다면? 이런 일이 반복되면 점점 불안이 커진다. '혹시 나만 소외되는 건 아닐까?' 하는 생각에 초조해지고, 정신적으로 지치게 되며 정서적 위기에까지 처하게 된다.

"일만 잘하면 되지, 꼭 이런 내집단에 들어가야 할까?"라고 반문할 수 있다. 하지만 많은 사람이 직장 생활에서 받는 가장 큰 스트레스를 '인간관계'라고 답하는 데에는 그만한 이유가 있다.

위아래로 갈등이 존재하고, 특정 그룹은 다른 그룹을 은근히 배제하며, 성과보다는 관계나 정치로 승부를 보려는 사람들도 있다. 이런 요소들이 얽히면서 직장 내 관계는 점점 더 어렵고 복잡해진다. 그래서 사람은 많지만, 정작 내 마음을 알아줄 사람은 없다고 느끼게 된다. 그것이 실무형 팀장이 느끼는 가장 깊은 외로움이다.

위아래 모두에게 호갱인 존재

그렇다면 팀원들은 실무형 팀장의 고충을 이해하고 있을까? 만약 팀원들이 그 어려움을 공감하고 지지해 준다면, 팀장으로서는 큰 위로가 될 텐데 말이다. 실무도 하고 팀 관리도 하느라 몸이 고달파도, 믿고 응원해 주는 팀원이 있다면 얼마든지 팀장은 이겨낼 수 있을 것이다.

하지만 안타깝게도 현실은 그렇지 않다. 이런 훌륭한 팀원은 극히 드물다. 오히려 팀장에게 일을 떠넘기는 몰지각한 팀원이 더 많다.

실무형 팀장을 더욱 힘들게 만드는 진상 팀원 유형은 대표적으로 3가지다. 생각보다 많으며 팀원들의 진상을 겪으면 팀장의 외로움과 서러움은 더욱 커진다. 어쩌면 상사나 동료에게 받는 서러움보다 팀원에게 받는 서러움이 더 클지도 모른다. 그들은 내가 팀을 위해 얼마나 헌신하는지 가장 가까이에서 지켜보는 사람들이기 때문이다. 그럼에도 불구하고 내 진심을 알아봐 주는 사람은 생각보다 많지 않다.

진상 팀원 유형

팀장을 힘들게 하는 진상 팀원의 첫 번째 유형은 팀장은 보상을 더 받으니 당연히 나보다 더 일해야 한다고 생각하는 팀원이다.

직원과 임원은 이예 신분이 다르다. 임원이 되면 급여 수준은 물론 사무실, 차량 지원 등 복지도 달라진다. 그러나 팀장은 임원이 아니다. 팀장도 여전히 직원 신분이다. 팀장이라고 해도 팀원과 대우가 거의 다르지 않은 경우가 대부분이다. 그러니 얼마 안 되는 팀장 연봉을 포기하고 다시 팀원으로 돌아가고 싶어질 때가 있다.

나 역시 이런 말을 들은 적이 있다. 친한 후배에게 고충을 털어놓았더니, "팀장님은 연봉도 높고, 법카(법인카드)도 있으시잖아요. 그러니까 당연한 거 아니에요?"라는 반응이 돌아왔다. 그 말에 실망이 컸다. 말도 안 되는 고민이라는 듯한 후배의 눈빛이 유독 서늘하게 느껴졌다.

'연봉도 법인카드도 다 반납할 테니, 이 부담감도 같이 좀 가져가 줘!'라는 말이 목구멍까지 차올랐지만 꾹 참았다. 너무 나약한 팀장으로 비칠까 두려웠기 때문이다.

두 번째 유형은 실무 대부분은 팀장이 메워줄 거라 생각하고 자신의 역할과 책임에 선을 긋는 팀원이다. 더 할 수 있음에도 일정 수준에서 멈추고 워라밸을 지킨다. 팀장의 풍부한 경험과 실력을 믿고, 본인은 편한 일만 맡으려 한다. 이런 팀원을 방치하면 상황은 금세 악화된다.

나 또한 이런 경험이 있었다. 나에게 생글생글 웃으며 다가와, 또 다른 일을 은근슬쩍 떠넘기려는 팀원이 있었다. 성과가 나지 않아 내가 도와준 적이 있었는데, 그걸 계기로 다른 일까지 계속 내미는 것이었다.

"팀장님, 일처리가 참 대단하세요! 이 일도 어떻게 해야 하는지 좀 알려주세요."

"이건 안 대리 실력 향상을 위해 직접 해보는 게 좋겠네. 왠지 나보다 몇 배 잘 해내서 좋은 방법을 찾아올 것 같은데?"

나도 웃으며 맞받아쳤다.

일단 팀장이 그의 빈틈을 메우면, 다른 팀원들까지 일을 팀장에게 떠넘기기 시작한다. 즉, 체리 피커(Cherry picker)*를 방치하면, 결국 팀 전체가 체리 피커가 되어 버린다. 그래서 실무형 팀장일수록 팀원의 역할과 책임, 즉 R&R을 꼼꼼하게 설정해 두어야 한다.

세 번째 유형은 성장을 위해 일을 가르쳐 주려는 팀장의 노력을 간섭으로 받아들이는 팀원이다. 사실 실무형 팀장이 가장 서러운 순간은 바로 이런 팀원을 마주할 때다. 가뜩이나 부족한 시간을 쪼개고 쪼개 피드백 기회를 만들었는데 돌아오는 반응은 이렇다.

"우리 팀장은 작은 일 하나까지 다 간섭하려 들어."

"이 일은 이렇게 해라, 저건 저렇게 해라 자꾸 불러서 이야기하니까 오히려 일이 안 돼."

팀에서 가장 업무 속도가 느린 한 팀원이 이런 말을 하는 것을 들었을 때, 정말 복장이 터지는 줄 알았다. 성과가 개선되지 않아 자주 피드백을 해준 팀원이었는데, 그걸 '간섭'으로 받아들이다니…. 일이 많은 것보다, 내 마음을 몰라주는 팀원 때문에 더 힘든 순간이었다.

---

* 케이크 위의 체리만 쏙 골라 먹듯이 자기에게 유리한 것만 취하려는 사람

이처럼 가장 내 편일 거라고 믿었던 사람이 적처럼 느껴질 때, 즉 진상 팀원을 직접 겪을 때 팀장은 큰 혼란에 빠진다.

위에게도 호갱인 팀장

그렇다면 상사는 이 고충을 알아주고 팀장을 격려해 줄까? 현실은 그렇지 않다. 임원은 자신의 생존이 더 급하다. 다수의 임원은 단기적인 시각으로 '그 순간을 넘기는 일'에 집중한다. 예산 확보나 인력 충원처럼 임원이 풀어야 할 문제에 적극 나서지 않는다. 그러면서도 팀장이 무한 야근을 하든, 스트레스로 육체적·정신적 에너지가 방전되든 그들의 고충을 못 본 척한다.

참다못한 팀장이 임원에게 고충을 말하면, 오히려 자신의 고민을 늘어놓는다. 자기가 더 힘들고 불안하다고 말하며, 그 상황을 모면하려 든다.

"그래, 임 팀장이 힘든 건 알지. 근데 어디 임 팀장만 힘들겠어? 나는 훨씬 더 힘들어. 임원은 파리 목숨이야. 하루하루가 살얼음판이라고…. 내가 말을 안 해서 그렇지."

결국 이 모든 짐은 실무형 팀장 한 사람의 몫이 된다. 윗사람도, 아랫사람도 대신 들어주지 않고, 누구도 책임지지 않는다.

잘못된 의사결정을
하게 만드는 스트레스

인력 감축, 구조조정, 기한 내 신제품 개발, 신사업 진출, 팀 간의 경쟁 등 팀장은 절체절명의 순간에 수시로 노출된다. 이런 환경에서 일하는 것만으로도 숨이 막히는데, 성과까지 요구된다. 성과가 부진하면 그 책임은 오롯이 팀장에게 돌아가니, 팀장의 스트레스가 높을 수밖에 없다.

스트레스가 높아질수록 사람은 본능적으로 더 안전해 보이는 쪽으로 결정을 내리게 된다. 여러 연구에서도 스트레스 상황에서는 보수적인 의사결정을 내릴 가능성이 높다는 결과가 나왔다. 압박이 심해질수록 사람은 과거의 성공 경험에 집착하게 되고, 이는 혁신과 성장을 위한 과감한 선택을 피하게 만든다. 결국 리더의 위험 회피 성향은 팀의 정체를 초래할 수 있다.

새로운 일에 도전하고 과감한 시도를 하는 이유는 미래의 기회를 얻기 위해서다. 그러나 보수적인 의사결정이 반복되면 조직은 중요한 기회를 잃게 된다. 위험을 피하기 위한 결정이 장기적으로는 더 큰 위험을 만드는 셈이다. 당장은 위험을 줄인 것처럼 보이지만, 그것은 착시일 수 있다. 그렇게 조직은 시시히 활력을 잃어간다.

스트레스는 기억력에도 영향을 미친다. 팀장은 수많은 지식과 정보를 접한다. 업무 관련 정보는 물론, 직원들의 개인정보나 상황까지 챙겨야 한다. 그런데 걱정이 많아질수록 중요한 정보조차 기억이 잘 나지 않는다. 머리가 나빠졌기 때문이 아니라, 걱정과 불안이 주의를 빼앗기 때문이다. 성과에 대한 부담이 머릿속에 가득 차 있으면, 팀원의 보고에 집중하지 못해서 결국 정보가 머릿속에 아예 입력되지 않은 채 지나간다. 정보가 입력되지 않으니 당연히 기억하지 못한다. 그리고 정보가 없으니 그릇된 의사결정을 할 가능성이 높아진다.

실무형 팀장은 실무자이자 관리자라는 이중 역할을 수행하고 있다. 이 때문에 스트레스 역시 2배다. 그 스트레스는 의사결정에도 영향을 끼친다. 과감한 결정을 하지 못하도록 위축시키고, 선택을 번복하게 만든다. 게다가 그 결정이 잘못되었을 때 팀 전체에 미치는 영향을 떠올리면 불안은 더욱 커진다. 이렇게 심리적 악순환이 지속되면, 팀장은 점점 새로운 시도를 꺼리게 되고, '꼰대' 팀장이 되어간다.

특히 조직에 위기가 닥치고 구조조정처럼 극단적인 선택이 요구되는 상황이 오면, 팀장은 극심한 불안을 느낀다. 잘못된 결정 하나가 자기 팀원의 삶과 조직의 운명을 바꿀 수 있다는 사실 앞에서 실무형 팀장은 홀로 고민하고, 견디고, 버틴다.

실무형 팀장은 자기 마음을 돌보기 어려운 위치에 있다. 동료 팀장들과도 단절되어 있고, 상사나 팀원 모두 팀장의 마음을 이해하지 못한다. 실무에 매달리는 것을 악용하려는 팀원까지 생긴다. 그럴 때마다 팀장의 유리 심장에는 작고 날카로운 금이 하나씩 새겨진다. 그 금은 언제, 어떤 계기로 깨질지 모른다.

 실무형 팀장 SUMMARY

- 실무형 팀장은 동료 팀장 그룹, 상사, 팀원 누구에게도 속하지 못한다.
- 실무형 팀장을 더욱 힘들게 하는 건 3가지 유형의 진상 팀원이다.
- 상사도 실무형 팀장의 고충을 모른 체한다.
- 극심한 스트레스는 잘못된 의사결정을 할 가능성을 높인다.
- 잘못된 의사결정 가능성에 대해 스트레스가 크다.

실무도 하는데 전문성이 바닥?

팀장의 성장을 방해하는 것들

팀장들이 모인 워크숍에서 '실무형 팀장이 되어 가장 어려운 점'을 물어보았다. 가장 많이 나온 답 중 하나가 전문성을 키울 시간이 없다는 것이었다. 실무형 팀장은 팀 관리에 실무까지 책임져야 하니 자신의 성장과 역량 강화를 챙기기 어렵다. 팀원을 키우느라 정작 내 미래는 방치하고 있다는 느낌, 많은 실무형 팀장들이 이러한 불안을 안고 일하고 있다.

팀장이 받을 수 있는 교육 프로그램이 전혀 없는 것은 아니다. 리더십 교육이나 팀 운영에 관련한 프로그램은 많다. 하지만 대부분은 기본적인 개론을 다루는 데 그치며, 고도화된 특화 프로그램은 찾아보기 어렵다. 리더십을 소재로 다룰 수 있는 주제가 다양하고, 상황에 따라 해법이 다르기 때문이다. 그러다 보니 팀장의 성장 단계에 맞는 리더십 교육은 더더욱 찾기 어렵다.

더구나 팀장의 실무 역량을 다루는 교육 프로그램은 매우 드물다. 직무별 특화 교육이 있기는 하지만 숙련도가 낮은 주니어 계층을 대상으로 한 것이 대부분이다. 그뿐만 아니라 일부는 딱히 교육받을 생각조차 없다. 교육에 열의가 있는 사람도 마땅한 프로그램을 찾기 힘든 게 현실이다.

가장 심각한 문제는 조직이 팀장의 실무 능력 향상에 투자할 여력이 없다는 것이다. 직원 교육 예산은 주니어 계층에 초점이 맞추어져 있다. 지식이나 역량이 부족한 계층에 투자하면 빠르게 결과를 얻을 수 있기 때문이다. 하지만 팀장급은 웬만큼 교육에 투자해도 그 효과가 눈에 드러나지 않는다. 일부 기업에서 막대한 돈을 들여 유수 대학의 MBA 과정을 지원하고 있지만, 경영에 대한 전문 지식을 두루 익힐 뿐이지 이것만으로 직무 전문성이 높아진다고는 하기 어렵다.

많은 실무형 팀장이 "나는 여전히 실무를 하니까 전문성은 유지되고 있어"라고 자신을 위로한다. 하지만 실무를 반복한다고 해서 무조건 전문성이 쌓이는 것은 아니다. 유사한 일을 반복하면 오히려 일의 한계만 더 자주 체험하게 된다. 일이 될 이유보다 안 되는 이유를 먼저 떠올리게 되고, 그에 스스로를 합리화하게 된다.

이런 함정을 빠져나오려면 새로운 관점이 필요하지만, 실무형 팀장에게는 이를 위한 시간적·심리적 여유가 없다. 팀원이 함정에 빠지면 팀장이 피드백을 해줄 수 있지만, 팀장에게는 피드백을 해줄 사람이 없다. 스스로 성찰해야 하는데, 그마저도 어렵다.

리더는 이미 전문성을 갖춘 존재여야 한다는 생각도 팀장의 성장을 방해한다.

한 마케팅팀에서 신상품 출시를 두고 아이디어 회의를 진행하던 중이었다. 경영진은 획기적인 마케팅 방안을 요구했지만, 팀장은 혼란스러웠다.

"사장님이 말씀하신 '획기적인 방안'이 뭔지 솔직히 저도 잘 모르겠습니다. 우리 모두 함께 고민해 봅시다."

그러자 한 팀원이 말했다.

"아니, 팀장님이 모르시면 누가 압니까? 팀장님이 방향성을 제시해 주셔야 하는 거 아닙니까?"

리더도 명확한 해답이 없을 수 있고, 실수할 수 있다. 하지만 팀원들은 리더에게 완성된 전문성과 명쾌한 방향을 기대한다. 리더 스스로도 그런 압박 속에서 당당한 모습만 보이려 하며, 배움이나 실패를 꺼리게 된다.

그러나 전문성은 다양한 문제를 겪고 해결하면서 성장하는 것이다. 과거의 '진실'이 더 이상 통하지 않음을 체감하고, 불편함과 두려움을 견디는 과정에서 진짜 성장이 이루어진다. 팀장은 그 과정을 더 깊이 겪어야 한다. 왜냐하면 팀장이 실패하면 그 영향이 팀 전체, 나아가 조직 전체에 미치기 때문이다.

무지를 드러내는 것에서 느끼는 불편함과 두려움도 팀장의 성장을 방해한다.

과거 미국의 인적자원개발 콘퍼런스에 참석했을 때, 나이가 지긋한 팀장과 임원들이 발표를 경청하며 열심히 메모하는 모습이 참 인상깊었다. 국내의 콘퍼러스와는 분위기가 사뭇 달랐다. 국내에서는 참가자 대부분이 20~30대 실무자이고, 중장년층은 찾아보기 힘들다. 머리가 희끗하신 분 대부분은 연사로 나선 교수님이들이다.

리더는 왜 배움의 자리에 모습을 드러내지 않을까? 두렵기 때문이다. 초심자의 어색함, 낯선 개념, 권위 실추에 대한 걱정은 리더에게 더 큰 저항으로 작용한다. 하지만 배우고 성장하려면 먼저 '나는 잘 모르고, 내 방식이 낡았다'라는 것을 인정해야 한다. 누구나 무지를 드러내는 것이 두렵다. 그러나 그 두려움을 인정하고 통과해야 배움이 시작된다.

실무형 팀장
=요리를 할 줄 아는 사장

대학생 시절, 주점에서 아르바이트를 하며 겪었던 일이 있다. 주방장은 실력도 별로 없으면서 직원을 하인처럼 대했고, 사장님조차 제어하지 못했다. 이유는 단 하나, 그가 유일하게 요리를 할 수 있는 사람이었기 때문이다.

결국 사장님은 요리를 배우기 시작했다. 몇 달 뒤 사장님이 일부 메뉴를 만들 수 있게 되자, 주방장은 더 이상 함부로 행동하지 못했다. 사장님이 직접 주방에 들어가지 않았다. 단지 '사장님은 요리를 할 수 있는 사람'이라는 인식만으로도 영향력은 충분했다.

요리를 할 줄 아는 사장이 바로 실무형 리더다. 요리를 못하는, 즉 실무 능력이 없는 사장은 관리형 리더다. 실무형 리더라고 해서 매번 직접 실무를 하지 않아도 된다. 리더가 실무 전문성이 있다는 사실만으로도 팀원들은 그의 영향력 아래에 있게 된다.

반면 실무 전문성이 없는 관리형 팀장은 종종 충분한 통제력을 행사할 수 없게 된다. 만일 팀원들이 솔직하게 모든 정보를 알려주지 않으면 팀장이 관리할 수 없는 회색 지대가 생기고 만다. 팀원들은 눈치 빠르게 팀장보다 자신들의 영향력이 더 크다는 것을 깨닫는다. 팀장이 아닌 서로에게 조언을 구하고, 팀장은 빠져 주기를 바란다. 이렇게 되면 리더십에 큰 상처가 생긴다.

그렇다고 사장이 항상 주방에만 있으면 곤란하다. 사장의 역할은 가게 전체를 관리하는 데 있다. 실무형 팀장 역시 핵심 실무를 대신할 수 있는 능력은 갖추되, 그 안에 매몰되지는 말아야 한다.

전문성이 부족한 리더에게 일어나는 일

사장이 요리를 못하면 리더십에 큰 상처가 생길 가능성이 높다고 했다. 즉, 리더가 전문성이 부족하면 방향성을 제대로 제시하지 못한다. 전략 수립은 한정된 자원(인력, 예산 등)을 최적으로 배분하는 일이다. 자원이 풍부하다면 문제가 되지 않겠지만, 현실은 늘 부족하다. 따라서 리더는 어디에 자원을 집중하고, 어디는 줄일 것인지를 판단해야 한다. 전황을 제대로 파악하지 못하는 장군은 적이 공략하기 좋은 전선에서 자원을 철수시키는 오류를 범한다.

전문성이 부족하다면 업무 배분에도 문제가 생긴다. 일 잘하는 사람에게 쉬운 일을 주면 '내 실력을 무시하는구나'라고 받아들이고, 실력이 부족한 사람에게 어려운 일을 맡기면 바로 포기해 버린다. 모든 사람에게 동일한 업무를 나누어 주는 것도 해법이 아니다. 결국 잘못된 업무 배분으로 팀의 성과가 흔들릴 수 있다.

또한 팀장이 전문성이 약하면, 팀 내 이인자에게 권위를 빼앗길 수 있다. 실무를 잘 아는 팀원이 실질적인 리더 역할을 하게 되고, 팀장은 점점 외곽으로 밀려난다. 한 업무에서의 리더십 누수는 다른 업무까지 퍼져 나간다.

실무형 팀장은 일하느라 전문성을 키울 시간도, 여유도 부족하다. 그러나 팀원들은 여전히 팀장이 완벽한 전문성을 갖춘 리더이기를 기대한다. 이 모순적 상황을 뛰어넘기 위해서는 팀장 스스로가 배움을 선택하는 용기, 실패를 감수하는 용기를 내야 한다.

전문성은 반복에서 나오지 않는다. 경험의 깊이와 다양성, 실패의 통찰에서 만들어진다. 그리고 그것은 팀장의 권위를 진짜 실력으로 채워줄 유일한 길이다.

 실무형 팀장 SUMMARY

- 팀장은 배움의 기회가 부족하고 자기 계발 시간도 부족하다.
- 전문성은 단순 시간 누적으로 쌓이지 않으며 성찰과 학습이 필요하다.
- 팀장은 이미 완성된 존재로 보려는 선입견이 존재한다.
- 팀장에게도 배움의 용기와 겸손이 필요하다.
- 팀장의 실무 전문성 부족은 리더십 누수로 이어진다.

확증 편향
경계하기

**내가 담당한 일에는
감정이 실린다**

A 팀장은 신규 비즈니스 모델 발굴을 위해 팀 내에서 몇 개의 소그룹 프로젝트를 운영했다. 그중 샘플 상품을 무료로 제공하고 가망 고객의 정보 제공 동의를 얻는 프로젝트는 고객 반응이 좋았다. 금방 가시적인 성과를 얻을 수 있어 보였다. A 팀장은 사기가 아이디어를 낸 프로젝트라 내심 마음이 뿌듯했다.

    A 팀장이 '이거 괜찮은데, 잘만 하면 가망 고객 상당수를 확보할

수 있겠어!'라며 내심 기대에 부풀어 리뷰 데이(Review day)를 운영할 때였다. B 과장이 그 프로젝트의 문제점을 이야기하기 시작했다.

"개인정보 확보 과정이 너무 허술합니다. 잘못하면 관련 법률 위반이 될 수 있어요."

팀원 모두가 애써 프로젝트를 진행했고, 꽤 좋은 결과를 보이던 상황이었다. A 팀장은 단점만 꼬집는 것처럼 보이는 B 과장이 내심 괘씸했다. 하지만 법률 위반은 심각한 문제였다. A 팀장은 어쩔 수 없이 법무팀에 검토를 의뢰했다. 검토 결과, B 과장의 말대로 개인정보 관련 이슈가 있다는 점이 밝혀졌고, 프로젝트를 전면 재검토할 수밖에 없었다.

조금 차분해지고 다시 돌아보니, 법률 위반 여부는 팀장이라면 충분히 예측해야 할 사항이었다. A 팀장은 이미 여러 차례 개인정보와 관련된 분쟁을 겪었고, 최근 팀장 회의에서도 고객정보 관리를 철저히 하라는 공지와 교육이 있었던 게 떠올랐다. 그제서야 '내가 직접 진행하는 일에는 자꾸 사심이 들어가는구나!'라는 생각에 정신이 번쩍 들었다.

그렇다. 실무형 팀장도 실무자이기 때문에, 일에 감정이 실린다. 특히 자신이 아이디어를 제안했거나 깊은 애정을 가진 일이라면, 긍정적인 관점에서 보게 된다. '아, 이거 참 괜찮은 아이디어다!' '이 일 참 잘되겠네!' 하는 기대가 너무 강해지면 오만에 빠지기 쉽다.

리더는 팀 전체를 볼 수 있는 시각을 가져야 한다. 공 하나하나,

숫 하나하나에 집중하면 게임의 전체 흐름이 보이지 않는다. 게임의 흐름을 읽고 이번 수가 아닌 다음, 그다음 수까지도 내다보는 능력이 필요하다. 리더 역할만 했을 때는 전체적으로 보이던 것이, 공을 몰고 뛰는 실무자 입장이 되면 잘 보이지 않는다.

나는 보험업계에 있으면서 수많은 세일즈맨을 만났다. 이들은 흔히 '당당함'을 성공의 조건으로 꼽는다. 자신이 파는 상품, 자신이 하는 일, 그리고 자신에 대한 믿음이 고객을 설득한다고 말한다. 스스로 확신이 없는데 과연 고객이 그를 어떻게 믿고 상품을 구매하겠냐면서.

실무를 담당하는 사람에게는 이러한 당당함이 큰 무기가 된다. 상사를 설득하려면 내가 하는 일에 대한 자신감이 필요하다. 따라서 실무자는 자신이 맡은 일의 긍정적인 면을 크게 보고, 열의를 가지고 추진하는 것이 좋다.

그러나 팀장은 다르다. 팀장이 확신에 가득 찬 순간, 팀 전체가 '독선'이라는 함정에 빠질 수 있다. 리더가 과하게 긍정하는 분위기에서는 팀원들이 반대 의견을 내기 어렵다. B 과장처럼 용기 내는 사람이 드물기 때문이다.

리더가 먼저 제안한 아이디어에 누구도 반대하지 못하고, 그렇게 피드백 없이 밀고 가다 보면 큰 실패로 이어지는 경우가 많다. 반대 의견이 수면 위로 올라올 수 있는 수평적 문화, 팀장의 판단을 견제할 수 있는 장치가 필요하다.

실무형 팀장에게는 자기가 주도하는 일을 객관적으로 평가할 수 있는 체계가 반드시 필요하다. 자력으로 자신을 완벽히 제어하려 하기보다, 시스템과 타인의 도움을 활용하자.

확증 편향을 막는 장치 마련하기

실무형 팀장으로 일할 때 가장 자주 발생할 수 있는 오류가 바로 '내가 관여한 일에 대한 확증 편향'이다. 확증 편향이란 자신이 믿고 싶은 정보만을 선택하고, 보고 싶은 것만 보려는 심리적 경향이다. 프로젝트가 잘못된 방향으로 흐르고 있다는 신호가 있어도, 내가 주도한 일이라면 비판적으로 보기 어렵다. 그래서 무엇보다 중요한 건 자신을 객관화할 수 있는 피드백 루틴을 마련하는 일이다. 다음은 실무형 팀장을 위한 확증 편향 방지 장치들이다.

① 적절한 규모의 피드백 그룹

리더는 정기적으로 조언을 주고받는 피드백 그룹을 유지해야 한다. 실무에 깊이 몰입하다 보면 일방적인 결정이 늘어나기 때문이다. 냉철한 피드백을 한다는 것은 누구에게나 어렵다. 피드백으로 상대가 상처를 입을 수 있고 결국은 관계가 틀어지기도 한다. 상사, 선후배,

타 부서 동료 등 이해관계가 적고 냉철한 피드백을 줄 수 있는 사람들과의 관계를 유지하는 것이 중요하다.

피드백 그룹의 규모는 적정해야 한다. 너무 많으면 정보가 상충하고, 판단이 흐려질 수 있다. 정보 과잉 상황에서는 특정 의견에 쏠림 현상이 나타날 수 있다. 이는 오히려 왜곡된 판단으로 이어진다.

② 팀 내 중요한 결정 원칙

팀 문화 차원에서 '중요한 결정의 20%는 다수결 또는 협의로 진행한다'는 원칙을 세우는 것도 좋다. 팀원은 자신의 의견이 반영된다는 느낌을 받을 수 있고, 업무에 대한 주인 의식도 함께 키워진다.

③ 데블스 애드버킷

또 하나의 방법은 조직 내 의도적 반대자, 즉 데블스 애드버킷(Devil's advocate)을 지정하는 것이다. 가톨릭에서는 누군가를 성인으로 추대할 때 반드시 반대 입장을 취하는 역할을 지정한다. 데블스 애드버킷은 의사결정 시 간과할 수 있는 요소나 대안을 제시함으로써 보다 신중하고 객관적인 판단을 가능하게 한다.

④ 정기적인 과거 의사결정 복기 루틴

한 달에 한 번, 그동안의 의사결정을 복기하는 루틴을 가져보자. 일의 진행 중에는 감정이 섞이기 쉽고, 냉정한 판단이 어렵다. 하지만 시간이 지나고 감정이 가라앉으면, 차분하게 돌아볼 수 있다.

복기란 단순한 후회가 아니다. 고통스러운 기억을 떠올리고 싶지 않아 회피하고 싶겠지만, 복기의 핵심은 '감정'이 아니라 '기준'에 있다. 내 판단 기준이 일관되게 작동했는지, 특정 상황에 편향되진 않았는지를 돌아보는 것이다. 이는 미래의 판단을 더 명확하게 하기 위한 과정이다.

실무형 팀장은 실무자로서의 판단을 스스로 견제할 수 없다. 그래서 자기가 맡은 일에 대해 더 긍정적으로 평가하게 되는 경향이 생긴다. 팀장의 과신과 오만으로 잘못된 평가가 반복되면 팀원들은 점점 팀장이 맡은 일에 대해 거리를 두고, 결국 아무도 "패스!"라고 외치지 않는 상황이 된다. 팀장은 혼자 공을 몰고 돌진하다 실패하는 구조가 반복된다. 이런 오류를 막기 위해 '차라리 관리만 하는 팀장이 되어야겠다'는 결론에 도달하기도 한다. 하지만 관리형 팀장도 의사결정의 편향에서 완전히 자유롭지는 않다.

중요한 것은 실무형이든 관리형이든, 의사결정에 오류가 생길 수 있다는 것을 인정하고, 이를 막기 위한 준비를 철저히 해두는 것이다. 완벽한 리더가 되기보다, 넋두리만 늘어놓는 리더가 되기보다 의사결정의 오류를 최소화하는 시스템을 만드는 팀장이 되는 것이 더 중요하다.

 실무형 팀장 SUMMARY

- 실무에 깊이 개입할수록 자기 아이디어에 대한 과신으로 오류 판단 가능성이 증가한다.
- 확증 편향을 막기 위한 다양한 장치를 마련해야 한다.
- 관리형 팀장도 의사결정의 편향에서 완전히 자유롭지 못하다.

실무와 관리 비중을 정하기 어려운 이유

정답은 없지만 기준은 필요하다

한창 새해 사업계획 보고서를 작성하던 중, 팀원이 자신의 업무에 대해 피드백을 요청했다. 나 역시 실무자로서 정신없이 일하던 터였다. 사업계획 수립은 내가 직접 맡는 고유 업무이자 가장 중요한 일이었다. 그래서 더욱 예민해져 있었다.

"내년도 영업 제도 초안을 만들어 봤습니다. 팀장님 의견을 좀 여쭤봐도 될까요?"

"지금은 사업계획 보고서 때문에 바쁘니까, 나중에 시간 될 때 이야기합시다."

"네, 알겠습니다…."

팀원은 실망한 표정으로 돌아섰다. 그 순간 '팀장의 관리 업무와 핵심 실무, 어느 쪽이 더 중요할까? 지금은 팀장으로서 팀원의 요청을 더 우선했어야 했을까?'라는 생각에 나 역시 마음이 복잡했다.

팀장은 실무와 관리 중 어떤 것을 우선해야 할까? 상황에 따라 다르니 답하기 어려운 질문이다. 다만 상황이 발생하기 전에 어느 정도 기준과 우선순위를 정해두면 판단에 도움이 된다.

실무와 관리 비중을 나누는 기준에는 정답은 없다는 사실을 먼저 기억하자. 모든 팀에 적용되는 '정석'은 없다. 팀의 성격, 조직의 특성, 업무 속성에 따라 달라질 수밖에 없다.

같은 회사 내에도 실험이 중요한 팀(상품개발팀, 마케팅팀)과 규제 준수와 통제가 중요한 팀(법무팀, 감사팀)이 공존한다. 신규 과제가 주어지는 팀, 외부 환경에 민첩하게 대응해야 하는 팀의 팀장은 실무를 꿰뚫고 있어야 한다. 그래야 현장의 문제점을 바로 알아채고 빠르게 조치할 수 있다. 반면 규제·통제가 중요한 팀의 중심 팀장은 실무보다는 관리에 집중하는 편이 낫다. 팀원이 규정에 따라 일하는지 점검하고 관련 정책을 준수하는지 관리하는 역할이 먼저이기 때문이다.

또 팀장 스스로 어떤 유형의 리더를 지향하느냐에 따라 비중 판단은 달라진다. 요즘 참여 중인 팀장 리더십 스터디에서 있었던 일이다. 스터디 진행자가 참가자들에게 팀장의 적절한 실무 비중을 물어보았다. 팀원 대부분이 현직 팀장이었는데, 상당수가 실무는 최소한의 선에서 그쳐야 한다고 답했다. 팀장 리더십 책에서도 실무보다 관리에 집중하라고 조언하는 경우가 많다. 개인의 성과보다 팀의 성과를 높이는 것이 팀장의 본연의 역할이라는 것이다.

이처럼 판단 기준은 다양하다. 그렇다면 실무와 관리의 비중을 결정할 때 무엇을 기준 삼아야 할까? 이제부터 그 기준을 조금 더 자세하게 살펴보겠다.

실무와 관리 비중을 결정하는 기준

① 팀 규모

리치 칼가아드(Rich Karlgaard)와 마이클 말론(Michael Malone)은 『팀이 천재를 이긴다』(2017)에서 관리자가 적절히 통제할 수 있는 팀의 규모에 대해 다루었다. 두 저자에 따르면, 가장 작은 팀은 2명으로도 가능하며, 기본 구성은 3~4명이 적절하다.

가장 안정적이고 효과적으로 운영할 수 있는 팀은 6~8명 정도다. 이 정도 규모에서는 소통이 수월하고, 팀원 누구도 소외되지 않는다. 각자의 의견을 충분히 나누고 합의에 이를 수 있어 의사결정도 오래 걸리지 않는다.

반면 팀원이 10명을 넘어서면 팀장이 개개인을 세심히 살피기 어렵다. 회의에 참여한 팀원 중 눈에 잘 들어오지 않는 팀원이 생긴다. 팀원이 15명을 넘으면 관리자 사이에 계층이 생겨야 한다. 이 경우에는 상위 팀장 아래 중간관리자를 두고, 팀 내에 소단위 팀을 구성하는 형태로 조직을 운영하는 것이 바람직하다.

이 책에서 제안한 팀 규모에 따른 특성을 감안해 실무와 관리 비중을 다음과 같이 설정할 수 있다.

팀 규모에 따른 적절한 실무와 관리 비중

팀원 수	4명 이하	5~9명	10명 이상
실무와 관리 비중 (실무:관리)	70:30	50:50	20:80

팀원이 4명 이하인 소규모 팀에서는 실무:관리가 70:30 정도가 적절하다. 이 규모에서는 팀장이 직원 개개인의 특성을 쉽게 파악할 수 있고, 구성원 수도 적어 소통이 원활하다. 팀장이 관계만 잘 조율한다면 큰 문제 없이 실무 중심의 운영이 가능하다. 이 경우 실무 비중을 높게 가져가더라도 팀 성과를 충분히 챙길 수 있다.

팀원이 5~9명인 중간 규모 팀이라면 실무:관리가 50:50이 적당하다. 이 정도 팀도 규모가 크지 않기 때문에 팀장의 실무 참여는 유효하다. 팀원 간 역할을 잘 조율하면 팀장은 지나치게 개입하지 않아도 된다. 팀장이 직접 실무에 나서는 모습이 눈에 잘 띄고, 그 과정에서 팀원 육성 효과도 빠르게 나타난다. 실무를 일정 부분 담당하면서도 관리자로서의 역할을 충분히 수행할 수 있다. 즉, 관리에서 손을 떼도 큰 문제가 생기지 않는다.

팀원이 10명 이상이면 실무:관리를 20:80으로 하며 관리에 주력해야 한다. 규모가 커질수록 팀원 간 갈등도 늘어나고, 소통의 오류도 잦아진다. 따라서 이 시점부터는 체계적인 팀 운영이 필수다. 정기 회의, 면담, 정보 공유 방식과 빈도 등을 명확히 정하고 실행해야 한다. 물론 팀 운영 체계를 강화하는 과정에서는 팀원의 개성과 충돌이 생기기도 한다. 예컨대 자주 열리는 회의 방식에 거부감을 가지는 팀원이 있을 수 있다. 그러나 이 시점에는 팀장을 중심으로 운영 체계를 확립하고, 이를 지속적으로 작동하게 만드는 데 많은 수고가 필요하다.

② 팀장의 커리어 이력

팀장의 커리어 이력은 실무 비중에 큰 영향을 미친다.

실무형 팀장은 에이스 실무자로 일하다가 팀장이 된 경우가 많다. 오랫동안 실무자로 일해온 팀에서 팀장으로 승격된 경우라면, 실무 비중이 높게 유지될 수밖에 없다. 팀 성과를 유지하려면 실무자 역할을 쉽게 내려놓을 수 없기 때문이다. 이럴 때는 서서히 관리 비중을 늘려가는 편이 좋다.

반대로 실무를 전혀 모르는 팀을 새로 맡게 된 팀장이라면 관리 비중을 높이는 것이 바람직하다. 이런 상황에서 팀장은 자기도 모르게 팀원들에게 권위를 보여주고 싶어 한다. 업무를 잘 모르는 데도 '아는 척'을 하게 되고, 무시당하지 않기 위해 괜히 '할 수 있는 척'을 한다. 이런 심리적 압박이 실무 집착으로 이어진다. 과거에 뛰어난 실무자였다는 자존심이 남아 있어서, 지금 맡은 팀의 일도 능숙히 해낼 수 있다는 고집을 부리게 되는 것이다.

하지만 이럴 때일수록 실무로 실력을 증명하려 하기보다 팀 관리 능력을 보여주는 편이 낫다. 실무 경험이 없는 팀을 맡았더라도, 운영 체계를 개선하고 성과를 높이는 방식으로 팀장으로서의 존재감을 드러낼 수 있다. 직접 실무를 해내는 모습을 보여준다고 항상 권위가 생기는 것은 아니다. 실무 경험이 부족하다는 사실을 인정하고, 대신 관리 체계를 제대로 세우는 데 집중하는 것이 더 나은 전략이다.

나 역시 2가지 상반된 경험을 해본 적이 있다.

팀장으로서 첫 번째 팀은 내가 오랫동안 실무자로 일해온 부서였다. 선임 역할을 해왔기 때문에 팀장으로서 자리 잡는 데 큰 어려움은 없었다. 다만 나를 대체할 인력을 적시에 충원하지 못해 한동안은 실무와 팀장 역할을 동시에 수행해야 했다.

팀장으로서 두 번째 팀은 내가 전혀 경험해 보지 못한 새로운 분야의 팀이었다. 팀원들보다 실무에 대한 이해도가 부족한 상황이었기에, 팀원들이 내 전문성 부족을 눈치채지 않을까 걱정이 컸다. 그래서 이 팀에서는 관리력을 강화하는 방향을 택했다. 팀이 더 체계적으로 일할 수 있도록 기반을 다졌고, 팀 내에 학습 문화를 만드는 데 주력했다. 그리고 팀원들이 모두 꺼리는 어려운 일은 팀장인 내가 맡으며, 솔선수범하는 모습을 보여주려고 했다. 험한 일부터 직접 경험하면서 차츰 실무 역량을 키워나가는 방식을 택했다.

이처럼 팀장이 어떤 경로를 통해 그 자리에 오게 되었는지에 따라 실무와 관리의 비중이 자연스럽게 달라진다. 갑자기 자신의 스타일을 바꾸려 하기보다는, 자신의 장점을 살릴 수 있는 방향으로 실무와 관리의 비중을 조절해 나가는 것이 좋다.

③ 팀장의 커리어 목표

팀장으로서 어떤 커리어 목표를 가지고 있는가에 따라, 실무와 관리의 비중도 달라진다.

아직 팀장 경험이 부족하고 팀 운영을 자신의 전문 영역으로 만들고 싶다면, 실무:관리를 20:80의 비중으로 설정해 보는 것이 좋다. 이때는 팀의 비전과 미션을 명확히 정하고, 어떤 주기로 업무 피드백을 할 것인지 기준을 세워 실천하는 데 집중해야 한다. 면담 스킬을 익히고 팀원을 동기부여하며, 전체 업무 성과를 챙기는 리더십 훈련에 투자한다. 이는 팀장에게 어떤 개별 직무 전문성보다 뛰어난 자산이 된다. 실제로 팀장 역량만 충분히 끌어올릴 수 있다면, 팀의 세부 실무 전문성까지 직접 챙기지 않아도 팀은 효과적으로 돌아간다.

반면 이미 팀 관리 경험이 충분한 팀장이라면 실무를 직접 경험하며 전문성을 심화하는 편이 좋다. 기본적인 관리 역량이 갖추어졌다면, 그다음 단계는 사업의 큰 그림을 보며 비즈니스 통찰력을 키우는 것이다. 다양한 실무를 직접 다루어 보는 경험은 통찰력을 형성하는 데 매우 큰 도움이 된다. 실무를 간접적으로 관찰하는 것만으로는 얻기 어려운 역량이기 때문이다.

팀의 모든 업무가 중요하지만, 그중에서도 핵심 업무가 있다. 이 핵심 업무 중 몇 가지는 팀장이 의도적으로 직접 경험해 봐야 한다. 보통 하나의 팀에서 다루는 핵심 업무는 4~5가지인데, 이 중에서 몇 가지를 선정해 반기별로 하나씩 소규모 프로젝트 형태로 운영하고, 팀장이 직접 PM(Project Manager, 프로젝트 관리자) 역할을 맡는 것이다. 이처럼 실무 감각을 유지해 나가면, 팀의 전략 방향을 수립할 때 현장 기반의 인사이트가 생긴다.

이는 마치 일식 장인의 주방 운영 방식과도 비슷하다. 뛰어난 일식 장인의 주방에는 숙련된 요리사들이 함께하지만, 가장 핵심적인 공정은 결코 다른 사람 손에 맡기지 않는다. 예를 들어 오늘 들어온 재료의 질은 어떤지, 첫 요리의 간은 정확한지를 반드시 장인이 직접 확인한다.

설사 실무를 내려놓고 식당 경영만 전담하는 사장이라 하더라도, 맛을 확인하는 핵심 단계만큼은 직접 처리한다. 그래야 식당 전체의 품질이 유지되기 때문이다. 팀장 역시 마찬가지다. 핵심 업무를 직접 다루는 순간, 팀 전체가 어떻게 흘러가고 있는지를 자연스럽게 꿰뚫어 보게 된다.

'의도적으로' 실무 비중을 줄여야 할 때

팀장이 실무에 관여할 때 반드시 명심해야 할 점이 있다. 바로 '실무형 팀장'과 '대리 같은 팀장'은 다르다는 것이다. 팀장이라는 자리에 앉았지만 여전히 말단 실무자처럼 행동하는 사람이 있다. 모든 업무 단계를 일일이 직접 확인해야 직성이 풀리고, 실무자의 일 처리가 미덥지 못하다는 이유로 일을 독차지한다. 실무자가 충분히 판단할 수 있는 의사결정조차 직접 처리해 버린다. 이런 팀장은 팀원이 일을 통해 성장할 기회를 박탈하고 있는 셈이다.

    때로는 팀장의 실무 개입이 아니라, 팀원의 성장을 위한 여백이 필요하다. 실무자가 의욕을 보인다면 과감하게 일을 맡겨야 한다. 물론 실수가 생기지 않을까 걱정될 수도 있다. 하지만 그 기회를 주지 않으면 팀원은 배우지 못하고, 제자리걸음을 반복한다. 팀장은 방향을 제시하고, 결과를 점검하는 역할에 집중해야 한다.

또한 새로 만들어진 팀이나 임시 프로젝트팀이라면 실무 해결보다 팀워크와 일하는 체계 구축에 주력해야 한다. 팀장은 풍부한 경험 덕분에 눈앞의 문제를 빠르게 풀 수 있을지 모른다. 그러나 단기적인 해결에 매달리면, 팀은 매번 같은 문제를 되풀이하게 된다. 일의 체계가 없으면 문제는 계속 꼬리를 문다. 당장의 문제만 해결하려다 보면 더 많은 문제를 불러올 수 있으니 근본적인 해결을 위한 팀워크와 일하는 체계 구축에 주력해야 한다.

다시 한번 강조하지만 실무와 관리의 비중을 정하는 기준에는 절대적인 정답은 없다. 당신의 팀 상황에 맞는 기준을 깊이 고민하고, 미리 우선순위를 설정해 두는 것이 중요하다. 팀의 규모, 팀장의 실무 전문성, 커리어 이력과 목표 등을 종합적으로 고려해 실무와 관리의 적절한 배분을 설계한다.

그리고 무엇보다 중요한 건 유연한 마음가짐이다. 팀장은 결국 팀이 더 잘 돌아가고 성과를 낼 수 있도록 돕는 존재다. 필요하다면 과거 실무자처럼 타 부서와 협업해야 할 때도 있다. 반대로 팀원의 성장을 위해서는 한발 물러서야 할 순간도 있다. 핵심은 내가 어떤 방향성을 지니고 있는가다. 방향성을 분명히 하되, 상황에 따라 실무와 관리의 비중을 유연하게 조정할 줄 아는 지혜가 필요하다.

실무와 관리 사이에서 길을 찾는 일이 바로, 오늘날 실무형 팀장이 마주하는 가장 중요한 리더십 과제다.

실무형 팀장 SUMMARY

- 실무와 관리 비중을 결정하는 기준에는 정답은 없지만 크게 팀 규모, 팀장의 커리어 이력, 팀장의 커리어 목표를 기준으로 생각해 볼 수 있다.
- 팀원의 성장, 본질적인 문제 해결을 위해 의도적으로 실무에 손을 떼야 하는 경우도 있다.
- 실무와 관리 비중을 결정하기 위해서는 유연한 마음가짐이 필요하다.

CHAPTER 3

실무형 팀장을 위한

팀 운영 매뉴얼

일이 돌아가는
체계 쌓기

**일하는 체계가
중요한 이유**

실무형 팀장이 절대 잊지 말아야 할 팀 운영 원칙이 있다. 바로 성과 창출에 집중해야 한다는 것이다. 리더십이란 결국 성과를 올리기 위한 활동이다. 아무리 팀원 모두가 만족하고 팀워크가 뛰어난 팀이라 해도, 성과가 나오지 않으면 팀원들은 언젠가 지치게 된다. 그러므로 성과를 올리지 못하는 리더는 리더십을 유지하기 어렵다.

어떤 팀장은 작은 거 하나하나까지 직접 챙겨서 성과를 만들어 낸다. 사사건건 간섭하고 지적하는 '마이크로 매니저(Micro manager)'가 여기에 해당한다. 관리형 팀장은 고유 업무가 없으니 마이크로 매니징(Micro managing)이 가능하지만, 실무형 팀장은 자기 일도 있기 때문에 팀원 하나하나의 일에 깊이 관여하기 어렵다.

따라서 실무형 팀장은 팀원이 주도적으로 움직이는 팀 운영 체계를 만들어야 한다. 팀장이 세세한 곳까지 개입하지 않아도, 큰 방향과 체계만 잡아주면 팀원은 그 체계 안에서 자율적으로 일하는 구조가 바람직하다. 여기서 '자율적'이라는 것은 '마음대로 하라'는 의미가 아니다. 사전에 합의된 틀 안에서 스스로 판단하고 실행한다는 뜻이다.

사실 현장에서는 이처럼 체계적으로 일하는 팀이 드물다. 다양한 상황이 착시를 일으켜 실상을 보지 못하게 만든다. 시시각각 새로운 이슈가 발생하고, 목적도 모를 회의가 이어지며, 때로는 의미를 알 수 없는 보고서까지 작성한다. 관성에 따라 일을 하다 보니 우리가 어떤 체계에 따라 일하고 있는지도 알지 못하는 경우가 많다. 그래서 더더욱 팀 운영 체계가 필요한 것이다.

실무형 팀장이 제일 먼저 해야 할 일은 '팀의 업무를 정형화'하는 것이다. 팀장의 가이드 없이 각자 자기가 옳다고 생각하는 방식으로 일하면 성과도 들쭉날쭉해진다. 같은 일을 맡았더라도 어떤 이는 하루 만에 끝내고, 어떤 이는 3일이 걸리는 이유다.

빠르게 움직이는 팀은 프로세스와 매뉴얼을 정리한다. 일하는 방법이 구체화되어 있으면 누가 그 일을 맡더라도 성과가 난다. 새로운 일을 매번 새롭게 하지 않는 것이 효과적으로 일하는 비결이다.

새로운 비즈니스 기회를 창출하거나 업무를 크게 혁신하는 것도 결국 축적의 힘에서 나온다. 일하는 방법을 구체화하고 피드백을 통해 점진적으로 개선한다. 그리고 매뉴얼화해 오랜 시간 쌓아나간다. 이렇게 축적된 정보의 점들이 서로 연결되어 새로운 창의를 발현하게 된다. 이것이 바로 일하는 체계를 만드는 과정이다.

정리하면 실무형 팀장은 단순히 업무를 해치우는 데 그치지 않고, 업무를 체계화하는 데도 힘을 기울여야 한다. 일의 패턴을 분석하고 가장 효율적인 방식을 정리해 팀 차원의 표준을 만들어야 한다. 이것이 바로 팀장이 해야 할 가장 본질적인 일이다.

팀의 설계도인 '팀 차터' 만들기

연초에 팀원들에게 올해 가장 시급한 과제가 무엇인지 물었다. 간단한 모바일 설문을 통해 몇 가지 항목 중 하나를 고르게 했는데, 협력 부족이나 소통 문제보다는 의외로 '일하는 체계 만들기'가 가장 많이 선택되었다.

우리 팀은 오랜 시간 동안 여러 팀장이 거쳐 간 팀이다. 적임자를 찾으려다 보니 팀장 교체가 잦았다. 이전 팀장들 모두 문제를 임시방편으로 덮기보다는 체계를 바로잡으려는 노력을 했고, 그들이 작성한 보고서만 봐도 그 흔적이 엿보였다. 그럼에도 불구하고 여전히 팀원들은 체계가 제대로 갖추어지지 않았다고 느꼈다.

그만큼 일하는 체계를 만든다는 건 쉽지 않은 일이다. 어떻게 해야 하는지 명확한 매뉴얼이 있는 것도 아니고, 어느 정도 수준이면 '완성'이라 할 수 있는지도 판단하기 어렵다.

그럼에도 팀 운영의 방향성과 골격을 잡아주는 체계는 반드시 있어야 한다. 건축을 예로 들어보자. 건축은 여러 사람이 함께 일하는 복잡한 과정이다. 작업자가 건축가의 의도를 정확히 이해하지 못하거나, 소통이 어긋나면 부실 공사로 이어질 수 있다. 그래서 건축가는 자신의 의도를 구체적으로 전달하기 위해 '설계도'라는 도구를 활용한다.

설계도는 건축가의 머릿속에 있는 구상을 시각화해 공유하는 방식이다. 어디에 기둥이 들어가고, 어떤 자재를 써야 하며, 마감은 어떤 방식으로 해야 하는지를 설계도를 보면 한눈에 알 수 있다. 말로 설명했다면 전달되지 않았을 내용을 정확하게 공유할 수 있다.

이처럼 팀 운영에서도 건축의 설계도와 같은 역할을 하는 게 있다. 바로 '팀 차터(Team Charter)*'다. 팀 차터가 있으면 팀원은 우리

---

* 팀의 목적, 역할, 책임, 운영 방식 등을 명확히 정의해 팀원들이 공유할 수 있도록 만든 팀 운영의 기본 합의 문서

팀 차터 예시

TEAM CHARTER

팀 이름: 웹마케팅팀　　작성일: 2025년 1월 18일

목표
- 목표-① 신규 고객 50만 명 창출
- 목표-② 월 매출 30억 원 달성

비전
2030년까지 고객이 가장 먼저 떠올리는 쇼핑몰이 된다.

그라운드 룰
- 담당 업무에 대해서는 담당자가 책임을 다한다.
- 요청받은 사항이 완료되었다고 할 때 요청자가 완료되었다고 할 때 종료된다.
- 개인의 업무보다 팀 공동 과제를 우선해서 처리한다.

회의 & 행사
- (연기) 2월 / 8월 타운홀 미팅
- 격월 3주 차 회식(저녁)
- 매월 막일 팀 점검

강점 개발
- 지속적인 성장 추구 및 새로운 과제에 도전 성향 유지
- 신사업 발굴을 위한 신규 분야 호기심과 연구 강화

약점 보완
- 팀원의 경험 부족을 보완 (베스트 프랙티스 팀 벤치마킹)

핵심가치
- 책임감 – 담당 지표 문제는 자신이 해당을 찾는다.
- 피드백 – 업무 요청은 최대한 빠르게 피드백한다.

강점 & 약점
- 우리는 도전적인 성향을 가졌다.
- 시장 후발 주자로서 선도자를 추격해야 한다.

역할 & 책임
- 1인 1 결과 지표(KPI)를 담당한다.
- 모든 팀원은 분기 1가지 이상 프로젝트에 참여한다.

회의 운영
- 매주: 금요일 주간 점검 회의
- 매월: 2주 차 / 4주 차 마케터 회의
- 분기: 매월 말 익월 전략 분석 회의 / (분기 첫 월) 분기 목표 점검

1:1 면담 (월운원 미팅)
- 매월: 업무 계획 & 실행 내역 면담
- 반기: 성장&커리어 점검, 평가 면담

성과 점검
- 매월: 팀 월간 성과 공유 & 개선 계획 도출
- 분기: 개인별 OKR 실적 피드백
- 연간: 연간 실적 / 사업계획 실행도 점검

담당자 & 역할

역할	담당자	프로젝트	성과 지표	책임
시스템 관리	김지영			
마케팅 전략	최은수			
DB 분석	박은향			
디자인	선우준			

팀의 목표가 무엇인지, 각자의 업무는 어떻게 배분되어 있는지, 어떤 방식으로 회의하고 피드백할지를 팀 차터를 통해 한눈에 파악할 수 있다.

팀 차터는 구체적으로 다음과 같은 기능을 가진다.

첫째, 구성원에게 방향성을 제시한다. 팀의 비전과 공통 목표를 뚜렷하게 명시하고, 그 목표에서 파생된 개인별 역할과 책임을 구체적으로 드러낸다.

둘째, 팀 내부의 소통 방식에 통일성을 부여한다. 업무 회의, 피드백, 면담 등 일하고 소통하는 방식을 정리하고, 팀워크를 향상시키기 위한 그라운드 룰(Ground rule, 팀의 기본 원칙)*을 포함한다.

셋째, 외부와의 소통 도구로도 활용된다. 다른 팀이나 외부 조직에 우리 팀이 어떤 목표와 방식으로 일하는지를 설명하고, 팀의 공헌을 마케팅하는 수단이 되기도 한다.

팀 차터는 우리 팀이 앞으로 어떻게 일할지를 보여주는 일종의 운영 설계도다. 팀원 모두가 동일한 지점을 바라보면서 팀을 운영할 수 있게 도와주는 장치다. 만약 팀 운영이 막다른 벽에 부딪혔거나 어딘가 어긋났다면, 팀 차터를 통해 원점으로 돌아가 다시 정비할 수 있다.

---

* 팀의 공동 목표 달성과 건전한 팀 문화를 위해 정하는 기본 규칙

팀원의 업무 구조화하기

팀 차터를 통해 팀 전체의 일하는 설계도를 완성했다면, 이번에는 팀원 개개인의 일하는 체계를 바로잡을 차례다. 바로 '업무 구조화' 단계다. 이는 건물 전체 설계도를 만든 뒤, 각 방의 구조와 기능을 정하는 작업에 비유할 수 있다. 팀 차터가 건물의 외형과 동선을 정하는 설계도라면, 업무 구조화는 각 공간의 내부를 어떻게 채울지 결정하는 세부 도면에 해당한다.

개인 업무의 구조화는 다음의 2단계로 진행할 수 있다.

업무 구조화 단계
- 1단계: 성과의 핵심 성공 요소(Critical Success Factor, CSF) 추려내기
- 2단계: 성과 단위 업무 구조화하기

먼저 일의 가장 핵심이 되는 요소, 즉 성과의 핵심 성공 요소를 파악한 뒤, 유사한 성격의 일끼리 분류해서 일의 특성을 명료하게 파악하는 과정으로 진행하면 된다. 단계별로 구체적인 방법을 이야기해 보겠다.

1단계: 성과의 핵심 성공 요소 추려내기

목표를 달성하려면 성과에 직접적으로 영향을 미치는 핵심 요소를

핵심 성공 요소 추출 예시

A 수석의 업무 고려 사항

① 매출 보고서는 적기에 제출되어야 한다.
② 매출 및 이익 분석에는 오류가 없어야 한다.
③ 신규 고객 발굴은 매출과 이익 같은 단기 과제만큼이나 중요한 장기 과제에 해당한다.
④ 현장 지원은 각 지역단과 지점의 요구를 정확히 이해하고, 수시로 소통할 수 있어야 한다.
⑤ 각 상품의 매출, 고객 관리, 이익 산출, 신규 상품으로 이어지는 업무 프로세스에 대한 이해도가 중요하다.
⑥ 새로운 이벤트와 프로모션을 지속적으로 기획할 수 있어야 한다.

핵심 성공 요소 추출

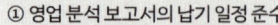
① 영업 분석 보고서의 납기 일정 준수

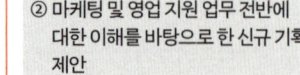
② 마케팅 및 영업 지원 업무 전반에 대한 이해를 바탕으로 한 신규 기획 제안

③ 데이터의 무결성과 안정성 확보

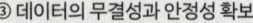
④ 신규 고객 확보, 매출 통제, 신상품 개발을 통합적으로 관리

골라낼 수 있어야 한다.

    핵심 성공 요소를 추리는 과정은, 팀원의 일 가운데 성과를 결정짓는 핵심 요인을 골라내는 작업이다. 이 과정은 다음의 3단계로 구분된다.

핵심 성공 요소 추출 단계

- 1단계: 주요 업무에서 일련의 업무 흐름을 떠올린다.
- 2단계: 각 단계에서 고려할 사항을 리스트로 만든다.
- 3단계: 단계별 성과에 결정적인 영향을 주는 핵심 요소와 그 요소를

측정할 수 있는 방법을 정리한다.

2단계: 성과 단위 업무 구조화하기

성과에 영향을 주는 핵심 요소를 3단계를 거쳐 추려냈다면, 이번에는 그것을 구조화하는 단계다. 구조화란 개별적으로 흩어져 있는 요소들을 상호 관련된 기준에 따라 묶고 분류하는 작업이다. 단순히 항목을 나열하는 것이 아니라, 일정한 기준을 통해 체계적인 정보 구조를 만드는 것이다.

정보를 단순하게 나열하면 그 속에 담긴 의미를 파악하기 어렵다. 하지만 특정 기준에 따라 유사한 성격의 요소들을 묶으면 전체 흐름이 훨씬 명확하게 보인다. 의미도 쉽게 읽힌다. 마찬가지로 업무를 구조화하면 팀장이 팀원의 업무 내용을 한눈에 파악할 수 있고, 효율적인 조언도 가능해진다. 또한 팀원 스스로도 자신의 일의 흐름과 우선순위를 이해할 수 있어 일의 몰입도가 높아진다.

문제 해결의 프로세스 만들기

팀원의 업무를 구조화하고 그걸 실행하다 보면 문제에 부딪히게 된다. '일잘러'는 여러 차례의 시행착오를 겪으며 문제를 해결하는 자

업무 구조화 예시

A 수석의 하위 업무 나열

① 연간 영업 전략 기획서 작성
② 지역별 영업 보고서 작성
③ 20~30대 신규 고객층 발굴
④ 수도권 지역단 지원: A 상품 개선 요구 반영
⑤ 영남 지역단 지원: 신규 프로모션 기획 및 실행
⑥ 호남 지역단 지원: B 상품 매출 확대 방안 제시
⑦ 법인 고객 요구 사항 반영
⑧ 고객 발굴을 위한 행사 홍보 지원

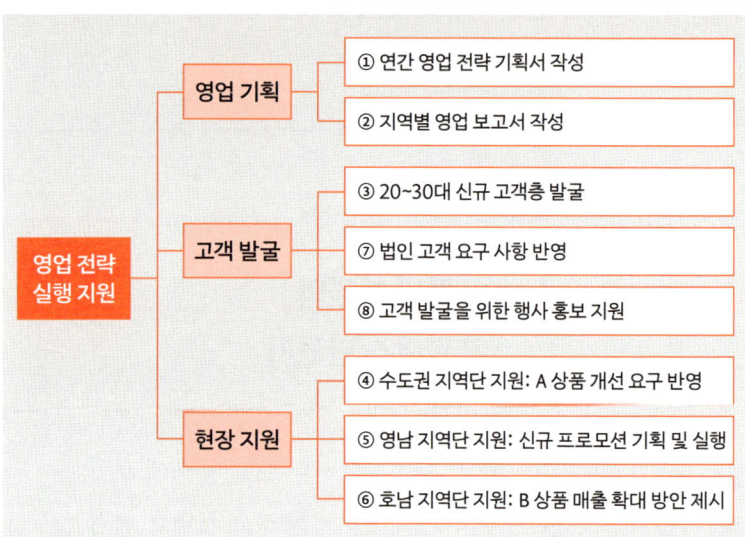

기만의 프로세스를 만든다. 팀장이 이러한 우수 사례를 팀원 모두에게 전파할 수 있다면 팀원들의 일하는 수준을 전체적으로 높이는 것이 가능하다. 일반적으로 일잘러들이 보여주는 문제 해결 프로세스는 다음과 같은 구조를 이루고 있다.

① 목표 수립

일을 시작하기 전에 원하는 결과를 명확히 정리한다. 여기서 말하는 '목표'란 해당 업무를 통해 얻고자 하는 최종 결과물을 의미한다. 목표가 명확해야 팀장도 피드백하기 좋다. 목표를 기준으로 팀원이 세운 실행 계획이 적절한지 판단할 수 있기 때문이다. 또한 목표가 있어야 그 일이 성공했는지, 실패했는지 평가할 수 있고 그 여부에 따라 사후 리뷰 내용도 달라진다.

② 원인 파악

문제에는 반드시 원인이 존재한다. 누구나 문제를 해결하고 싶어 하지만 아무나 쉽게 해결하지 못하는 이유는, 원인을 명확히 밝히는 일이 쉽지 않기 때문이다. 문제의 원인은 여러 층위로 복잡하게 얽혀 있고, 하나의 원인이 또 다른 원인을 낳기도 한다. 이처럼 얽힌 구조 속에서 핵심 원인을 가려내는 일이 관건이다.

업무 수행 시 발생하는 문제는 정답이 있는 수능과는 다르다. 정답보다는 답에 가까운 근사치를 찾는 과정이며, 이 또한 확실하지 않기 때문에 가설을 세우고 이를 바탕으로 해결안을 도출하게 된다.

③ 가설 수립 및 검증

좋은 가설을 세우는 방법은 다양하다. 가장 기본적인 방법은 유사 사례를 참고하는 것이다. 과거에 비슷한 상황에서 문제 해결에 성공한 사례가 있다면 이를 활용할 수 있다. 선배들이 추진했던 해결안을 살펴보는 것도 방법이다. 관점을 확장해 경쟁자 입장에서, 혹은 고객의 입장에서 문제를 바라보는 것도 도움이 된다. 뛰어난 선배라면 어떻게 접근했을지 상상해 보거나, 관련 데이터를 분석해 가설을 검증하는 것도 좋은 방법이다. 이렇게 다양한 시각을 동원하면 문제에 대한 보다 입체적인 이해가 가능해진다.

④ 해결안 실행

문제 해결 가능성이 가장 높은 안을 도출했다면, 이제는 과감하게 실행에 들어가야 한다. 나와 함께 일했던 한 팀원은 자신이 세운 결론에 확신이 없어서 계속 머뭇거렸다. '더 나은 선택이 있지 않을까'

하는 고민이 실행을 미루게 만들었다. 하지만 실행을 미루는 순간, 어떤 결과도 만들 수 없다. 맞는 해결안이라 해도 중간에 포기하면 실패한 안이 되고, 완벽한 안이 아니더라도 끝까지 밀고 나가면 어느 정도 성과를 낼 수 있다. 이 단계까지 왔다면 더 이상 흔들리지 말고 실행에 집중하는 것이 중요하다.

⑤ 사후 리뷰를 통한 업데이트

일하는 방법에는 정답이 없다. 상황은 항상 변하고, 더 나은 방법은 언제든 생길 수 있다. 그렇기 때문에 일하는 방식은 끊임없이 업데이트되어야 한다. 프로젝트가 종료되었을 때, 예상치 못한 문제가 발생했을 때, 팀원의 성장이 정체된 것처럼 느껴질 때가 바로 '사후 리뷰'가 필요한 순간이다.

사후 리뷰는 팀원 모두가 모여 1~2시간 정도 진행하면 된다. 형식에 얽매이지 않고 자연스럽게 대화를 나누는 것으로도 충분하다. 그 일을 통해 무엇을 느꼈는지, 무엇을 배웠는지, 앞으로 유사한 문제를 막기 위해 무엇을 보완해야 할지 함께 이야기한다. 이렇게 얻은 교훈은 팀의 업무 방식에 반영되어, 다시 구조로 정착된다.

실무형 팀장은 단지 문제를 잘 해결하는 사람이 아니다. 문제를 겪은 팀원이 자기만의 프로세스를 만들고, 그것을 팀 전체가 공유하고 익혀서 반복되는 실수를 줄일 수 있도록 돕는 사람이다. 이런 구조화된 문제 해결 프로세스를 통해 팀의 일하는 수준이 진화할 수 있다.

시각을 전환하는 질문 던지기

팀원이 어떤 문제에 막혀 있거나 해결의 실마리를 찾지 못할 때, 새로운 시각을 제안하는 것도 팀장의 중요한 역할이다. 실무자는 눈앞의 문제에 매몰되어 원인을 제대로 파악하지 못할 가능성이 높다. 이럴 때 팀장은 팀원의 시야를 넓혀주는 질문을 던져야 한다. 질문은 사고의 출발점이며, 문제의 본질에 다가서게 하는 도구다.

다음은 시각을 전환할 수 있는 질문의 예시다.

시각 전환용 질문 리스트
- 이 일을 하는 원래 목적은 무엇이었나요?
- 이 일의 진짜 고객은 누구인가요? (당신이 지금 고객이라고 생각하는 사람이 맞나요?)
- 그 고객이 만족하기 위해서는 어떤 결과가 나와야 할까요?
- 이 문제가 핵심 이슈가 맞나요? 숨겨진 다른 이슈가 있지는 않나요?
- 이 문제를 해결할 열쇠를 쥔 사람은 누구인가요?

이런 질문들은 팀원이 문제의 표면이 아니라 본질을 바라보도록 도와준다. 우리가 맞닥뜨리는 문제는 매번 완전히 새로운 것처럼 보이지만, 실제로 그 안에는 공통된 본질이 있다. 일이 가진 목적, 고객 중심의 접근, 최종 산출물에 대한 명확한 상상 등 본질적인 질문을 팀원들에게 던졌을 때, 의외로 쉽게 해결의 실마리를 찾게 된다.

실무형 팀장은 답을 주는 사람이 아니라, 좋은 질문으로 생각의 문을 열어주는 사람이다. 생각의 방향을 바꾸는 질문은 실행의 질을 바꾸고, 결국 팀 전체의 사고 수준을 끌어올린다.

 실무형 팀장을 위한 SUMMARY

- 성과 중심의 팀 운영을 위해 자율성과 체계를 동시에 구축해야 한다.
- 팀 차터를 통해 팀의 방향성과 업무 방식을 설계한다.
- 팀 차터는 팀 비전, 역할, 소통 방식을 명확히 하고 외부와의 소통 도구로도 활용된다.
- 성과의 핵심 성공 요소를 파악하고 성과 단위 업무를 구조화해서 일하는 체계를 정립한다.
- 문제 해결의 프로세스를 만들고 팀원들에게 시각을 전환할 수 있는 좋은 질문을 던짐으로써, 팀 전체의 사고 수준을 높인다.

알아서 일하는
낙원 같은 팀

**실무형 팀장에게 적합한
자율경영팀**

자율적으로 일하는 조직에 대한 관심은 스타트업과 IT 기업의 놀라운 성장과 연관이 깊다. 이러한 기업에서 일하는 구성원들은 조직보다 자신의 성장과 보람을 더 중요하게 여긴다. 금전적 보상만으로는 구성원을 움직이기 어렵다. 경쟁사보다 보상이 부족해지는 순간, 그들을 설득할 여지가 사라지기 때문이다. 따라서 자율적으로 일하는 팀을 구성하는 것이, 구성원의 동기를 유발하는 효과적인 방법이다. 이렇게 자율적으로 일하는 문화를 가진 팀을 '자율경영팀(Self-managed team)'이라 부른다.

특히 실무형 팀장은 효율적인 팀 운영을 위해서 자율경영팀을 구축하는 데 집중해야 한다. 실무도, 팀 운영도 동시에 해야 하는 실무형 팀장에게는 팀원들이 알아서 일하는 팀 구조의 필요성이 크다.

감독이 선수로도 뛰는 상황을 상상해 보자. 내가 공을 가지고 있는 동안, 다른 선수들이 알아서 움직여 주어야 한다. 내 공 하나 처리하기도 벅찬데, 다른 선수에게 감독으로서 지시까지 하다가는 결국 상대에게 공을 빼앗기기 십상이다. 선수가 각자 판단하고 움직여 줄 수 있어야, 감독이 2가지 역할을 자유자재로 넘나들 수 있다.

마찬가지로 자율경영팀은 실무형 팀장이 이중 역할의 부담에서 벗어날 수 있도록 도와준다. 실무형 팀장이 겪는 가장 큰 어려움 중 하나는 '시간 부족'이다. 아무리 야근을 하고 주말 근무를 해도 일이 끝나지 않는다. 결국에 시급하거나 중요한 일에 집중하고, 그 외의 일은 팀원들이 자율적으로 처리하도록 할 수밖에 없다.

정리하면 실무형 팀장의 팀 관리에서 핵심은 '자발적으로 일하는 팀을 만드느냐'에 달려 있다고 해도 과언이 아니다. 자율경영팀은 실무형 팀장이 일할 시간을 확보해 줄 뿐 아니라, 팀원에게도 강한 동기를 부여한다. 자율성은 동기를 유발하는 가장 핵심적인 요소이기 때문이다. 자율적으로 일하는 체계를 갖추면, 구성원은 주도적으로 업무를 처리하게 되고, 그 과정에서 더 높은 몰입과 책임감을 발휘한다.

문제는 리더들이 이러한 큰 틀에는 공감하면서도, 실제로는 팀원에게 자율을 부여하기 어렵다는 점이다. 자율성이 팀에도 좋고 리더에게도 좋다는 것은 알고 있다. 팀원과 팀장 모두에게 이득일 텐데, 왜 자율경영팀을 만드는 일이 이토록 어려울까?

자율경영팀을 만드는 일이 어려운 이유

내가 만난 어떤 팀장은 '권한 위임'을 굉장히 강조하는 사람이었다. '임파워먼트(Empowerment)'*라는 단어를 유난히 좋아했고, 관련 책이나 기사를 자주 인용하곤 했다. 그런데 실제 업무에서는 사소한 일까지 세세히 챙기고, 모든 상황을 직접 보고받으려 했다.

"대학 취업지원실과 연계한 신입사원 채용은 어떻게 진행되고 있죠? 왜 좀 더 자주 보고하지 않나요?"

"그건 제가 책임지고 진행하라고 하셔서, 완료되면 보고드리려고 했습니다."

---

* 팀원들에게 자주적이고 주체적인 체제 속에서 의욕과 성과를 이끌어 내기 위한 권한 부여, 권한 이양

"그게 말이 됩니까? 중간중간 보고는 해줘야죠. 팀 내에서 벌어지는 일 중에 팀장이 모르는 일이 있어서는 안 됩니다."

이처럼 권한 위임이 중요하다고 말하면서도 실제로는 그렇지 못하는 리더가 많다. 문제 상황이 발생했을 때 책임은 대부분 팀장에게 돌아가기 때문이다. 이 때문에 리더는 중요한 결정을 팀원에게 위임하는 것이 두려울 수밖에 없다. 권한과 책임이 분리되는 아이러니한 구조 속에서, 많은 팀장이 자율보다는 통제를 선택하게 된다.

더군다나 '자율에는 반드시 책임이 따라야 한다'는 원칙을 내세우는 순간, 팀원은 부담을 느끼고 위축된다. 자율이라는 이름 아래 책임만 강조되면, 팀원은 자율을 가장한 통제로 받아들이게 된다. 결국 자율과 통제는 충돌하고, 팀장과 팀원 사이의 신뢰는 점점 약해진다.

팀원이 자율성을 가지고 일하길 원하고, 팀장은 팀이 내 뜻대로 움직이기를 바란다. 이 둘 사이에는 본질적인 긴장이 존재한다. 팀장이 혹시 모를 사고에 대비하고 팀을 원하는 방향으로 이끌려면, 일정 수준의 통제는 불가피하다. 반면 팀원에게 진정한 자율을 보장하려면 일정한 위임이 필요하다. 이 균형이 바로 자율경영팀의 핵심 과제다.

자율과 통제 선택 기준

'어떤 일은 위임하고, 어떤 일은 직접 결정해야 하는가?'의 질문에 대한 판단 기준을 마련하면, 자율과 통제의 균형을 좀 더 명확히 설

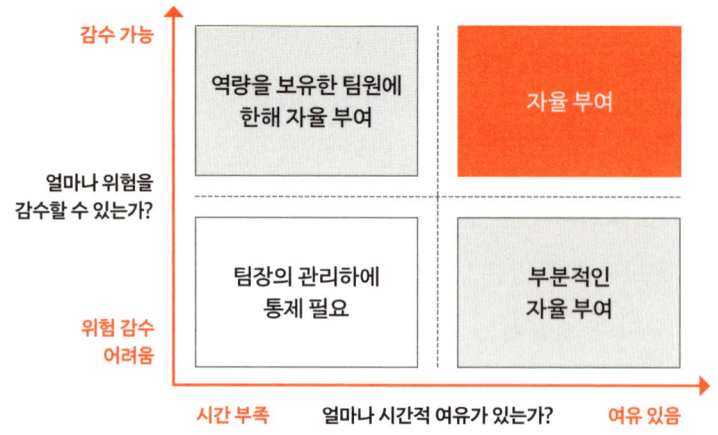

정할 수 있다. 모든 권한을 넘기라는 뜻이 아니다. 위험성이 낮고 반복적인 일은 팀원에게 맡기고, 전략적으로 중요하거나 실패했을 때 영향이 큰 일은 팀장이 직접 책임지는 방식으로 구분하면 된다. 일상 업무는 위임하고, 핵심 업무는 팀장이 직접 판단하는 식이다.

자율경영팀에도 레벨이 있다

자율경영팀이라고 해서 모두 같은 모습은 아니다. '자율성의 수준'

자율경영팀의 레벨

단계	레벨 1	레벨 2	레벨 3	레벨 4	레벨 5
자율 정도	자율 없음	팀장 보조	부분 자율	고도 자율	완전 자율
의사결정 주체	팀장 결정	팀원의 의결은 청취하지만 최종적으로 팀장이 결정	항목별로 팀장 결정 사항과 팀원 결정 사항을 구분	일부 핵심 사항 외 팀원 중심 결정	담당자가 자율적으로 결정
팀장의 역할 모델	관리자, 평가자		멀티 플레이어 (Multi player)	코디네이터(Coordinator)[*], 퍼실리테이터 (Facilitator)[**]	
직무 및 산업 특성	규제 산업, 공공 서비스		일반 제조, 일반 서비스	첨단 산업, 신생 서비스	
	안정적 성과 창출 중심 경영			창의성과 차별성 중요	

에 따라 자율경영팀을 5단계로 구분해 볼 수 있다. 자율주행차의 자율 레벨처럼, 자율경영팀도 '운전자'인 팀장이 얼마나 개입하느냐에 따라 자율성의 정도가 달라진다. 자율성을 어느 수준까지 부여하느냐에 따라 팀의 운영 방식과 성과가 달라진다.

---

[*] 조직이나 팀 내에서 사람, 자원, 정보, 업무를 조율하고 정리해, 효율적으로 목표를 달성하도록 돕는 역할
[**] 팀원이 자율적으로 소통하고 협력하며 문제를 해결할 수 있도록 돕는 촉진자의 역할

CHAPTER 3 실무형 팀장을 위한 팀 운영 매뉴얼

예를 들어 플랫폼 서비스처럼 새로운 비즈니스 영역에서 창의적인 성과를 올려야 하는 산업에서는 레벨 5 수준의 높은 자율성을 가진 팀이 효과적이다. 반면 금융·에너지 산업처럼 규제가 많고 보수적인 영역에서는 자율성이 낮은 레벨 1~2 수준으로 제한될 수밖에 없다. 같은 회사 내에서도 직무에 따라 자율성 수준은 다르다. 마케팅이나 영업 부서는 빠른 의사결정과 실행이 필요하므로 높은 자율성이 요구된다. 반면 법무·준법감시·감사 부서 등은 규정 준수가 최우선이므로 자율성의 폭이 제한적일 수밖에 없다.

자율경영팀의 자율성은 레벨 3 이상이 되어야 실무형 팀장이 '시간 부족' 문제에서 실질적으로 벗어날 수 있다. 특히 레벨 4~5가 되면, 팀장이 실무에 몰입해도 팀원들이 스스로 판단하고 움직일 수 있는 팀 문화가 형성된다.

자율경영팀을 만들 때 고려해야 할 것

자율경영팀의 레벨을 살펴보았다면, 이제는 팀장이 자율경영팀을 만들 때 고려해야 할 것을 살펴보겠다. 자율경영팀을 구축할 때 가장 먼저 점검해야 할 것은 업무 체계의 정비 여부다. 이미 잘 정립된 업무 체계를 갖춘 팀이라면, 자율경영 구조로 전환하기가 훨씬 쉽다. 반면 일의 방식이 표준화되지 않았거나 각자 제멋대로 일하는 팀은 자율을 부여할수록 오히려 혼란과 비효율이 생긴다.

서울대학교 이정동 교수는 『최초의 질문』(2022)에서 선진국의 전문가들은 새로운 일을 하기 전에 반드시 기존 매뉴얼을 조사하고 과거의 시행착오를 분석한다고 말한다. 선배들의 실패와 성공이 담긴 매뉴얼을 토대로 일을 해야 효율성과 창의성을 동시에 확보할 수 있다는 것이다. 일하는 체계, 즉 프로세스가 정비되어 있어야 자율도 가능하고 창의성도 발휘된다.

얼마 전 대기업에서 스타트업으로 이직한 후배가 있었다. 그는 이렇게 말했다.

"업무 체계가 전혀 없어요. 모든 일의 매뉴얼을 그때그때 새로 만들어야 하니, 체력도, 정신도 다 빠져나가는 기분이에요."

전임자가 남긴 인수인계 문서도 없고, 업무 지침도 없는 상태였다. 매번 처음부터 고민해야 하니 자율은커녕 매번 좌절될 위기에 처하는 셈이다.

이처럼 자율경영팀이 제대로 운영되기 위해서는 자율경영팀을 만들기 전에 팀장은 반드시 일하는 체계를 정리하고, 이를 문서화해 공유해야 한다. 누구든 해당 업무를 맡았을 때 일정한 기준에 따라 일할 수 있도록 가이드를 만드는 것이다. 문서화된 내용은 팀 내에서 정기적으로 업데이트해 나가야 한다.

팀원에게 권한을 위임하면 더 편해질 줄 알았는데, 오히려 업무 체계를 정리하라니? 팀장의 일이 더 늘어나는 것은 아닐까 걱정될 수 있다. 그러나 자율경영팀이 아니더라도, 일하는 체계를 만들고 피드백하는 일은 모든 팀장이 반드시 해야 할 기본 역할이다.

기본적인 일하는 방식을 통일한 뒤, 그 위에 팀원들의 창의적인 아이디어를 더해 나가는 것. 그것이 팀 전체의 일하는 수준을 끌어올리는 방법이다.

자율경영팀을 만드는 스킬

이제 자율경영팀을 만드는 구체적인 팀 세팅 스킬 4가지를 알아보자.

① 중간관리자, 소그룹 리더에게 권한 위임하기

모든 팀원에게 무조건 자율성을 부여해야 한다고 생각할 필요는 없다. 누군가는 전폭적인 권한 위임을 원하지만, 세세한 지시에 따라 일하는 방식을 선호하는 사람도 있다. 때로는 부여받은 자율성을 악용하는 사람도 있기 마련이다.

따라서 자율경영팀을 만들기 위해 첫 번째로 해야 할 일은 '선별적인 권한 위임'이다. 팀의 일하는 체계와 문화가 완전히 자리 잡을 때까지는, 역량과 태도가 우수한 팀원에게만 먼저 권한을 부여한다.

선별적 권한 위임 방법 중 '소그룹 리더' 제도를 추천한다. 팀장들이 모인 워크숍에 참석했을 때 생각보다 많은 팀장이 비공식으로 소그룹 리더 제도를 자체적으로 운영하고 있다고 말했다. 소그룹 리더는 팀원 중에서 선발한 중간관리자로, 팀장은 이들에게 권한을 일부 위임한다. 이들은 자신이 맡은 소그룹 내에서 마치 팀장처럼 업무 의사결정을 내리고, 팀원 인사나 팀 운영 방향에 대해서도 팀장에게 조언한다.

소그룹 리더를 선발했다면, 정기적으로 팀 업무 배분을 논의하는 자리를 만들고, 그들에게 팀장의 권한을 위임한다는 사실을 팀원들에게 공개하자. 팀장 대신 수행하는 역할과 권한을 구체적으로 명시해 주는 것이 좋다. 만일 소그룹 리더의 통제를 따르지 않는 팀원이 생기면, 그때는 팀장이 직접 개입해 관리한다.

초기 단계에서는 중간관리자를 활용해 '부분적인 자율경영팀'을 구축한다. 소그룹 단위의 자율 운영 체계가 자리를 잡으면, 다음 단계로 자율성 부여 대상을 점차 확대할 수 있다. 이렇게 단계적으로 자율성의 레벨을 높여가면, 팀의 질서를 흐리는 '빌런' 팀원이 생기는 것도 예방할 수 있다.

② 역할과 책임을 명확히 구분하기

우리 조직 문화는 '담당자를 칼같이 나누기'보다 '눈치껏 알아서 참여하기'를 기대한다. 여러 사람을 공동 담당자로 지정하기도 하며,

내 일이 아니더라도 협조라는 이유로 회의나 보고에 함께 참여해야 하는 경우도 흔하다. 즉, 회사에서 업무 경계가 불명확한 일도 많다. 공동 담당하거나, 7:3 또는 6:4처럼 역할 비중이 나뉘는 경우도 있다.

그러나 자율경영팀일수록 명문화된 담당자 제도를 운영해야 한다. 여러 사람이 공동으로 맡아야 하는 일이더라도, 최종 책임자는 반드시 1명을 지정한다. 팀장은 역할과 책임을 명확히 확인하고, 필요하다면 문서로 정리해 둔다. 각자의 역할과 책임이 어디까지인지 정기적으로 소통하는 것도 중요하다. 애플에서는 팀의 주요 과제마다 업무 책임자(Directly Responsible Individual, DRI)* 항목을 두고, 이름을 명시한다. 책임자가 모호한 과제는 결국 모두 팀장의 몫이 된다.

③ 투명하게 정보 공유하기

자율경영팀에서 팀장의 가장 중요한 역할 중 하나는 '정보 공유'다. 팀원이 스스로 판단하고 행동하려면, 필요한 정보를 제때 제공받아야 한다. 회사의 전략 방향, 경쟁사의 동향, 유관 부서의 업무 내용 등이 포함된다.

---

* 스티브 잡스가 애플을 운영하면서 도입한 개념으로 하나의 사안에 책임지는 단 1명의 사람을 의미

자율경영팀 내 역할과 책임 배분 예시

업무		소요 자원		역할 및 책임			비고
레벨 1	레벨 2	기간	비용 (천 원)	정 (DRI)	부	Co-work	
홈페이지 리뉴얼	홈페이지 기획	20일		김희정	안효동	최이서	
	개발사 관리	4개월	250,000	김희정	안효동	외주 개발	
	연간 CM 예산 통제	12개월	478,000	김희정	안효동	외주 개발	
	CM 프로모션	수시	980,600	안효동	김희정	최이서	
영업 지원 시스템 디자인	페이지, 메뉴 구성	15일		안효동	팀장		팀장 지원 프로젝트
	내부 개발자 협업	4개월 (개발팀 연동)		안효동	팀장		
	오류 수정 및 안정화	3개월		안효동	팀장		
인센티브 시스템 구현	기존 시스템 분석	2주	34,000	박지수	최이서		
	인프라 설계	2주		박지수	최이서	개발팀 PM	
	인센티브 지급 및 오류 수정			박지수	김희정	개발팀 PM	
	인센티브 제도 변경 반영	2개월	770,000	최이서	안효동	개발팀 PM	

내재적 동기부여의 관점에서도 정보는 중요하다. 팀원은 자신이 하는 일이 어떤 의미를 가지는지 알고 싶어 한다. 하지만 일의 결과물이 팀과 회사에 어떤 영향을 주는지는 눈에 잘 보이지 않는다. 이럴 때 팀장이 일의 의미와 연결되는 정보를 팀원들에게 적절하게 전달하면, 스스로 움직일 수 있는 동기가 강해진다.

과거 리더들은 정보를 독점해야 권위가 생긴다고 믿었다. 정보가 곧 힘이라고 생각해, 자신만 알고 있는 정보를 쌓는 데 집중했다. 의도적으로 그러지 않더라도, '이 정도는 알고 있겠지'라고 생각하며 정보를 공유하지 않는 경우도 많다.

자율경영팀을 만들려면 지나치다 싶을 만큼 자주, 다양한 방식으로 팀원들에게 정보를 전달해야 한다. 정기적으로 정보를 공유하는 자리를 만들고, 전달 수단도 다양하게 활용한다. 리더가 접한 회의나 정보는 문서화해 공유하고, 그 기록이 쌓이도록 한다.

특히 우리 팀의 목표와 현재 성과 수준, 팀원이 기여한 부분은 반드시 공유한다. 어떤 점이 좋았는지, 무엇을 더 보완하면 좋을지도 세세하게 전달한다. 이런 내용은 가급적 대면으로 전달하고, 그 외 실무 정보는 이메일·메신저 등 매체 특성에 맞추어 즉시성과 정보량을 고려해 소통한다.

④ 합의된 팀 운영 규칙 만들기

자율경영팀은 자율성의 범위에 따라 팀의 일하는 모습이 다양해질 수 있다. 누구나 지켜야 할 '공통된 규칙'이 따로 있는 것은 아니므로, 팀원과 함께 우리 팀만의 규칙을 정해두는 것이 좋다.

가장 먼저 회의 일정과 회의 방식부터 세워야 한다. 생각보다 원칙 없이 회의를 소집하는 조직이 많다. 월간 회의는 팀 성과와 사업 계획 달성률 점검에, 주간 업무 회의는 협업을 위한 업무 계획 공유에 초점을 맞추자. 그리고 분기 1회 정도는 역할과 책임을 점검하는 자리를 마련하자.

자율경영팀이라고 해서 각자 알아서만 일하는 구조는 곤란하다. 협업은 더 큰 성과를 위한 기본이다. 팀워크 강화를 위해 협업 그룹을 어떻게 구성할지, 멘토-멘티 제도를 통해 어떻게 팀원의 성장을 지원할지도 함께 고민해야 한다.

자율경영팀은 실무형 팀장의 어려움을 덜어줄 수 있는 유력한 해답이다. 하지만 팀 운영 체계를 질서 있게 만들려면 그만큼의 노력이 필요하다. 자율경영팀을 만드는 데 드는 시간과 노력이 부담스러워 지금 상태를 유지하고 싶다는 생각이 들 수도 있다.

단기간에 완벽한 자율경영팀을 만드는 것은 쉽지 않다. 팀의 일하는 문화를 조금씩 발전시켜 가는 방향으로 나아가는 게 중요하다. 서두르지 말고, 나를 온전히 지원해 줄 수 있는 팀의 모습을 차근차근 고민해 보자.

실무형 팀장을 위한 SUMMARY

- 팀원 모두가 주도적으로 일하는 팀은 이상적이지만 현실적인 어려움도 존재한다.
- 자율경영팀은 자율 정도에 따라 5가지 레벨로 나눌 수 있으며, 실무형 팀장에게는 레벨 3 이상의 자율경영팀이 필요하다.
- 자율경영팀을 만들기 위해서는 소그룹 리더에게 권한을 위임하고, 팀원의 역할과 책임을 명확히 구분하며, 팀원에게 투명하게 정보를 공유하고 합의된 팀 운영 규칙을 만드는 스킬이 필요하다.

자율성과 모티베이션

돈으로 동기부여하는 시대의 종말

3년 차 주니어 시절 때의 일이다. 감독 기관의 갑작스러운 규제 변화로 보험 업계에 다양한 금융상품을 전문적으로 판매하는 회사가 새롭게 생겨났고, 산업 전체가 빠르게 성장했다. 시장이 커지자 각 회사는 경력직 스카우트(Scout) 전쟁을 벌이기 시작했다. 우리는 젊은 직원 비중이 높았기 때문에, 자연스럽게 스카우트 경쟁의 주요 대상이 되었다. 매달 대리급·과장급 선배들이 경쟁사로 이직했다.

어느 정도 경력이 쌓이면 더 나은 조건으로 회사를 옮기는 것이 당연하게 여겨지는 분위기였다.

이런 이직 러시 속에서 조직의 허리층이 빠져나가자 핵심 직무 자리에 공석이 생겼다. 어쩔 수 없이 3년 차 주니어였던 우리에게 그 역할이 주어졌다. 그런데 이 과정에서 놀라운 변화가 일어났다. 회사 내부에는 간섭할 만한 선배가 거의 남아 있지 않았기에, 내 동기와 후배들은 꽤 자율적으로 일할 수 있었다. 실험적인 프로젝트도 많이 생겨났는데, 이는 윗선의 지시가 아닌 '팀원들이 자발적으로 기획하고 도전한 프로젝트들'이었다. 퇴근 후나 주말에는 업무 관련한 스터디 그룹이 운영되기도 했다.

그 시기 열정 넘치는 팀원들로 가득 찬 회사는 활기찼다. 연봉을 올려주어서가 아니었다. '재미있게 일한다'는 느낌이 팀원들의 동기를 유발한 것이다. 무언가를 배우고 성장하고 있다는 뿌듯함, 스스로 선택하고 기획하고 시도하고 있다는 보람 덕분이었다. 그 경험은 내게 자율성과 동기부여(Motivation)의 관계를 몸으로 체득하게 해주었다.

이러한 경험은 우리에게 중요한 시사점을 준다. 동기부여란 외부의 자극으로 억지로 끌어올리는 것이 아니다. 구성원의 내면에 존재하는 열정에 자연스럽게 불을 붙이는 것이다. 그런데 많은 리더는 동기부여를 '억지로 설득하는 행위'로 오해한다. 높은 연봉을 제안하거나 성과급을 내세워 동기를 자극하려 하지만, 이런 방식은 금세 불씨를 사그라트린다. 동기를 불러일으키는 핵심은 설득도 보상도 아닌, 바로 '자율'이다.

인간은 누구나 자신이 원하는 방식대로 일하고 결정하고자 한다. 스스로 결정할 수 있는 권한을 얼마나 부여받느냐에 따라 일에 대한 관심과 열정이 달라진다. 정해진 규칙에 따라 하나하나 행동을 통제받는 조직에서는, 성과가 낮고 불만이 높을 수밖에 없다. 요즘 젊은 인재들이 스타트업 창업을 진지하게 고려하는 것도 이 때문이다. 비록 숱한 날을 밤새워 일하고 실패의 가능성이 높더라도 자율에서 오는 동기가 매우 크다. 그들은 내 아이디어를 내가 원하는 방식으로 실행해 성과를 내고 싶다는 욕구가 크다.

하지만 자율은 다루기 쉽지 않다. 많은 리더가 '과도한 자율'은 조직을 방만하게 만들고, 통제가 되지 않는다고 우려한다. 실제로 수평적 조직 문화나 홀라크러시(Holacracy)* 같은 실험적 시도는 실패한 사례도 많다. 구글 역시 관리자 없이 팀을 운영해 보는 실험을 진행했으나, 프로젝트 종료 후에 진행한 조사에서 직원들은 일정 수준의 통제를 해주는 관리자의 존재가 필요하다고 답했다.** 결국 관리자 없는 조직은 아직 시기상조라는 결론을 내렸다.

---

* 전통적인 수직적 조직 구조를 대체하는 자율적인 조직 운영 방식으로, 팀원들이 각자 자신의 역할을 맡고 그에 따른 책임과 권한을 가지는 방식
** 라즐로 복(Laszlo Bock), 『구글의 아침은 자유가 시작된다』, 2021

완전한 자율이 해답은 아니다. 그렇다고 연봉과 성과급 같은 외재적 동기만으로 구성원의 마음을 움직일 수도 없다. 외재적 동기 요소는 상대적으로 다루기 쉽지만, 그 효과가 오래가지 않는다. 월급날이 며칠만 지나도 다시 원점으로 돌아가는 경험, 누구나 한 번쯤은 해보았을 것이다.

더욱이 저성장기에는 외재적 동기 자원을 쓰기조차 쉽지 않다. 산업 전체가 저성장기에 진입한 상황에서는 기업이 연봉 인상을 제안하기 어렵고, 실적이 부진한 조직에 소속된 직원의 빠른 승진을 기대하기란 더더욱 어렵다. 하지만 저성장기에 조직이 생존하려면 직원들의 능력 발휘가 필수다. 환경 변화에 빠르게 대응하는 능력, 경쟁사와 차별화되는 아이디어 실행 능력은 그 무엇보다 중요해지고 있다.

결국 앞으로는 외재적 동기와 내재적 동기를 조화롭게 활용하는 전략이 필요하다. 적절한 수준의 연봉, 복리후생, 성과급 등 보상과 함께, 리더의 섬세한 내재적 동기 설계가 결합되어야 한다. 그렇다면 실무형 팀장은 어떻게 하면 구성원의 내재적 동기를 자극할 수 있을까?

다양한 내재적 동기 유발 요소

조직 문화 전문가인 닐 도쉬(Neel Doshi)는 구성원의 몰입도를 끌어

올리는 내재적 동기 요소로 다음의 3가지를 제시했다. 이는 구성원이 일에 몰입하고 지속해서 성과를 내기 위한 대표적인 내재적 동기 구성 요소다.

① 일을 통해 느끼는 즐거움

꼭 '하고 싶은 일'을 해야만 즐거움을 느끼는 것은 아니다. '어떻게 일하느냐'도 즐거움에 큰 영향을 미친다. '팀장과 동료가 나를 믿고 일을 맡겨주는가?' '사사건건 간섭하지 않고 결과를 보여줄 때까지 기다려 주는가?'와 같은 것들이 일의 즐거움을 좌우한다. 개인이 주도적으로 일하려면 팀 내부에 일하는 문화가 정착되어야 한다. 우리 팀의 일하는 방식이 합리적이고, 성과가 눈에 잘 보이는 구조여야 한다.

물론 직장 생활이 마냥 즐겁기만 하진 않을 것이다. 때로는 돈을 벌기 위해 어쩔 수 없이 일한다고 느낄 수도 있다. 그래도 자율적으로, 체계적으로 일하면서 어떤 성과든 조금씩 만들어 낸다면 일 속에서 소소한 재미를 느끼게 된다.

우리 팀에 새로 배치된 신입사원이 있었는데, 첫 면담에서 이렇게 말했다.

"저는 기획팀에서 기획력을 키우고 싶었는데, 인사팀으로 배치되었어요. 팀장님께는 죄송하지만, 기본적인 업무 경험을 쌓은 뒤 부서 이동을 신청할 생각입니다."

당돌한 태도에 황당하고 괘씸한 생각이 들었지만, 대화를 이어가다 보니 신입사원에게서 업무를 주도적으로 처리하고 빨리 성장하고자 하는 의욕이 엿보였다.

"그럼 일단 어떤 일이든 기획 업무를 사전 체험하는 과정이라 생각하고, 처음부터 끝까지 자기의 생각대로 해봐요."

면담 이후 가능한 한 중간에 간섭하지 않고 스스로 주도하며 일하도록 배려했다. 다만 동료와 함께하는 협업에도 적응해야 하므로, 소통과 중간 결과 공유는 지원해 주었다. 시간이 흐를수록 그는 '다른 부서에 가겠다' '다른 업무를 해보겠다'는 말을 줄였고, 몇 달 뒤에는 자연스럽게 우리 팀의 일하는 방식에 스며들었다.

"팀장님, 기획팀만 고집하던 제 생각이 짧았던 것 같아요. 우리 팀에서 좀 더 오래 일하며 배우고 싶습니다."

나는 이 경험을 통해 팀원들의 업무 만족도는 팀장이 어떤 일 문화를 만들고 어떻게 팀원들에게 전달하느냐에 따라 달라질 수 있다는 사실을 깨달았다. 직무의 타이틀이 화려하다고 해서 반드시 만족스러운 것은 아니다. 일에서 느끼는 즐거움에는 다양한 요소가 포함되어 있기 때문이다.

② 일을 통해 느끼는 자부심

동기부여는 일을 통해 조직에 기여하고 있다는 사실을 '느끼는 것'에서 비롯된다. 누구나 자신이 속한 사회나 조직에 도움을 주고 인정받기를 원한다. 그런데 이건 '관점'의 문제다. 같은 일을 하더라도 그 일이 팀과 조직에 공헌한다고 느낄 수 있도록 팀장의 설명과 관점 전환이 필요하다.

"일의 의미는 스스로 찾아야지, 그런 것까지 팀장이 챙겨야 하느냐?"라고 반문하는 사람도 있다. 물론 스스로 의미를 찾으면 가장 좋다. 하지만 지금 하는 일에서 어떤 의미도 찾지 못하는 팀원을 방치해서는 안 된다. 반복해서 의미를 찾아주는 노력을 해야 한다. 팀장이 먼저 애쓰면, 팀원도 조금씩 마음의 문을 열기 시작한다.

내가 담당했던 교육 부서는 한 임원의 무례한 발언으로 일의 의미를 잃을 뻔했다. 그 임원은 교육 담당자의 업무를 대놓고 깎아내렸다.

"그냥 매번 비슷한 교육 프로그램 만드는 게 뭐가 어렵냐? 외부 강사 불러다 강사비나 처리하는 게 일이냐? 교육 담당자야말로 제일 편한 일처럼만 보인다."

우리는 늦은 밤까지 교육 자료를 만들었고, 퇴근 시간 이후에도 연구 강의를 이어갔다. 한 달의 절반 이상을 연수원에서 지내면서도 자신의 일에 자부심을 가지고 일하는 팀원이 많았다. 하지만 그 말 한마디에 모두가 일의 의미를 잃어버렸다.

"직원들 교육해 봐야 뭐 하나요? 알아주는 사람도 없는데…"

사기가 꺾인 모습을 보고 나는 '우리 팀이 왜 이 일을 하는가'를 팀원들에게 되짚어야겠다고 생각했다. 그리고 팀원들에게 이렇게 말했다.

"교육 부서의 역할은 직원들이 일을 더 잘하도록 도와주는 것입니다. 금융 기업의 교육 부서는 생산성 향상을 위한 R&D 센터와 같아요. 요즘은 선배가 후배를 직접 가르치는 문화가 거의 사라졌기 때문에, 교육 담당자의 역할은 그 어느 때보다 중요합니다. 우리 자부심을 가지고 일합시다."

③ 일을 통해 느끼는 성장감

그런데 단지 자부심과 보람만으로는 동기부여가 완성되지 않는다. 사람은 누구나 호기심과 배움에 대한 열망을 가지고 있다. 새로운 분야에 도전하고, 배움을 통해 어제보다 성장한 자신을 확인할 때 진정한 동기가 생긴다.

일을 통한 성장이란, 자신의 전문성이 향상되고 실력이 늘었다는 감각이다. 팀원에게 도전적인 프로젝트를 맡기고, 내부 학습 모임에 참여시키는 것만으로도 성장을 유도할 수 있다. 적절한 피드백 역시 팀원을 성장시키는 중요한 도구가 된다. 실무형 팀장은 팀원들에게 실무 역량의 롤 모델이 되어야 한다. 노련한 업무 스킬과 솔선수범하는 태도를 보여주는 그 자체가 교육이다.

그러나 실질적인 성장 못지않게 중요한 것이 있다. 바로 팀장의 내부 마케팅이다. 팀원의 실력을 기회가 있을 때마다 드러내고 칭찬하면, 팀원 입장에서는 자부심이 커지고, 팀에 더 기여하고 싶은 마음이 자연스럽게 생긴다. 내부 마케팅을 잘하는 팀장은 '보이지 않는 동기'를 유발하는 고수다.

지금까지 다양한 내재적 동기 유발 방법과 요소들을 살펴보았다. 여기서 언급한 모든 것을 완벽하게 실천하려 하기보다는, 우리 팀 문화에 맞는 방식을 찾아가는 것이 중요하다. 팀 운영에서 당신이 가장 중요하게 생각하는 원칙은 무엇인가? 팀원이 자율적으로 움직이고 공헌도를 높이는 운영 체계가 중요하다면 '자율경영팀 구축'에 집중해야 한다. 반대로 체계적이고 합리적인 일 처리 방식이 성과와 즐거움을 만든다고 믿는다면, '성과 중심의 업무 설계'에 집중하면 된다.

단지 최신 트렌드라는 이유로 무작정 따라 하는 것은 경계해야 한다. 회식이나 회의를 없애는 것이 유행이라고 해서 우리 팀에도 무조건 적용하는 건 곤란하다. 팀의 상황과 팀원 성향에 따라 오히려 자주 만나고 대화하는 것이 더 나은 방법일 수도 있다. 우리는 유행을 민감하게 좇는 경향이 있다. 팀장도, 팀원도 "요즘 다 그렇게 하더라"라는 말에 휩쓸리기 쉽다.

결국 팀장이 스스로에게 해야 할 가장 중요한 질문은 '나는 어떤 팀을 만들고 싶은가?'이다. 팀의 미션과 전략이 분명해야 적용할 동기 유발 방식도 명확해진다. 무엇보다 지속 가능한 동기부여는, 팀의 방향과 팀원의 바람이 잘 매칭될 때 가능하다.

실무형 팀장을 위한 SUMMARY

- 외재적 동기 요소는 지속 가능하지 못하다.
- 자율성을 부여하면 일에 대한 즐거움이 커지고, 몰입도가 높아진다.
- 외재적 동기 요소와 내재적 동기 요소를 조화롭게 설계해야 한다.
- 내재적 동기는 일에서 느끼는 '즐거움' '자부심' '성장감'에서 비롯된다.
- 팀원들의 지속 가능한 동기 유발을 위해서 팀의 미션과 전략을 분명히 해야 한다.

팀원이 감동하는 커리어 지원

커리어 지원이 중요한 이유

커리어 목표는 일을 대할 때 프로처럼 사고하도록 도와준다. 회사를 넘어서는 큰 커리어 목표 아래에서라면, 회사에서 수행하는 업무도 나의 커리어 포트폴리오가 된다. 커리어 목표와 연결된 일은 개인의 성장에 실질적으로 기여한다. 회사 일이지만, 조직을 위한 일이 아니라 '나를 위한 일'이 되는 셈이다. 이렇게 커리어 목표를 설정하고 그에 부합하는 업무 경험을 쌓아가는 과정은, 개인을 수

동적인 자세에서 벗어나, 프로의 마인드로 업무에 임하게 만든다.

커리어 목표는 팀장이 팀원의 동기를 자극하는 도구가 될 수 있다. 장기적으로 흔들림 없이 동기가 유지되는 팀원은, 자기 일의 의미를 명확히 알고 있으며, 어디를 향해 성장하고 있는지도 분명히 인식하고 있는 사람이다. 팀장이 적절한 커리어 목표를 제시하고, 일 속에서 성장의 기회를 체감하도록 해준다면, 그 팀원은 더욱 적극적으로 팀에 기여할 것이다.

현재 맡은 직무에 만족하지 못하는 팀원에게는 어떤 커리어 목표를 제시해야 할까? 우선은 지금의 직무에서 깊이 있는 경험과 전문성을 쌓는 것이 중요하다는 점을 알려주어야 한다. 하나의 직무에서 일정 수준 이상의 전문성을 확보하면, 이후 다른 영역에서도 해당 전문성을 확장하고 전이할 수 있기 때문이다.

그다음 단계로는 유관 직무로의 확장을 모색하는 방향을 제안할 수 있다. 회사의 업무는 상위 시스템과 하위 시스템으로 복잡하게 연결되어 있으며, 이 구조를 이해하고 연결 지점을 익히려는 노력이 중요하다. 그렇게 되면 업무와 관련된 지식은 점점 더 넓고 촘촘하게 확장된다.

물론 이렇게 준비한다고 해서 회사가 반드시 희망 직무로 배치해 준다는 보장은 없다. 아무리 팀장이라 해도 구성원을 원하는 부서나 역할로 보내주기는 쉽지 않다. 그러나 기회는 예고 없이 찾아오고, '준비된 사람'만이 그 기회를 잡을 수 있다.

회사는 커리어 개발을 제대로 지원하지 못한다

어느 날 회사 후배가 전혀 예상하지 못한 부서로 발령받게 되었다. 팀에 결원이 생겨 어쩔 수 없이 그 자리를 채워야 하는 상황 때문이었다. 그는 평소 커리어 개발에 관심이 많았기에 걱정과 우려가 컸고, 답답한 마음에 잠시 이야기나 나누자며 나를 불렀다.

"너 괜찮겠냐?"

"가기 싫다고 말해봤지만, 제게는 거부권이 없다네요. 어쩔 수 없죠. 일단 경력이나 좀 쌓고 3~4년 뒤에 이직하려고요."

결국 그는 몇 년 지나지 않아 다른 회사로 이직했다. 일에 열정이 가득하고 앞으로의 성장이 기대되었던 후배였기에 아쉬움이 컸다.

최근 직장인들이 가장 중요하게 여기는 요소 중 하나가 바로 '커리어 개발'이다. 그러나 안타깝게도 우리의 조직 운영에서 가장 취약한 부분이 바로 이 커리어 개발이다. 많은 조직이 구성원에게 커리어와 관련된 명확한 방향을 제시하지 못하며, 경력 개발 프로그램(Career Development Program, CDP) 또한 사실상 방치되고 있다.

고도성장기 시절, 우리의 커리어 모델은 관리자 양성을 중심으로 구성되어 있었다. 피라미드 형태의 조직에서는 시간이 흐를수록 더 높은 직급을 부여받고, 결국에는 관리자가 되는 것이 당연하게 여겨졌다. 다양한 직무를 경험하면서 얕고 넓은 지식과 경험을 쌓는 것이 관리자 승진을 위한 필수 조건이었다. 회사가 필요로 하는 일이면 무엇이든 할 수 있는 '멀티 플레이어'가 요구되었고, 관리자가 되면 그에 걸맞은 경제적 보상을 받을 수 있었다. 연봉 인상이라는 당근이 있었기에 직원들도 이를 당연히 받아들였다.

1997년 IMF 외환 위기는 우리 일터의 문화를 송두리째 바꾸어 놓았다. 외환 위기 이후 많은 기업이 서구의 인사 관리 제도를 앞다투어 도입했다. 성과 평가가 강화되었고, 성과급 제도가 도입되었다. 직무를 분석하고 평가해 직무의 가치를 재정의하는 방식이었다. 이처럼 여러 인사 관리 제도가 새로 도입되었지만, 유독 경력 개발 제도는 제대로 자리 잡지 못했다. 이는 우리나라의 경력 관리 문화와 서구식 인사 관리 체계가 충돌하는 지점이 많았기 때문이다.

우리나라에서 개인과 조직의 관계는 서구와 많이 다르다. 우리는 직업을 물을 때 "어느 회사에 다녀요?"라고 묻지만, 서구에서는 "무슨 일을 하세요?" 또는 "직업이 무엇인가요?"라고 묻는다. 서구에서는 직무 중심으로 채용과 고용 계약이 이루어지며, 동일한 회사 내에서도 담당 직무에 따라 연봉이 달라진다. 미리 작성된 직무 기술서(Job description)*에 따라 업무를 수행하고, 직무 기술서에 정의되지 않은 업무를 요청받으면 이를 거부할 수 있다. 업무 범위가 달라지기 때문에 재계약 대상이 되기 때문이다. 특정 직무에 공석이

★ 특정 직무의 특징과 직무에 필요한 요건을 기술한 문서

생기더라도 구성원 간의 동의 없이 회사가 발령을 내릴 수 없고, 대부분 직무 공모제(Job posting)*를 통해 채용 절차처럼 직무 이동이 진행된다. 회사와 구성원은 철저히 쌍방 간의 계약 관계이며, 경력 전환도 회사가 제안하고 직원이 수락하는 방식으로 이루어진다.

이처럼 조직 경영 환경이 전혀 다른 상황에서 서구식 인사 제도를 받아들였기에, 경력 개발 제도는 있으나 마나 한 것이 되었다. 많은 회사에서 인사팀이 형식적으로 마련한 커리어나 경력 개발 프로그램은 서류상에만 존재하며, 실질적으로 운영되지 않는다. 직원들에게는 정해진 시점마다 '경력 개발 계획서'를 작성하라는 공지가 내려오지만, 이 절차가 어떤 의미인지조차 모르는 경우가 허다하다.

최근 회사의 중심세대로 부상한 Z세대는 '커리어 관리'를 가장 중요한 요소로 인식한다. 평생 한 회사에 머물 수 없다고 생각하기 때문에, 가능하면 시장가치가 높고 발전 가능성이 큰 직무를 맡는 것이 유리하다고 판단한다. 신입사원 배치를 앞두고 면담이 반복되고, 좋은 직무를 배정받기 위한 눈치 싸움이 벌어지는 것도 그 때문이다. 이런 상황에서 회사가 일방적으로 직무를 배정하면 구성원은 불만을 품고, 결국 이탈로 이어지게 된다.

---

* 특정 직무에 대해 공개적으로 공고하고, 자격을 갖춘 인재가 자발적으로 지원하도록 해 선발하는 제도

팀장이 팀원의 커리어 개발을
도와줄 수 있다

팀장은 더욱 곤란한 처지에 놓이게 되었다. 회사는 아무런 제도적 지원을 해주지 않지만, 팀장은 혼자서 팀원들의 커리어 관리를 도맡아야 한다. 그렇다고 환경 탓만 하면서 '어쩔 수 없다'고 말하면 오히려 팀원들에게 신뢰만 잃게 된다. 현실의 한계를 인정하되, 그 안에서 팀원이 커리어를 개발할 수 있도록 최선을 다하는 모습을 보여주는 것이 팀원의 신뢰를 높이는 길이다.

우선은 팀 내 업무 난도와 중요도에 따라 내부 커리어 개발 모델을 구성하면, 팀원의 성장 방향을 구체화하는 데 도움이 된다. 반년에 한 번 정도 팀원들과 논의해 업무의 역할과 책임을 다시 정비하고, 팀 커리어 패스를 업데이트한 뒤 이를 공유한다. 우리 팀의 업무 중 유관 부서의 권한을 침해하지 않는 범위에서 확장할 수 있는 일이 있다면, 이를 팀원에게 적극 권장하고 시도해 볼 수 있도록 격려하는 것도 좋다.

내가 몸담고 있는 영업 부서를 예로 들어보겠다. 최근에는 영업 부서에서도 빅데이터 분석을 다루는 일이 많아졌다. 영업 부서라도 다양한 데이터를 수집하고 분석하며, 그로부터 인사이트를 도출하는 능력을 키우면, 데이터 분석 전문가, IT 기반 업무 시스템 설계자, 혹은 새로운 마케팅 영역으로 커리어를 확장할 수 있다.

커리어 면담은 어떻게 진행할까?

실무형 팀장은 관리형 팀장보다 팀원의 세세한 업무를 통제하거나 관리하기 어렵다. 따라서 팀 운영에서 핵심적인 지점을 파악하고 이를 적극적으로 활용할 수 있어야 한다. 특히 커리어 목표 지원과 면담은 팀원의 동기를 유발하고 성장을 도울 수 있는 핵심 수단이다. 팀장은 팀원의 커리어 개발에 관심을 가지고, 면담 스킬을 지속적으로 개발하려는 노력을 기울여야 한다.

커리어 목표를 수립하기 위해서는 우선 팀원의 가치관과 선호를 파악해야 한다. 누구나 빠르게 성장해 전문가가 되기를 원하는 것은 아니다. 안정적인 삶을 꿈꾸는 사람도 있고, 회사 일은 일정 수준까지만 익히고 이후에는 재테크 등으로 새로운 기회를 탐색하려는 사람도 있다. 억지로 커리어 개발을 설득하기보다는, 팀원이 원하는 방향과 속도에 맞추어 커리어 목표를 세울 수 있도록 도와야 한다.

실제로 많은 팀원이 커리어 목표가 없거나 잘 모르겠다고 대답할 수 있다. 이는 어찌 보면 당연한 일이다. 평소 자신의 삶의 목표나 가치 기준에 대해 곰곰이 생각해 볼 기회가 많지 않기 때문이다. 아직 미래를 고민해 볼 만한 계기를 만나지 못한 경우도 있다. 반드시 뚜렷한 목표가 있어야 하는 것은 아니다. 팀장의 역할은 팀원의 강점과 선호를 파악하고 함께 커리어 목표를 찾아가는 데 있다.

우리는 어떤 일을 잘 해냈을 때 기쁨을 느낀다. 내가 선호하는 일, 즉 '좋아하는 일'은 강점 영역일 가능성이 높다. 팀원의 성장 가능성을 품은 강점을 찾아내고, 이를 바탕으로 커리어 목표를 세우는 것이 효과적이다.

먼저 본인이 생각하는 강점을 자유롭게 적어보게 하며 시작한다. 자기를 객관적으로 바라보는 일은 참 쉽지 않다. 그래서 본인의 인식뿐만 아니라 동료와 팀장이 바라본 강점을 함께 수집해 강점 목록을 작성하는 게 좋다. 팀장이 나서서 이 '분석된 강점'을 정리해 주면 팀원에게 더욱 도움이 된다.

또한 커리어 계획의 주춧돌이 되는 커리어 경험을 되돌아보게 하는 것이 중요하다. 면담을 통해 팀원의 과거의 주요 경력을 함께 살펴보자. 어떤 일을 담당했고, 어떤 경험을 쌓았는지, 그 경험을 통해 습득한 역량과 스킬은 무엇이었는지 함께 이야기하다 보면, 개인의 강점이 더욱 뚜렷해지고, 커리어 방향도 자연스럽게 명확해진다.

커리어 면담은 연초에 성과 목표를 수립할 때 함께 진행하면 효과적이다. 팀 회의 시간에 면담의 목적과 기본적인 체계를 공개적으로 안내하되, 실제 면담은 1:1로 진행한다. 면담 자리에서는 먼저 팀원의 이야기를 충분히 듣고 커리어 목표를 함께 검토한 뒤, 팀장이 어떤 지원을 제공할 수 있을지를 논의한다. 특히 팀원이 만족감을 느꼈던 경험이나 의미 있게 여겼던 활동에 대해 질문하면서, 대화 중 발견되는 의미 있는 포인트를 더 깊이 있게 탐색해 나가면 좋다.

커리어 면담 질문 예시

Q1. 지금까지 했던 일 중에서 만족스러웠던 것은 무엇이었나요?
- 어떤 점에서 그렇게 생각했나요?
- 그와 같은 업무를 계속해 보고 싶은가요?
- 이와 연관된 다른 업무도 경험해 보고 싶은가요?

Q2. 아직 경험하지 못했지만 해보고 싶은 일은 무엇인가요?
- 어떤 점에서 끌리나요?
- 새로운 일을 할 때 우려되거나 걱정되는 부분은 무엇인가요?

Q3. 자신의 강점은 무엇이라고 생각하나요?
- 그 강점을 업무 중에 발휘했던 경험이 있었나요?
- 그 강점을 현재 또는 향후에 업무 진행할 때 어떻게 활용할 수 있을까요?

커리어 목표를 이야기할 때는 특정 직무명을 바로 언급하기보다는, 해당 직무에서 팀원이 하고 싶은 역할을 중심으로 이야기하는 것이 좋다.

예를 들어 증권사에서 펀드매니저를 희망하는 팀원이 있다고 해보자. 펀드를 운용하는 팀 내부에는 다양한 세부 역할이 존재한다. 팀원이 단순히 "펀드매니저가 되고 싶어요"라고만 말하면, 팀장이 그의 커리어 목표에 맞추어 어떤 역량을 개발해야 하는지 조언해 주기가 어렵다. 그러므로 구체적으로 희망하는 역할을 이야기하도록 유도해야 한다. 그렇게 해야 팀원이 희망하는 커리어 개발 방향과 현재 팀 내에서의 역할 간 간극을 파악하고, 그 사이를 메울 수 있는 실질적인 경험과 기회를 제안할 수 있다.

팀장이 커리어 개발 전문 상담사도 아닌데 왜 이런 역할까지 맡아야 하느냐고 의문을 가질 수도 있다. 팀장의 역할은 답을 정해주는 일이 아니다. 조력자이자 조언자로서, 팀원이 적절한 커리어 목표를 세우고 실천해 나가도록 돕는 것이다. 전문 상담사조차도 내담자가 스스로 길을 찾을 수 있도록 도와줄 뿐이지, 구체적인 계획과 방법을 정해주지는 않는다. 결국 어떤 커리어를 계획할지는 당사자 스스로 결정해야 하는 일이다.

팀원이 자신에게 맞는 커리어 방향을 발견하고, 그 목표를 실현하기 위해 몰입할 수 있도록 지원한다면 업무 집중도는 물론 전문성도 크게 향상된다. 결국 팀장과 팀원 모두가 윈-윈(Win-Win)하는 결과를 얻을 수 있다.

진정성이 이끄는 팀원의 커리어 성장

'미시적으로는 우연, 거시적으로는 필연'이라는 말이 있다. 짧은 시간 구간에서 보면 마치 모든 일이 우연에 따라 벌어지는 것 같지만,

장기적으로는 꾸준한 노력과 방향 수정이 있었기에 결국 원하는 목표에 도달하게 된다. 커리어 목표야말로 '거시적으로는 필연'이라는 말과 가장 잘 어울린다. 역량을 지속적으로 개발하면, 언젠가는 자신이 원하는 커리어 목표에 도달하게 된다.

존 크럼볼츠(John Krumboltz) 교수의 '계획된 우연성 이론'에 따르면, 개인의 커리어가 철저히 계획만으로 결정되는 것이 아니라, 우연한 사건들이 큰 영향을 미친다고 한다. 즉, 성공한 커리어를 가진 사람 중 80%는 '우연히 만난 기회' 덕분에 커리어의 전환점이 생겼다고 응답했다.*

크럼볼츠 교수는 우연이 성공으로 이어지기 위해 필요한 2가지 노력을 강조한다. 바로 '새로운 시도'와 '업무 스킬 향상'이다. 가만히 있기만 해서는 목표에 도달할 수 없다. 커리어에 도움이 될 만한 사람을 끊임없이 만나고, 새로운 경험을 만들어 내려는 시도가 기회를 만든다. 그리고 그 기회를 붙잡기 위해서는 능동적 태도와 기술이 반드시 필요하다. 커리어 목표를 향해 나아가기 위해서는 다양한 직무 경험을 통해 역량을 계속해서 축적해야 한다.

커리어 면담에서 팀장의 역할은, 조직이 제공할 수 있는 미래의 커리어 비전을 팀원에게 전달하고, 이를 팀원이 원하는 목표와 조율

---

* Mitchell, K. E., Levin, A. S., & Krumboltz, J. D. (1999). *Planned happenstance: Constructing unexpected career opportunities. Journal of Counseling and Development, 77*(2), 115-124.

하는 것이다. 그러기 위해서는 우리 팀과 회사가 어떤 커리어 경험을 제공할 수 있는지를 살펴본다. 그중에서 팀원의 커리어에 실질적인 도움이 될 수 있는 업무가 있는지를 함께 고민하고 이를 맡길 수 있도록 한다.

'우리 회사에는 뚜렷한 비전도 없고, 제대로 된 경력 개발 프로그램도 없다'라고 단정 짓는 것은 금물이다. 국내 최고 규모의 기업이나 해외 유명 기업에서도, 커리어 개발에 만족하지 못하는 사람은 얼마든지 있다. 이는 조직의 문제가 아니라, 리더가 조직의 비전을 어떻게 해석하고 자신의 언어로 풀어내어 팀원에게 전달하느냐에 달린 문제다.

겉보기에는 회사에서 하는 일이 다 비슷해 보일 수 있다. 하지만 자세히 들여다보면, 팀마다 고유의 경험 콘텐츠를 제공할 수 있는 업무가 존재한다. 산업의 특수성에서 비롯된 업무, 대부분의 기업에서 공통적으로 수행하는 업무, 우리 조직만의 문화나 프로세스에서 파생된 유니크한 업무들이 복합적으로 얽혀, 하나의 커리어 조각을 구성한다.

예를 들어 같은 재무팀이라 하더라도 업종에 따라 업무 내용은 크게 달라질 수 있다. 빠르게 성장하는 기업에서는 외부 자본 유치가 중요한 반면, 성숙기에 접어든 기업에서는 이자 비용 절감이 핵심 과제가 된다. 채권의 신용등급 하락에 대응하는 전략 업무는 자본 구조에 문제가 있는 기업에서만 경험할 수 있는 업무 경험이다.

결국 지금의 회사, 지금의 팀에서도 '오직 여기서만 가능한' 특별한 업무 경험을 충분히 찾아낼 수 있다. 그것을 발견할 수 있는가, 아닌가의 차이일 뿐이다. 팀장은 이러한 유니크한 업무 경험을 발굴하고, 이를 팀원의 커리어 성장과 연결해 제안할 수 있어야 한다. 원하는 경험을 하기 위해 특정 부서나 회사로 반드시 이동해야 하는 것은 아니다.

팀장의 이러한 노력에도 불구하고 때때로 커리어 면담이 벽에 부딪히는 순간이 있다. 가장 곤혹스러운 경우는 팀원이 커리어 계획 속에 이직 가능성을 포함하고 있는 것을 알게 되었을 때다. 이때 많은 팀장이 팀원의 진심을 이해하기보다, 당장의 이직을 막는 데 집중한다. 팀원이 왜 그런 결정을 하려는지를 듣기보다는, 팀원이 우리 팀에 남아야 할 이유를 서둘러 말하려 들게 된다. 이처럼 면담이 팀원의 커리어보다 이직 방어에 집중하는 방향으로 흘러가게 되면, 팀원은 이 과정을 단지 형식적인 절차로 인식하게 된다. 즉, 팀원의 커리어에 대한 팀장의 진정성을 못 느끼게 된다.

그래서 나는 필요하다면 팀원의 이직을 염두에 두고도 커리어 면담을 진행했다. 실제로 그 면담 이후 다른 회사로 자리를 옮긴 사람도 있었다. 하지만 중요한 것은 '진정성'이라고 믿는다. 커리어 면담은 팀장이 진심으로 팀원의 성장을 바란다는 메시지를 전달할 수 있어야 한다. 진심이 전해지면, 팀원은 팀장을 신뢰하게 된다. 설령 경쟁사의 제안이 있더라도, 마음이 통하는 팀장과 함께 일하고 싶다는 생각에 지금의 팀에 남기도 한다. 팀장이 다양한 가능성을 열어주는 조언을 한다고 해서, 팀원이 갑자기 사직을 고민하는 일은 일어나지 않는다.

커리어 면담을 할 때는 반드시 팀원의 관점에서 바라보자. '이 팀원에게 정말 도움이 되는 일일까?'를 가장 먼저 떠올려야 한다. '이 친구가 정말 이직하면 어쩌지?'라는 불안은 면담의 질을 떨어뜨릴 뿐이다. 불안을 내려놓고, 팀원의 커리어 조각을 어떻게 더 채워줄 수 있을지에만 집중하자. 그렇게 하면 팀장의 진정성은 반드시 전달된다.

 실무형 팀장을 위한 SUMMARY

- 회사는 직원의 커리어 개발을 도와주지 못한다.
- 팀장은 팀원의 커리어 목표와 일 경험을 연결해 주는 촉진자 역할을 해야 한다.
- 팀원의 커리어를 성장시키는 커리어 면담의 핵심은 '팀장의 진정성'이다.

동료와 함께하는 새로운 인사 관리

팀장에게 요구되는 인사 관리 방식이 바뀌고 있다

최근 팀 관리 방식에 큰 변화가 있다. 이제 팀장은 단순히 팀이 무난하게 돌아가도록 관리 체계를 만들고 운영하는 수준에 머물지 않는다. 기존의 팀장 역할을 넘어, 팀이 더욱 혁신적인 실험에 뛰어들 수 있도록 '도전적인 질문'을 던지는 역할까지 요구받는다. 즉, 팀장은 현재 업무에서 얻은 전문성과 통찰력을 바탕으로 팀이 나아갈 방향을 제시하는 리더로 진화하고 있다.

특히 인사 관리 영역에서 변화가 크다. 이제 인사 관리는 팀장 혼자 전담하는 영역이 아니다. 구성원과 함께하는 방식으로 변화하고 있다. 중간관리자나 팀원에게 권한을 위임하고, 자율적으로 일할 수 있도록 한다. 누구를 채용할지, 어떻게 평가할지, 어떤 방식으로 업무를 배분할지를 팀원들과 함께 고민하고 결정한다. 물론 최종 결정권은 여전히 팀장에게 있지만, 팀원의 의견을 충분히 반영한 의사결정이 이루어진다.

자율적인 분위기가 조성되고 팀원들의 참여가 활발한 팀으로 운영되려면, 첫 만남부터 팀원들에게 신뢰와 기대감을 심어주는 것이 중요하다. 팀원이 우리 부서에 처음 합류하는 순간을 적극적으로 활용해야 한다. 새로운 팀원에게는 팀장이 직접 업무를 안내하고, 우리 팀의 운영 체계와 문화를 자연스럽게 익히도록 돕는다. 누구나 새로운 조직에 빨리 적응하고 싶어 하는 시기가 있기 마련이다. 열린 마음으로 새로운 지식을 가장 많이 흡수할 수 있는 이 시기, 즉 온보딩(Onboarding)* 시기는 해당 팀원을 우리 팀에 맞추어 조율할 수 있는 최고의 기회다.

또한 실무형 팀장에게는 인사 관리에서 빠르게 조처해야 할 우선순위가 있다. 바로 업무 역량이 부족하거나 태도에 문제가 있는

---

* 신규 입사자가 조직에 빠르게 적응하고 성과를 낼 수 있도록 업무에 필요한 지식이나 기술 등을 안내 및 교육하는 과정

C-플레이어 구성원이다.

조직 내 기여도와 역량에 따른 구성원 구분
- A-플레이어: 뛰어난 성과와 역량을 가진 핵심 인재
- B-플레이어: 평균적인 성과를 내는 안정적인 인재
- C-플레이어: 성과가 낮고 태도나 성장 가능성 측면에서 문제 소지가 있는 구성원

자율경영팀일수록 불안 요소가 생겼을 때 조직이 크게 흔들리거나 내부 분열이 발생하기 쉽다. 조직 내에서 어느 정도의 갈등과 마찰은 생기기 마련이다. 겉으로는 문제가 없어 보여도 내부가 곪고 있다면 더 위험하다. 그렇다고 해서 C-플레이어가 팀워크를 해치는 상황을 '자연스러운 현상'으로 넘기는 것은 곤란하다. 자율을 중시하는 팀일수록 태만하게 일하는 구성원은 명확히 제재해야 한다. 그렇지 않으면 태만한 분위기가 다른 팀원에게까지 전염되기 때문이다.

실무형 팀장은 업무량이 많고 늘 시간에 쫓긴다. 하지만 아무리 힘들어도 팀원들의 마음을 얻을 수 있는 결정적인 포인트를 놓쳐서는 안 된다. 특히 마음에 상처를 입은 팀원이나 퇴사자는 실무형 팀장이 가장 놓치기 쉬운 인사 관리의 사각지대다. 그러나 모든 팀원은 팀장이 이들을 어떻게 대하는지를 지켜보고 있다. 이 점을 절대 잊어서는 안 된다.

소그룹 리더를 활용해
두 마리 토끼를 잡는다

앞서 실무형 팀장에게는 소그룹 리더가 필요하다고 말했는데, 이에 대한 실제 사례를 소개하고자 한다.

A 팀장은 팀원 시절 팀 내에서도 손꼽히는 하이 퍼포머였다. 완벽주의 성향이 강했던 그는 맡은 일을 항상 깔끔하게 마무리해서 고객사에서도 최고의 팀원으로 평가받았다. 당연히 남들보다 빠르게 팀장으로 발탁되었다. A 팀장은 팀 관리 역시 그간 자신이 그래왔던 것처럼 완벽하게 해낼 수 있다고 믿었다. 출장 중에도 기차나 택시 안에서 노트북을 손에서 놓지 않았고, 고객사에 파견된 직원까지도 2주에 한 번씩 찾아가 직접 면담할 정도였다. 그는 말 그대로 눈을 뜨고 있는 내내 '좋은 팀장'이 되기 위해 최선을 다했다.

그러다 어느 날부터 눈앞이 캄캄해지면서 정신이 아찔해지는 '블랙아웃(Black-out)' 증상이 나타나기 시작했다. 증상은 점점 심해졌고, 미팅 도중 30분 가까이 멍해지는 일까지 발생했다. 병원에 갔더니, 과도한 스트레스와 강박에 따른 신체 반응이라며 반드시 휴식을 취하라는 진단을 받았다.

결국 A 팀장은 팀원 12명 가운데 선임 2명을 소그룹 리더로 세웠다. 병원 치료 때문에 부득이하게 팀장 업무를 전부 소화할 수 없게 되면서, 팀 운영의 상당 부분을 소그룹 리더에게 위임할 수밖에

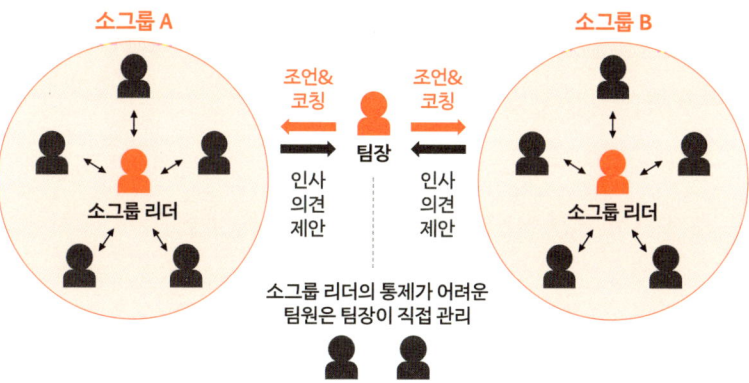

없었다. A 팀장은 리더들을 한자리에 모아 자신의 상황을 솔직하게 공유하고, 각자가 맡아주어야 할 역할을 조율했다.

소그룹 리더 체제로 변화 후 놀랍게도 팀에 긍정적인 변화가 생기기 시작했다. 리더들은 공식적인 직책이나 권한은 없었지만, 책임감을 느끼고 자신이 맡은 그룹의 팀원들을 적극적으로 이끌었다. 팀원들 역시 그간 바쁜 팀장에게 면담이나 결정을 요청하는 것이 부담스러웠는데, 소그룹 리더와는 보다 편하게 소통할 수 있었다. 그 결과 팀 내부의 커뮤니케이션이 활발해졌고, 의사결정 속도도 눈에 띄게 빨라졌다.

소그룹 리더 체제는 이처럼 여러 가지 장점이 있다.

소그룹 리더 체제의 장점

우선 소그룹 리더 본인의 몰입도가 현저히 높아진다. 리더로 선정되었다는 것은 곧 팀장의 신뢰를 받았다는 뜻이며, 스스로 리더로서 자부심과 책임감을 느끼게 된다.

그뿐만 아니라 이들은 미래의 팀장으로 성장할 수 있는 인재이므로, 조직 내 잠재적 리더를 키우는 기회가 된다.

소그룹 리더는 여건상 팀장이 부족할 수밖에 없는 부분을 채워주기도 한다.

리더는 팀장과 팀원 사이에서 다리 역할을 수행한다. 팀장이 바쁘거나 거리감이 있을 때, 리더를 통한다면 팀원들이 보다 수월하게 의사 표현을 할 수 있다.

팀 운영의 무게를 나눌 수 있다는 점에서 소그룹 리더는 팀장에게 심리적으로 큰 도움이 된다. 수많은 리더가 마음을 터놓을 상대 없이 지쳐 나가떨어지는 것이 현실이다. 고민을 나누고 이야기를 털어놓을 수 있는 동료가 있다는 사실만으로도 팀장의 스트레스는 줄어든다.

마지막으로 팀장의 인사 평가에도 도움을 준다. 팀장에게 주어진 가장 큰 짐 중 하나는 바로 인사 평가다. 이 평가에서는 '공정함'과 '공평함'이 무엇보다 중요하다. 하지만 실무에 치이는 팀장은 팀원 각각의 상황을 충분히 파악하지 못한 채 평가를 해야 할 때가 많다. 이럴 때 동료의 의견은 매우 유용하다. 특히 개개인의 업무를 전반적으로 관찰하는 소그룹 리더의 의견은 다른 동료 팀원 의견보다 더 신뢰할 수 있고, 실제 평가에 중요한 참고 자료가 될 수 있다.

소그룹 리더의 의견은 반드시 인사 평가에 반영하는 것이 중요하다. 그래야 소그룹 리더가 자부심과 책임감을 가지게 되기 때문이다.

동료 의견을 참고해 평가한다

최근 혁신 기업을 중심으로 동료 평가에 대한 관심이 높아지고 있다. 구글, 아마존 같은 실리콘밸리(Silicon valley) 기업은 물론, 레고(LEGO)처럼 창의적인 업무 문화를 중시하는 기업들도 동료 평가를 적극적으로 도입하고 있다. 국내에서는 네이버, 카카오 같은 IT 기업들이 가장 먼저 이 제도를 실험해 왔다.

실무형 팀장이라면 이러한 동료 평가 방식을 주목할 필요가 있다. 실무와 팀 관리를 병행하는 팀장이 장시간에 걸쳐 팀원 개개인의 업무를 세세하게 관찰하고, 인사 평가에 필요한 정보를 모두 수집하기란 현실적으로 어렵기 때문이다. 게다가 실무형 팀장은 팀 관리 업무 전반을 중간관리자에게 위임하는 원칙을 따르는 만큼, 인사 평가에서도 중간관리자의 의견을 적절히 반영하는 것이 바람직하다.

그러나 국내 일부 기업에서 시행 중인 동료 평가 제도는 잡음도 있다. 여러 사람으로부터 낮은 평가를 받은 직원은 '왕따를 당했다'며 문제를 제기할 가능성이 있기 때문이다. 아무리 동료들이 객관적으로 평가했다 하더라도 겉보기에 따돌림을 당해 그런 것처럼 보일 수 있다. 심지어 어떤 이들은 동료 평가 제도가 '상호 감시 체계'라며, 독재주의적인 분위기를 낳을 수 있다고 비판한다. 실제로 글로벌 IT 기업에 근무 중인 내 지인은 동료 평가가 상호 감시처럼 느껴져 매우 불편했다고 털어놓기도 했다.

사실 동료 평가는 본래 평가 도구라기보다, 협업 관계 증진과 개인의 발전적 피드백을 위한 도구로 개발되었다. 평가 대상자가 피드백을 받고 싶은 동료를 직접 지정하고, 그 동료가 강점과 함께 일하기에 좋았던 이유를 서술형으로 작성하는 방식이 동료 평가 제도의 기본이다. 그러나 명확한 수치나 등급으로 결과를 보고 싶어 하는 우리의 문화 속에서 동료 평가가 계량형으로 변형되었고 덕분에 오해가 커지게 되었다. 우리나라의 동료 평가는 아직 제도 도입 초기 단계다. 문화적 적합성을 갖춘 형태로 정착되기까지는 다소 시간이 걸릴 것으로 보인다.

기업들이 동료 평가에 주목하는 또 다른 이유는, 관리자 한 사람의 시각만으로는 객관적인 평가가 어렵기 때문이다. 특히 Z세대는 공정하고 객관적인 평가를 매우 중요하게 여긴다. 그러나 여전히 많은 기업이 주관적 평가 방식에서 크게 벗어나지 못하고 있다. 여기서 '주관적 평가'란, 명확한 지표나 기준보다는 팀장의 개인적인 판단, 인상, 기대치 등에 따라 이루어지는 평가를 의미한다. 태도나 가치관처럼 정성적인 영역에서 이러한 주관적 평가가 자주 이루어진다.

실무형 팀장에게는 인사 평가의 객관성과 신뢰를 얻기 위해서 중간관리자인 소그룹 리더나 동료의 의견을 참고해 최종 결정을 내리는 방식이 적절하다. 이 때 평가에 동료 의견이 반영된다는 사실을 사전에 팀원들에게 미리 알려야 한다. 그 자체만으로도 협력과 상호 소통을 중시한다는 메시지를 줄 수 있다.

예를 들어 한 팀원과의 1:1 면담을 앞두고 그와 자주 협업했던 동료 2~3명에게 피드백을 요청할 수 있다. 다만 직접적으로 평가를 요청하는 것은 부담을 줄 수 있으므로 피해야 한다. 대신 사전에 동료의 협업 태도, 강점, 소통 방식, 전문성 등을 묻는 구체적인 질문을 준비해 전달하는 것이 좋다. 질문이 구체적일수록 상대는 편안하게 대답할 수 있다.

여러 번 말했지만 특히 중간관리자인 소그룹 리더의 의견은 반드시 평가에 반영하는 것이 중요하다. 그리고 그 의견이 실제로 반영되었음을 중간관리자가 눈으로 확인할 수 있어야 한다. 그래야만 중간관리자는 자부심과 책임감을 가지게 되며, 동료들 사이에서도 리더로서의 권위를 인정받는 계기가 된다.

실무형 팀장을 위한 SUMMARY

- 팀장이 전담하던 인사 관리가 팀원들이 모두 참여하는 방식으로 바뀌고 있다.
- 소그룹 리더 제도를 활용하면 소그룹 리더의 몰입도와 잠재적 리더십을 키우고, 여건상 실무형 팀장에게 부족할 수 있는 부분을 채워줄 수 있다는 장점이 있다.
- 우리나라에 도입된 동료 평가는 계량적 평가 결과를 원하는 우리나라 문화 특성상 본래 취지와 다르게 인식되기도 한다.
- 평가 대상자의 동료에게는 직접적인 평가 요청이 아닌 평가에 도움이 되는 구체적인 질문을 던져야 한다.

팀워크를 단단히 하는
우리 팀만의 문화 만들기

단단한 팀워크를 위해 팀장이 개입해야 하는 결정적 순간

관계 갈등과 업무 갈등

팀 내 갈등은 크게 2가지로 나눌 수 있다. 하나는 감정적 대립에서 비롯된 '관계 갈등', 다른 하나는 업무 방향이나 방식의 차이에서 생기는 '업무 갈등'이다. 관계 갈등은 구성원 간의 불신, 적대감, 감정 충돌 등이 원인이며, 업무 갈등은 일의 방식, 역할 배분, 의사결정 등을 둘러싸고 의견이 충돌할 때 나타난다.

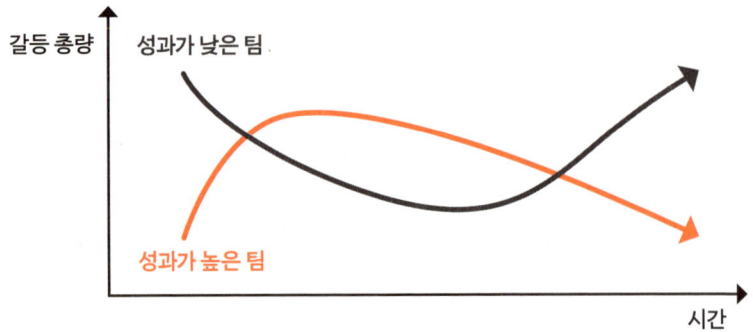

성과가 낮은 팀일수록 겉으로는 평화로워 보인다. 구성원 간에 노골적으로 다투는 경우가 드물고, 갈등이 수면 아래에 잠겨 있기 때문이다. 겉보기에는 무난하게 지내는 것 같지만, 협력은 잘 이루어지지 않고 성과는 지지부진하다. 이는 대개 업무 갈등보다 관계 갈등이 높은 팀에서 볼 수 있는 전형적인 모습이다. 관계 갈등은 겉으로는 눈에 잘 띄지 않지만, 시간이 갈수록 팀의 내부를 곪게 만들어 팀워크 전체를 해친다.

반면 성과가 높은 팀은 갈등이 많아 보일 수 있다. 이는 대부분 더 나은 결과를 내기 위해 서로 자기 주장을 내세우며 부딪히는 과정에서 발생하는 업무 갈등이다. 겉으로는 갈등으로 팀 내부가 시끄러워 보여도, 관계 자체에는 큰 문제가 없기 때문에 이는 '바람직한 갈등'에 해당한다. 이러한 업무 갈등은 시간이 지나며 자연스럽게 정리된다.

정리하면 궁극적으로 팀워크를 방해하는 갈등은 관계 갈등이므로, 실무형 팀장은 관계 갈등이 심화되기 전에 선제적으로 개입해야 한다. 갈등이 본격화된 이후에는 소통을 회복하고 공통의 규칙을 만드는 데 많은 에너지가 소요되며, 때로는 팀장의 노력만으로 해결되지 않을 수도 있다.

단단한 팀워크는 평소에 아무리 노력한다고 해서 무조건 만들어지는 게 아니다. 오히려 중요한 순간에 팀장이 어떤 태도를 보이는지가 팀워크의 성패에 결정적인 영향을 미친다. 이는 일상적인 관계에서도 마찬가지다. 평소에 무뚝뚝하더라도 기념일이나 생일 같은 '결정적 순간'에 최선을 다하면, 상대에게 신뢰를 얻을 수 있다.

팀에서의 결정적인 순간은 예컨대 새로운 팀원이 합류했을 때나 팀원 중 누군가 팀을 떠날 때다. 신변의 변화를 겪는 사람은 심리적으로 불안하고 긴장해 있기 마련이다. 이때 자신을 챙겨주는 사람에게 자연스럽게 신뢰를 느낄 수밖에 없다. 팀장은 이 기회를 활용해 그 팀원을 자신의 편으로 만든다. 그리고 그렇게 팀장의 첫 번째 '팬'이 된 팀원은 자연스럽게 다른 팀원들을 팀장에게 호의적으로 이끌게 된다.

또 하나의 결정적 순간은, 팀원 중 누군가가 '빌런'으로 드러났을 때다. 이때 팀장이 빌런을 어떻게 다루는지 모든 팀원이 조용히 주시하고 있다. 이 상황에서 보여주는 팀장의 판단과 태도는 팀장의 공정성과 원칙을 팀 내에 공표하고, 팀 전체의 분위기를 결정짓는다.

신규 입사자의 첫 한 달 동안은 팀장이 직접 챙기기

신입사원으로 입사하거나 경력사원으로 이직한 후 처음 몇 주 동안은 누구에게나 혼란스럽고 긴장되는 시기다. 모든 것이 낯설고 어색하기 때문에 스트레스 수치도 높을 수밖에 없다. 하지만 한편으로는 새로운 팀장과 동료에게 '환영받는 구성원'이 되고 싶은 마음이 생기는 시기이기도 하다. 이 시기에 새롭게 합류한 팀원은 열린 마음으로 조직의 가치, 업무 방식, 팀 문화를 받아들이기 위해 애쓴다.

회사는 신규 입사자를 위해 OJT(On the Job Training, 직무 내 교육) 같은 다양한 교육 프로그램을 마련해 빠른 정착을 지원한다. 그러나 회사의 교육만으로는 충분하지 않다. 온보딩이 진행되는 동안은 신규 입사자가 우리 팀의 문화를 자연스럽게 내재화하는 초기 적응 기간이며, 이 시기를 팀장이 어떻게 활용하느냐에 따라 팀워크의 성패가 갈릴 수 있다.

입사 초기에는 새로운 정보를 그대로 수용하려는 경향이 강하지만, 시간이 지나면 각자의 방식과 고집이 자리 잡기 시작한다. 따라서 아무리 실무형 팀장이 바쁘더라도, 새로운 팀원이 합류한 첫 한 달은 반드시 직접 온보딩과 OJT에 힘을 쏟아야 한다.

이 시기에는 우리 팀의 비전과 미션, 일하는 방식, 운영 체계를 팀장이 직접 소개해 주는 것이 좋다. 특히 핵심 업무는 업무 지침을 정리해 전달하면 이해도를 높일 수 있다. 보고서 양식이나 문서 스타일, 자주 사용하는 템플릿 등 실무에 꼭 필요한 세부 요소까지 챙겨주면, 새 팀원은 자연스럽게 고마움을 느끼게 된다.

온보딩은 단순한 업무 전달을 넘어 팀장과 새 팀원이 밀접한 관계를 형성할 수 있는 절호의 기회다. 새끼 오리가 처음 본 움직이는 대상을 '어미'로 인식하고 따르는 습성처럼, 신규 팀원은 자신을 처음 도와준 사람을 깊이 신뢰하고 따르게 된다. 팀장은 이 시기를 잘 활용해 새 팀원을 우리 팀의 핵심 멤버로 성장시켜야 한다.

시간적 여유가 부족하더라도, 입사 첫 한 달만 정성을 들이자. 이 시기가 지나면 자율적으로 움직이는 성실한 팀원을 얻을 수 있다. 누구든지 가장 힘든 시기에 손 내밀어 준 사람에게 보답하고 싶은 마음이 생기는 법이다. 직장을 옮기거나 새로운 부서에 배치되는 일은 보기보다 훨씬 큰 스트레스를 수반하는 만큼, 팀원의 혼란스러운 시기에 곁을 지켜준다면 단순한 상사를 넘어 '진짜 리더'로 기억될 것이다.

C-플레이어를 빠르게 식별하고 전략적으로 대응하기

리더십의 핵심은 일관성에 있다. 팀장이 말과 행동을 일관되게 유지하면, 구성원은 리더가 전달하려는 가치를 자연스럽게 받아들인다. 반대로 기준과 방향이 자주 바뀌거나 말과 행동이 다르면, 신뢰는 빠르게 무너진다.

특히 채용, 승진, 권한 위임 등 인사 영역에서의 일관성은 더욱 중요하다. 구성원은 팀장의 인사 결정을 통해 그의 운영 철학을 미루어 짐작하기 때문이다.

실무형 팀장은 '같이 일할 사람'의 경계선을 분명히 정해야 한다. 누구나 좋은 사람만 팀에 들이고 싶겠지만, 현실에서는 그렇지 않다. 원하지 않았던 구성원, 즉 C-플레이어가 팀에 섞이는 경우도 있다.

대부분의 리더는 '좋은 사람'에 대한 기준은 마련해 두지만, '같이 일해서는 안 되는 사람'에 대한 기준은 명확히 정하지 않는다. 그러나 단단한 팀워크와 성과 창출을 위해서는, 함께해야 하는 좋은 사람보다 오히려 '배제해야 하는 사람에 대한 기준'이 먼저 정립되어야 한다.

실무형 팀장은 시간을 확보하고 업무 부담에서 벗어나려면 자율경영팀을 운영해야 한다. 자율경영팀을 운영하게 되면 팀원 한 사람의 영향력이 커지기 때문에, C-플레이어의 존재는 팀 전체를 흔들 수 있다. 냉소는 전염 속도가 매우 빠르다. '저런 사람도 그냥 두는데, 내가 뭐하러 열심히 하나?'라는 생각이 번지면 팀의 열정과 에너지가 급속도로 식을 수 있다.

성과가 낮거나 역량이 부족한 팀원이 있으면, 동료가 그의 몫까지 떠안게 된다. C-플레이어가 해내지 못한 일을 다른 팀원이 메우고, 그로 인해 팀의 전반적인 동기와 협력 분위기가 훼손된다. 큰 사고의 뒷수습까지 맡게 되면, 성실한 구성원일수록 회의감에 빠지기 쉽다.

다만 C-플레이어라도 개선 가능성이 있다면 육성에 힘써본다. 자기 실력에 대해 착각하고 있거나 조직에 불만이 있어 일시적으로 태만한 경우라면, 개선 가능성이 있다.

나의 경험을 말하자면, 우리 팀의 한 팀원이 자신이 꽤 실력자임에도 불구하고 회사에서 충분히 대우받지 못하고 있다고 착각해 일에 소극적이었다. 그래서 나는 그의 강점과 단점을 솔직하게 짚어주고, 개선되지 않는다면 함께할 수 없다고 단호하게 말했다. 이후 책임이 큰 일을 맡기고 지속적으로 피드백을 하자 그의 태도에 큰 변화가 생겼고, 부정적인 자세도 상당히 개선되었다.

여기서 중요한 점은 개선 가능성을 냉정하게 판단해야 한다는 것이다. 많은 팀장이 C-플레이어에게 과도하게 에너지를 쏟는 경향이 있다. 하지만 현실적으로는 이미 잘하고 있는 팀원의 성과를 높이는 것이 C-플레이어의 개선에 힘쓰는 것보다 더 효과적이다. 적은 노력으로 더 큰 성과를 낼 수 있다면, 그 방향에 집중하는 것이 현명하다.

그러므로 개선 가능성이 낮다고 판단되면, 회피 전략을 활용한다. 회피란 C-플레이어에게 최소한의 업무만 맡기면서 팀 전체에 피해가 가지 않도록 위험을 관리하는 방식이다. 다만 회피 전략을 사용하면 그가 '놀고 있는 것처럼' 보일 수 있으므로, 성과와 역량이 부족해 업무가 제한되었다는 점을 당사자를 포함해 모든 팀원에게 명확히 설명한다. 이러한 표현은 해당 당사자에게도 큰 경고가 되며, 동료들도 그 판단의 이유를 이해하게 된다.

이 때 주의할 점이 있다. C-플레이어 본인에게는 아무 말하지 않고 다른 팀원에게만 그 부적절함을 이야기하지 않도록 해야 한다. 이는 '따돌림'으로 오해할 수 있으며, 인격적인 문제로까지 번질 수 있다. 따라서 여러 차례의 피드백과 함께, C-플레이어 본인이 상황을 인지할 수 있도록 하는 과정이 반드시 선행되어야 한다. 경고는 분명히, 책임은 명확하게 전달되어야 한다.

물론 최선의 방법은 인사팀과 협의해 조직 외부로 이동시키는 것이다. 하지만 이는 법적·제도적 제한이 많고, 노사 문제로 이어질 소지가 있으므로 현실적으로는 어려운 방법이다. 그렇기 때문에 실무형 팀장은 냉정한 판단을 바탕으로, 개선 또는 회피 중 전략적 선택을 할 수 있어야 한다.

오프보딩에도
팀장의 진심을 담기

대부분의 조직에서 퇴사자는 '달갑지 않은 존재'다. 우리 문화는 오랫동안 함께한 사람을 최고의 직원으로 여기고, 퇴사자는 마치 조직을 배신한 기회주의자처럼 취급하는 분위기가 있다. 팀장 입장에서도 한창 바쁜 시기에 팀원이 개인적 이유로 회사를 떠난다고 하면, 섭섭한 마음이 든다.

실무와 관리 모두를 병행해야 하는 실무형 팀장은 퇴사자보다 남아 있는 팀원을 먼저 챙겨야 한다고 생각하기 쉽다. 누군가 그만둔다고 하면, 빈자리를 어떻게 채울지를 우선 고민하게 된다. 이 과정에서 퇴사자가 회사를 어떻게 떠나는지, 어떤 감정과 경험을 가지고 떠나는지는 종종 간과한다.

모든 팀원은 잠재적인 퇴사자다. 누구나 언젠가는 회사를 떠날 수 있으며, 구성원은 리더가 퇴사자를 어떻게 대하는지를 유심히 지켜본다. 그리고 자신도 언젠가 같은 입장이 될 수 있다고 생각한다. 즉, 오프보딩(Offboarding)*은 단순한 퇴사 절차가 아니라, 남은 구성원 전체에게 보내는 팀장 리더십의 마지막 신호다.

---

* 직원이 조직을 떠나는 전 과정을 관리하고 지원하는 절차로, 사직서 수리한 뒤에 이어지는 퇴사 절차를 의미하는 게 아니라 퇴사자의 마지막 경험을 종합적으로 지원하는 단계

"우리는 마지막 순간까지 사람을 존중합니다. 그러니 당신도 안심해도 됩니다."

퇴사자는 다시 돌아올 수도 있다. 재입사는 기업 입장에서 매우 매력적인 인재 확보 전략이다. 퇴사자는 이미 우리 회사의 문화와 업무 체계를 잘 이해하고 있어, 적응 기간이 짧고 교육 비용도 적게 든다. 게다가 외부 조직에서 새로운 기술과 경험을 쌓고 돌아오기 때문에, 실질적으로는 한층 더 업그레이드된 인재인 셈이다.

인사 담당자들이 입을 모아 인사 관리에서 가장 쉬워 보이지만 가장 어려운 업무가 '채용'이라고 말한다. 몇 번의 면접만으로 그 사람의 됨됨이를 제대로 알기가 힘들고 수많은 기업이 잘못 뽑은 직원 하나 때문에 골머리를 썩기 때문이다. 그러므로 기업 입장에서는 퇴사자의 재입사는 이러한 리스크를 줄이는 효율적인 인재 확보 전략이다.

우리는 곧 인구 감소 시대에 접어든다. 고령화와 저출산으로 인해 일할 사람을 찾기 어려운 시대가 머지않았다. 그런 시대에는 '어떻게 함께할 것인가'뿐만 아니라 '어떻게 잘 떠나보낼 것인가' 역시 리더십의 중요한 과제가 된다. 기업에 다시 돌아오려는, 혹은 새롭게 입사를 고민하는 인력에게 중요한 판단 기준이 될 수 있기 때문이다.

나 역시 퇴사한 선후배들과 꾸준히 연락을 이어가고 있다. 그들은 회사의 조직 문화를 누구보다 잘 알고 있으며, 외부인의 시선으로 객관적인 조언을 해줄 수 있는 귀중한 조력자다. 내부자들이 미처 인식하지 못하는 조직의 문제점이나 힌트를 건네줄 때도 많기 때문에 퇴사자와의 좋은 관계를 위해 노력하고 있다.

그렇다면 팀장이 퇴사자를 대할 때는 어떻게 해야 할까?

오프보딩 시 팀장이 해야 할 일
- 퇴사 절차와 필요한 서류는 친절하게 챙긴다.
- 환송회와 퇴사 인사 등 작별 행사를 소홀히 하지 않는다.
- 퇴사자가 남기는 말이 팀과 조직을 돌아볼 기회가 될 수 있도록 한다.

넷플릭스(Netflix)에서는 퇴사자가 반드시 '굿바이 메일(Postmortem mail)'을 남기도록 한다. 그 메일에는 재직하는 동안 회사에서 배운 것, 떠나는 이유, 동료에게 전하고 싶은 말 등이 담긴다. 이 글은 남은 직원에게도 깊은 울림을 준다. '나도 이대로 괜찮은가?' '새로운 커리어 목표가 필요한 시점이 아닐까?' 생각하게 되는 것이다. 이처럼 넷플릭스는 오프보딩을 하나의 조직 성장 이벤트로 만든다.

모든 조직이 이처럼 공식화를 할 필요는 없지만, 최소한 퇴사 면담은 성실하게 진행해야 한다. 형식적인 질문에 그치지 말고, 퇴사를 결심한 진짜 이유를 이끌어 내야 한다. 팀장에게는 팀 내부의 문제를 점검하고 개선할 수 있는 절호의 기회다.

'보상이 적어서' '조건이 더 좋아서'라는 말은 대체로 명분일 뿐이다. 실제로 퇴사자의 이야기를 주의 깊게 들어보면, '일에서 의미를 느낄 수 없다' '이 팀에서는 더 이상 성장할 수 없을 것 같다' '동료와의 관계가 어렵다' '성과를 내기 어렵고 성취감이 없다'와 같은 깊은 고민이 담겨 있다.

이러한 퇴사 사유는 다른 팀원들도 겪고 있는 문제일 수 있다. 그리고 팀 운영 체계 개선의 변화가 필요한 시점이라는 신호가 되기도 한다. 그러므로 퇴사자의 마지막 말에 귀 기울이는 일은 곧, 남은 팀의 건강을 지키는 일이다.

 실무형 팀장을 위한 SUMMARY

- 팀 내 갈등에는 관계 갈등과 업무 갈등이 있다.
- 관계 갈등은 팀워크를 해치는 요소이므로 팀장의 선제적으로 개입해 대응해야 한다.
- 신규 입사자의 첫 한 달, 즉 온보딩 기간에는 팀장이 직접 챙기는 게 좋다.
- C-플레이어를 빠르게 식별하고 전략적으로 대응해야 한다.
- 퇴사자는 잠재적 인력 풀이고 퇴사 사유는 팀 건강을 해치는 문제 사유일 수 있다. 그러므로 오프보딩도 팀장이 진심을 담아 직접 챙기는 편이 좋다.

핵심에 집중하는 성과 관리

성과 관리, 왜(Why)에서 출발하라

일을 통해 성과를 내려면 일을 시작하기 전 계획 수립 단계부터 목적과 목표에 집중해야 한다. 하지만 많은 직장인이 신입사원 시절을 지나 몇 년만 지나면 매너리즘에 빠진다. '일을 왜 하는지'는 잊고, 오늘의 할 일을 적은 To Do List를 빠르게 지워나가는 것이 하루의 목표가 되어버린다.

예전에 고객사 영업을 담당하는 팀원들에게 '고객사 방문 횟수'

를 목표로 제시한 팀장이 있었다. 최종 결과보다 중간 지표를 관리하는 편이 통제하기 쉽다는 논리에 따른 것이었다.

그러나 결과는 정반대였다. 직원들은 좋은 평가를 받기 위해 무작정 고객사를 자주 찾았고, 결국 고객사 담당자는 불편함을 호소했다. 우리 회사에 대한 불만도 높아졌다. 방문은 고객사의 문제를 해결해 주기 위한 수단일 뿐인데, 정작 고객의 문제 해결은 뒷전이 된 것이다. 이처럼 잘못된 목표는 오히려 목적을 훼손할 수 있다.

따라서 팀장은 팀원이 목적과 목표에 맞게 일하도록 도와야 한다. 그래야 불필요한 시간과 노력을 핵심 과제에 집중해 성과를 낼 수 있다. 일을 시작하기 전에는 '이 일은 왜 하는 것이고' '이 일의 핵심 고객은 누구인지' '이 업무의 최종 목표는 어떤 것인지' 명확히 제시해 주어야 한다.

물론 처음에는 목적을 인식하고 시작했더라도, 일하다 보면 자잘한 과제에 집중하게 되고 본래 방향에서 멀어지기 쉽다. 그래서 팀장은 중간 보고 시점에 개입해, 지금 하는 일이 본래 목적에 맞게 진행되고 있는지를 점검하고 피드백해야 한다.

도요타의 사례

도요타(Toyota)를 예시로 들어 설명하겠다. 도요타는 핵심 업무에 집중하기 위해 다음과 같이 업무를 3가지로 나누었다.

도요타의 업무 분류

① 핵심 작업: 고객 만족도를 높이고 가치를 직접 창출하는 일
   (예: 고객 면담, 계약 수행 등)
② 부수 작업: 직접 가치를 만들진 않지만, 필요한 일
   (예: 회의, 보고서 작성, 업무 조율 등)
③ 낭비 작업: 가치 생산과 관련성이 낮은 비효율적인 작업

도요타는 업무를 핵심 작업, 부수 작업, 낭비 작업으로 나눈 뒤에 핵심 작업의 비중을 높이고, 낭비 작업은 제거하며, 부수 작업은 효율화하거나 외주화했다. 이로 인해 품질 관리에 더 많은 시간을 확보할 수 있게 되어 불량률은 감소하고 생산성은 상승했다. 업무 경계가 명확해지자 의사결정도 빨라지고 명확해졌다. 그리고 결과적으로 이러한 변화는 결국 비용 구조 개선과 경쟁력 강화로 이어졌다.

성과 관리를 위해서라면 업무 중간중간 지금 내가 하는 일이 위 3가지 중 어디에 해당하는지 생각해 보는 시간이 반드시 필요하다. 핵심 작업이라면 전념하고, 부수 작업이라면 시간을 줄이고, 낭비 작업이라면 제거하는 습관을 들이는 것이다. 팀장은 팀원에게 이런 관점을 꾸준히 알려주고, 업무 점검 시마다 함께 되짚어 보는 피드백이 필요하다. 그리고 개선할 점을 습관화할 수 있도록 해야 한다.

성과 관리란 숫자를 다루는 기술이 아니라, 의미를 붙잡는 태도에서 시작된다.

성과는 업무 프로세스에서 시작된다

새로운 일을 처음 맡게 되면, 일을 하느라 힘든 것보다 '어떻게 할지' 몰라서 고민하고 시간 낭비하는 상황이 더 힘들게 한다.

신입 시절, 나 역시 이런 경험이 많았다. 일의 목적도 방식도 모른 채 당황해하다가, 마감 직전에야 선배에게 도움을 요청했다. 내가 며칠을 고민하던 문제를 선배는 단 몇 분 만에 해결해 주었고, 그 장면은 경이로울 정도였다.

일 잘하는 선배들의 공통점은 자신만의 업무 처리 방식, 곧 업무 프로세스를 가지고 있었다는 것이다. 신입 시절 팀에 정말 일 잘하는 선배 과장이 그랬다. 선배 과장은 기획 업무를 맡을 때면 이슈 정리, 구조화, 자료 조사, 초안 작성, 검토 및 수정 등 몇 단계를 거쳤다. '이 일을 왜 하는가?' '우려되는 문제는 무엇인가?' '가용 자원은 무엇인가?' 등을 스스로 점검한 후, 백지에 개요를 정리하고 이슈를 도식화했다. 그리고 필요한 자료와 통계를 찾았다. 이렇게 기획안 초안을 완성한 후에는 상사의 예상 질문을 정리하고 답을 만들어 수정

안에 반영했다. 이 과정을 반복하면서 그는 후배들보다 훨씬 빠르고 정교하게 기획안을 완성했다. 마치 기획안을 찍어내는 컨베이어 벨트를 가진 것처럼 보였다. 신입 때는 잘 몰랐지만 나중에서야 선배 과장의 일하는 방식이 업무를 프로세스로 만든 것이라는 걸 깨달았다.

업무 프로세스란 '목표를 달성하기 위한 일련의 행동을 정형화된 처리 방식으로 정리한 체계'다. 일을 잘하는 사람은 먼저 프로세스를 만들고, 그다음 팀원들이 아이디어를 더하며 조직 전체의 방식으로 발전시킨다.

좋은 조직이란 누가 맡더라도 일정 수준 이상의 성과가 나오는 구조를 갖춘 조직이다. 그 구조의 핵심이 바로 잘 설계된 프로세스다.

후배들에게 "너만의 일 처리 방식이 있느냐?"라고 물어보면, "왜 그런 게 필요한가요? 그때그때 하면 되는 것 아닌가요?"라고 반문하는 경우가 많다. 하지만 매번 '어떻게 할지'를 처음부터 고민하는 일은 심각한 비효율이다.

프로는 다양한 유형의 업무 프로세스를 미리 준비해 두고, 업무에 맞게 적용하고 조정할 수 있는 사람이다. 새로운 일이라도 프로는 백지 상태에서 시작하지 않는다. 기존 프로세스를 수정하고 최적화하면, 적은 시간과 자원으로도 높은 성과를 낼 수 있다.

물론 환경 변화가 심하고 트렌드가 빠르게 바뀌는 시대에는 유연성과 창의성이 중요하다. 하지만 창의성은 무(無)에서 생기는 것이 아니다. 기존에 축적된 방식에 의문을 던지고, 개선하는 과정에서 창의성이 발현된다. 프로세스는 창의성을 억누르는 틀이 아니라, 창의성이 현실에서 작동하게 만드는 도구다.

현대의 업무는 매우 복잡하다. 예컨대 금융 기업에서 신상품을 개발하기 위해서는 빅데이터, 수식 계산, 자동화 시스템, 각 부서의 전문가 집단 등 수많은 요소가 투입되어야 한다. 이처럼 복합적인 작업을 머리로만 생각해서 처리하는 것은 불가능하다.

그러므로 팀장은 복잡한 업무를 몇 개의 큰 흐름으로 쪼개고, 이를 다시 세부 프로세스로 정리해 가시화해야 한다. 그리고 팀원들이 그 체계를 기반으로 일할 수 있도록 돕는 것이 바로 팀장의 역할이다. 어떤 팀원이 뛰어난 업무 방식을 개발했다면, 그 프로세스를 팀원들과 공유하고 확산할 수 있도록 장려해야 한다. 마지막으로는 팀원의 업무 수행 과정 중 단계별로 문제가 발생한 지점은 없는지 점검하고 피드백하는 것까지 포함된다.

수십 가지 요리를 내놓는 프랑스 레스토랑의 헤드셰프는 보조하는 수셰프들이 요리할 때 일일이 간섭하지 않는다. 그는 레시피를 정리하고, 그 기준에 따라 결과물이 나오는지를 점검한다. 헤드셰프는 가장 책임이 크고 업무 영역도 넓지만, 가장 바쁜 사람은 아니다.

마찬가지로 프로세스를 관리하는 사람, 즉 팀장은 구조를 설계했기에 직접 일하지 않아도 팀 전체를 움직일 수 있다. 일을 대신해 주는 것이 아니라, 잘할 수 있는 구조를 만드는 것. 그것이 바로 '프로세스를 설계하는 팀장의 리더십'이다.

프로세스를 수정하고
또 수정하며 프로가 된다

앞서 말했듯이 업무 프로세스는 한 번 만들고 끝나는 것이 아니다. 반복하고 개선할수록 진가를 발휘한다. 실무형 팀장은 정기적으로 피드백 미팅을 열어 팀원과 함께 프로세스를 돌아본다. 이 피드백 시간에는 어떤 성과가 있었는지, 무엇이 잘되었고, 어떤 지점에서 문제가 발생했는지를 함께 검토한다.

이 과정은 2가지 중요한 목적이 있다. 첫째, 프로세스 자체를 개선하기 위함이다. 핵심 프로세스를 계속 다듬다 보면 더 효율적이고 정교한 방식으로 진화한다. 하나의 프로세스 개선이 다른 업무에도 영향을 주며 조직 전체의 실행력이 높아진다.

둘째, 팀원에게 학습 기회를 제공하는 것이다. 팀장이나 선배가 문제를 어떻게 인식하고 개선 아이디어를 도출하는지를 가까이에서 보며, 문제를 다루는 사고 방식 자체를 배울 수 있다.

특히 실패한 사례에서는 더 큰 배움의 기회를 얻을 수 있다. 실수나 실패는 조직 내에 교훈으로 기록되어야 한다. 대부분은 실패를 빨리 잊고 싶어 하지만, 아픈 기억을 감추기보다 기록으로 남겨야 한다. 이렇게 축적된 실패 데이터는 같은 실수를 반복하지 않도록 도와주는 안전망이 된다. 팀장 개인도 자신의 판단 착오나 의사결정 오류를 정리해 두면 다음 선택에서 더 현명한 리더가 될 수 있다.

회사 안에서는 늘 다양한 경험의 연속이다. 그러나 같은 경험을 하고도 누군가는 성장하고, 누군가는 제자리에 머문다. 이 차이는 '경험을 어떻게 성찰하고 교훈을 뽑아내느냐'에서 생긴다. 팀장은 이 성찰을 조직화할 수 있도록 피드백의 장을 열고, 팀원 간 교훈을 나누는 문화를 만들어야 한다.

정교한 프로세스는 단순히 효율만의 문제가 아니라, 동기 유발에도 중요한 역할을 한다. 누구나 기본적으로 '성과를 내고 싶다'는 의지를 가지고 있다. 하지만 아무리 의지가 있어도 방법을 모르면 실천으로 이어지지 않는다. 누구나 좋은 대학에 가고 싶은 마음이 있다. 공부 잘하는 학생은 자신만의 학습 방법이 있다. 하지만 성적이 좋지 못한 학생은 의지만 있고 구체적인 실천 방법을 알지 못한다. 의지와 방법이 함께 갖추어져야 성과를 낼 수 있다.

프로세스는 그 방법을 구체적으로 제시한다. 우리 팀이 쌓아온 업무 방식과 문제 해결의 노하우가 녹아 있는 프로세스가 있다면, 팀원은 자신이 가야 할 방향을 뚜렷하게 인식할 수 있고, 실행하고 싶은 의욕도 생긴다. 실무형 팀장은 팀원에게 모든 것을 일일이 가르치기보다, '길을 만들고, 그 길을 걷도록 돕는 사람'이다.

실무와 관리까지 해야 해서 시간이 없는 실무형 팀장이 매 순간

일일이 통제할 수는 없다. 그래서 더욱 업무 프로세스를 만들고, 이를 학습 구조로 계속 업그레이드하는 데 최우선순위를 두어야 한다. 팀장이 가지고 있는 정보와 판단 기준을 최대한 공유하고, 팀원들이 자발적으로 보고하고 협업할 수 있도록 투명한 업무 소통 문화를 만든다. 그리고 정기적인 피드백을 통해 프로세스를 살아 있는 학습 구조로 만든다.

이것이야말로 실무형 팀장이 팀원을 프로로 만드는 방법이다. 일하는 방법론을 제시하고, 그 체계를 함께 만들고 성장시키는 팀장. 그것이 오늘날 우리가 지향해야 할 진짜 리더다.

 실무형 팀장을 위한 SUMMARY

- 성과 관리를 위해서 일의 목적과 목표부터 정확히 인지하고 핵심 업무에 집중해야 한다.
- 성과는 정교한 업무 프로세스에서 나온다.
- 업무 프로세스는 끊임없이 피드백하고 업그레이드가 되어야 한다. 그 과정에서 성장한다.
- 시간이 부족한 실무형 팀장은 일하는 방법론을 제시하고 그 체계를 팀원들과 함께 만들고 성장시키는 학습 구조를 만드는 데 최우선순위를 두어야 한다.

케이스별
의사결정 방식

**파레토 법칙을 활용한
의사결정**

팀장의 일 중 가장 중요한 것은 '결정하는 일'이다. 의외로 팀장들이 결정을 어려워한다. 내 결정의 결과가 팀 성과와 직접 연결된다는 부담감 때문이다.

　팀원들이 가장 기피하는 팀장 유형은 우유부단해서 쉽게 결정을 내리지 못하는 팀장이다. 특히 실무형 팀장에게 우유부단함은 최악이다. 실무형 팀장은 빠르고 효율적으로 일을 처리해야 한다. 결정하지 못해서 여러 번 다시 들여다본다면 시간과 노력을 낭비하게 된다.

사실 그럴 수밖에 없는 이유가 있다. 상당수는 어떻게 의사결정을 내리는지 그 방법을 제대로 배우지 못했다. 그래서 어깨 너머로 지켜본 이전 팀장의 방법을 그대로 따라 한다.

그렇다면 팀장은 어떻게 의사결정을 해야 가장 최선의 대안을 선택할 수 있을까?

의사결정 방식과 적용 기준

의사결정 방식은 결정의 주체에 따라 단독 결정, 다수결 결정, 합의 결정 방식이 있다. 결정이 필요한 사안의 80%는 팀장이 단독으로 결정해야 할 사항이다. 업무의 80% 정도는 그다지 중요하지 않거나 시급하지 않은 결정에 해당한다. 이렇게 위험성이 낮은 결정은 되도록 빠르게 팀장 혼자 하는 편이 효과적이다.

인사와 관련된 사안이라면 다수결이나 합의보다는 팀장이 단독으로 결정하는 편이 낫다. 인사는 민감한 사안일 뿐 아니라 개인 성향 차이나 보안 문제로 인해 공개적인 논의로 결론을 내리기 어렵다.

결정 방식까지 매번 고민하다 보면 또 다른 '결정 피로'에 빠지게 된다. 따라서 안건 유형에 따라 어떤 방식으로 결정할지를 미리 정해두는 것이 좋다. 의사결정의 자동화를 위한 일종의 '매뉴얼'을

의사결정 방식과 적용 기준

구분	적용 기준	주요 사례
단독 결정	• 전략적 방향 설정이 필요한 사안 • 긴급한 판단이 필요한 사안 • 민감하고 비공개가 필요한 사안 • 위험성이 낮은 사안	• 조직 전략 결정 • 인사 이동, 평가, 징계 • 위기 대응, 사고 처리 • 5천만 원 이하 예산 집행
다수결 결정	• 구성원의 선호나 취향이 반영되는 사안 • 팀 문화 및 운영 방식과 관련된 사안 • 상대적으로 가볍고 신속한 합의가 필요한 사안	• 회의 방식 결정 • 워크숍 주제 선정 • 캠페인 슬로건 • 기획안 우선순위
합의 결정	• 결과가 팀 전체에 영향을 미치는 중요한 사안 • 창의적이고 다양한 관점이 필요한 사안 • 조직 분위기나 협업 방식과 직결된 사안	• 협업 방식 설정 • 소통 도구 선정 • 신규 서비스 아이디어 • 마케팅 프로모션 • 5천만 원 초과 예산 집행

만드는 셈이다.

또한 예산 관련 안건이라면 금액 기준으로 결정 방식을 구분하는 것도 좋은 방식이다. 예산이 5천만 원 이하라면 팀장이 신속하게 단독 결정하고, 그 이상인 경우에는 팀 내 합의를 통해 결정하는 방식으로 정해두면 효율적이다. 예산 규모는 곧 위험성과 직결되는 경우가 많기 때문에 예산 규모가 클수록 신중하게 결정할 필요가 있다.

80%는 팀장이 빠르게 결정한다

앞서 의사결정이 필요한 사안 중 80%는 팀장이 되도록 '빠르게' '혼자' 결정하는 게 좋다고 말했다. 왜 '빠르게' 결정하는 게 좋을까? 사람들은 대개 신중하게 오래 고민할수록 더 나은 결정을 내릴 수 있다고 믿는다. 하지만 정말 오랫동안 고민한 결정이 더 좋은 성과를 가져다 줄까? 아니면 결정 시간과 결과의 질은 전혀 관계가 없는 걸까?

빠른 의사결정이 필요한 이유

의사결정을 끊임없이 반복해야 하는 게임이 있다. 바로 체스, 바둑, 장기처럼 다양한 전략과 전술로 상대를 제압해야 하는 게임이다. 체스와 바둑, 장기는 모두 전쟁을 모티브로 한 게임이다. 그만큼 매 순간의 결정이 최종 승패를 가른다.

심리학자들이 체스 선수들의 판단 과정을 분석한 결과, 흥미로운 현상이 관찰되었다. 몇 초 동안 고민한 수와 오랜 시간 고민한 수가 80~90% 동일했다.* 아무리 오래 머리를 쥐어짜도, 열에 아홉은

---

* ① de Groot, A. D., 『Thought and Choice in Chess: An Analysis of Chess Thinking』, 1965
② Calderwood, R., Klein, G. A., & Crandall, B. W. (1988). Time pressure, skill, and move quality in chess. *The American Journal of Psychology, 101*(4), 481-493.

결국 같은 수를 둔다는 뜻이다. 시간만 끈다고 더 좋은 결정이 나오는 것은 아니다.

빠른 의사결정에는 또 다른 장점이 있다. 팀장이 신속하게 결정하면 팀원 입장에서는 자신이 직접 결정한 것과 큰 차이를 느끼지 않는다. 혼자 일할 때는 곧바로 의사결정하고 실행에 옮기지만, 팀에서는 팀장의 판단을 기다리는 리드 타임(Lead time)*이 발생한다. 팀장이 빠르게 결정해 이 리드 타임을 없애면, 팀원은 더 자율적이고 민첩하게 일할 수 있다. 빠른 결정의 핵심은 바로 이 '리드 타임 제거'에 있다.

우리 팀에 가장 적합한 결정 기준 만들기

의사결정에 지나치게 많은 시간을 사용하는 팀장에게는 공통점이 있다. 바로 결정 기준이 없다는 것이다. 매번 새로운 고민을 반복하니 결정 시간이 길어지고, 기다리는 팀원도 지친다.

물론 어떤 상황에서도 적용 가능한 절대적인 기준은 없다. 팀장의 성향과 가치관, 팀의 특성에 맞는 기준을 세우는 것이 중요하다. 만약 나만의 기준을 만들기 어렵다면, 주변 팀장들을 관찰하고 참고해 보자. 나의 경험상 팀장의 의사결정 스타일은 5가지 유형으로 나뉜다.

---

* 결과가 나오기까지 걸리는 시간

팀장의 의사결정 스타일

- 미래 성장형: 팀의 미래 역량을 키우기 위해 실험과 배움을 중요시한다.
- 수익 추구형: 기업의 목적은 이익 창출에 있다고 보고, 수익 극대화와 비용 절감을 우선한다.
- 민주형: 팀원의 의견 반영을 중요하게 여기며, 수평적 리더십을 추구한다.
- 돌격대장형: 상사의 지시를 최우선으로 따르며, 위계질서 유지를 중시한다.
- 속전속결형: '최선의 결정은 없다'고 보고, 빠른 결정과 실행 속도를 중시한다.

언뜻 보기엔 미래 성장형이나 민주형이 더 바람직해 보이고, 수익 추구형이나 돌격대장형은 피해야 할 것처럼 느껴질 수도 있다. 그러나 현실에서는 수익과 비용을 중심으로 판단하는 팀장이 훨씬 많다. 실제로 수익성이 회사의 평가 기준인 경우가 많기 때문에, 수익 추구형은 조직의 목표에 가장 부합하는 방식일 수도 있다.

결국 중요한 것은 '겉보기에 좋아 보이는 기준'이 아니라, 우리 팀에 가장 적합한 결정 기준이 무엇인가를 고민하고 찾는 것이다. 조직 철학, 업무 성격, 팀 구성원 특성 등을 고려해서 신중히 선택해야 한다.

빠른 의사결정 시 주의할 점

단독 결정을 한다고 해서 팀원들의 의견을 무시하거나 독단적으로 행동하라는 뜻은 아니다. 다양한 의견을 듣고, 여러 대안을 검토한 뒤, 최종 결정만 팀장이 책임진다는 원칙이다. 최종 결정권자를 명확히 해두는 것만으로도 빠르고 명쾌한 결정이 가능해진다.

다만 이 때 주의할 점이 있다. 단독으로 빠르게 결정하는 것처럼 보이지만, 그 결정 뒤에 낭비가 숨어 있는 경우도 많다. 팀장은 자신의 결정이 팀원에게 어떤 영향을 주는지를 항상 돌아봐야 한다.

팀장의 결정을 뒷받침하기 위해 팀원은 자료 조사를 하고, 보기 좋게 보고서를 만들고, 보고서의 표현을 상사 취향에 맞추어서 고치며, 질문에 대비하기까지 한다. 이 모든 과정은 팀원에게 불필요한 업무 부담을 주고, 팀장의 결정 속도를 늦추는 원인이 된다. 단지 최종 결정만 빨리 내렸다고 해서 '빠른 결정'을 했다고 착각해서는 안 된다.

이 문제를 줄이려면 의사결정 시에 팀장은 말과 행동으로 일관된 기준을 보여야 하고, 팀원은 그 기준에 맞추어 스스로 먼저 움직일 수 있어야 한다. 눈빛만 봐도 손발이 척척 맞는 팀은, 결국 정해진 기준을 바탕으로 효율적으로 작동하는 팀이다.

또한 일단 결정했으면 되도록 번복하지 않는 것이 중요하다. 결정 이후 팀원이 팀장의 결정에 공감하지 못해서 다른 판단을 요청한다면, 불필요한 시간이 낭비되고 실행하는 데 추진력이 약해진다.

또한 팀장이 자신 없는 태도로 이미 내린 결정을 다시 합의로 재결정하기를 반복하면, 구성원은 더 이상 팀장의 결정을 신뢰하지 않게 된다.

결정은 끝이 아니라 시작이다. 결정을 내렸다고 팀장의 역할이 끝난 것은 아니다. 그 결정이 어떻게 실행되고, 실제 어떤 결과로 이어졌는지를 살피는 것이 더 중요하다. 결정은 허술했지만 실행을 치밀하게 해서 성과를 낸 팀도 많다. 실무형 팀장에게 결정은 실행을 위한 첫걸음임을 잊지 말자.

20%는 함께 결정한다

서던캘리포니아대학교(University of Southern California)의 에릭 아니시치(Eric Anicich) 교수팀은 약 3만 명의 등반팀을 분석한 연구를 통해 흥미로운 사실을 발견했다. 권위적인 리더가 이끄는 경직된 팀일수록 재난 대응 능력이 떨어진다는 것이다.

산에서는 시시각각 날씨가 바뀌고, 강풍이 몰아치며, 때로는 산사태가 발생하거나 동료가 조난되는 등 예측 불가능한 상황이 잇따른다. 이런 변화무쌍한 환경에서는 구성원의 역량이 총동원되어야 한다. 그러나 경직된 팀은 이러한 문제를 감지해도, 확신이 들기 전까지는 리더에게 알리지 않는 경향이 컸다. 결국 이런 팀은 재난을 극복하지 못했다.*

이런 현상이 발생한 이유는 그동안 리더가 모든 결정을 내려왔기 때문이다. 어떤 의견을 제안해도 리더는 팀원의 의견을 무시하고 자기 판단대로 결정을 내린다. 이러한 일이 반복되면 팀원은 문제를 발견해도 입을 열지 않게 된다. 꼭 필요한 정보조차 리더에게 전달되지 못한다. 재난과 같이 빠르고 정확한 판단이 필요한 순간에는 적정한 수준의 정보가 필수적이다. 이 정보를 바탕으로 최적의 의사결정을 내려야 한다. 그래야만 상황 인식이 제대로 이루어지고, 팀의 집단 지성이 발휘될 수 있다.

함께 결정해야 하는 이유

팀원과 함께 의사결정을 해야 하는 이유는 보다 나은 결정을 내리기 위해서다.

한 사람이 동시에 처리할 수 있는 정보의 양은 생각보다 많지 않다. 작업 기억(Working memory)은 뇌의 '임시 메모장'에 해당한다.

---

* Anicich, E. M., Swaab, R. I., & Galinsky, A. D. (2015). Hierarchical cultural values predict success and mortality in high-stakes teams. *Proceedings of the National Academy of Sciences of the United States of America, 112*(5), 1338-1343.

뇌는 정보가 너무 많으면 한 번에 소화하지 못하기 때문에, 일부만 작업 기억에 담아 바로 사용하고, 나머지는 장기 기억이라는 깊은 창고에 저장해 둔다. 장기 기억은 바로 꺼내 쓰기 어려워 연상 작용이나 연결된 단서가 필요하다.

즉, 우리는 다양한 정보를 고려해서 판단하는 것처럼 보이지만, 실제로는 3~5개의 정보 덩어리에 기반한 제한된 판단일 수밖에 없다. 그러므로 복잡한 사안일수록 여러 사람이 함께 참여해 다양한 가능성과 리스크를 점검하는 것이 더 현명하다.

또한 팀장은 핵심 결정을 계속 혼자 내리며 느끼는 정신적 피로에서 벗어날 수 있다. 누구나 결정을 부담스러워하고, 실패할까 두려워한다. 이럴 때 팀원들과 함께 의사결정하면 심리적 안정감과 통찰을 제공해 준다.

함께 결정하게 되면 구성원의 공감과 실행력을 이끌어 내기 쉽다는 장점도 있다. 리더가 혼자 내린 결정보다 함께 고민한 결정은 훨씬 강한 동기와 몰입을 만든다.

사람들에게는 기본적인 성취 욕구가 있다. 그래서 더 좋은 방법을 스스로 끊임없이 고민한다. 이렇게 열심히 준비한 의견이 반영되지 않으면 일에 대한 의욕도 사라진다. 반대로 내 의견이 팀의 방향성을 정하는 데에 반영된다면 책임감과 주인의식이 생긴다.

그래서 팀의 규칙이나 장기 전략을 세울 때는 구성원의 의견을 반영해 함께 결정하는 것이 중요하다. 이는 개인의 일하는 방식에 직접 영향을 미치기 때문에 마땅히 당사자에게 선택권을 부여해야 한다.

대개 한번 전략을 정하면 바꾸기를 꺼려한다. 하지만 최근에는 전략의 정밀함보다는 유연함이 더 중요해졌다. 환경은 빠르게 바뀌고, 우연이 성과를 좌우하는 일이 많아졌기 때문이다. 변화에 맞추어 유연하고 탄력적인 전략을 함께 수립하는 것이 더욱 중요해졌다. 장기 전략을 세울 때는 팀원과 머리를 맞대어 보자.

의사결정 기준과 우선순위 정하기

그렇다면 팀원들과 함께하는 의사결정 방법으로 브레인스토밍(Brainstorming)은 어떨까? 브레인스토밍은 창의적인 대안을 찾기 위해 제한 없이 아이디어를 쏟아내는 방식이다. 아직 문제 해결 방안이 명확하지 않은 초기 단계에 활용하기 좋은 방식이다. 반면 이미 몇 가지 해결 방안이 나와 있거나 시간이 충분하지 않다면 다른 방법이 더 나을 수도 있다. 브레인스토밍은 다양한 대안을 이끌어 낼 수 있지만, 그만큼 검토 시간도 많이 걸리고, 대안이 지나치게 많아질 경우 오히려 결정이 더 어려워질 수 있다.

따라서 대안을 체계적으로 고르려면 먼저 결정 기준을 설정하고 우선순위를 정하는 작업이 선행되어야 한다. 일반적으로 기준은 2~3가지 정도가 적절하다. 기준이 하나만 있으면 판단이 편협해질 수 있고, 반대로 기준이 너무 많으면 중심을 잡기 어렵다. 특히 흑백 논리가 아닌 다차원적 판단이 필요한 결정일수록 적당한 가짓수의 기준이 필요하다. 기준을 정한 뒤에는 각 기준 간 우선순위도 명확히 설정해 두는 것이 중요하다. 1순위 기준으로 결론이 나지 않을 때는 그다음 기준으로 판단을 이어가면 된다.

실제로 내가 인사 정보 시스템 업체를 선정할 때도 이러한 방식을 활용했다. 우리는 '시스템의 확장성, 추출 정보의 다양성, 개발 비용' 이렇게 3가지 기준을 설정했다. 그리고 확장성 → 정보 다양성 → 비용순으로 우선순위를 정했다.

당시 회사는 인사 제도를 지속적으로 업그레이드하던 시기였다. 언제든 새로운 제도가 도입될 수 있었기 때문에, 그 변화에 맞추어 시스템을 유연하게 개선할 수 있어야 한다는 점이 가장 중요했다. 그래서 '확장성'을 1순위로 둔 것이다.

저명한 글로벌 IT 기업부터 국내의 유망한 신생 기업까지 총 6개의 기업이 지원했다. 사용자 인터페이스가 탁월한 회사, 구축 속도가 월등히 빠른 회사, 가격이 매우 저렴한 회사 등 각자의 강점이 뚜렷했다. 만약 우리가 업체 선정 기준과 우선순위를 설정하지 않았다면, 각 장점을 두고 장시간 고민해야 했을 것이다. 그러나 우리는 사전에 기준과 우선순위를 정해두었기 때문에 신속하게 개발사를 선택할 수 있었고, 정해진 납기 안에 프로젝트를 무사히 마칠 수 있었다.

팀원들이 모두 참여한다면 의사결정하는 데 시간이 많이 걸릴

거 같지만, 이처럼 명확한 선택 기준이 있으면 여러 사람이 참여하는 결정이라도 신속하게 진행할 수 있다. 즉, 잘 설계된 결정 체계는 공정하고 합리적이며, 신속한 결정을 가능하게 한다.

함께 결정할 때 주의할 점

하지만 팀원과 함께 결정할 때 반드시 기억해야 할 것이 있다. 의사결정 과정은 좋은 결론을 내기 위한 절차이기도 하지만, 구성원을 배려하는 과정이기도 하다. 다수의 의견을 채택하는 과정에서 소수의 의견은 받아들여지지 않을 수 있다. 자신의 의견에 자부심을 가진 팀원이라면 마음이 상할 수도 있다. 그래서 팀장은 충분히 팀원들의 의견을 듣고 중간 과정에 반영하려는 노력을 해야 한다. 설사 자신의 의견이 채택되지 않더라도 '내 말이 전달되었다'는 느낌이 들도록 배려해야 한다. 그래야 다음에도 계속 의견을 낼 수 있고, 의사결정 과정에 적극적으로 참여하려는 동기 역시 유지된다.

바쁜 실무형 팀장 입장에서는 빠르게 결정하고 다음 일로 넘어가고 싶을 수 있다. 하지만 중요한 20%의 결정은 팀원과 반복적으로 함께해야 하는 일이다. 의견을 말하는 팀원 하나하나를 중요한 의사결정 파트너로 여기고, 그들의 말을 경청하는 노력이 필요하다. 내 의견을 리더가 받아들여 준다고 느끼는 순간, 구성원의 마음이 리더를 향하게 된다.

팀의 특성에 따른 의사결정 방법

지금까지 제안한 방법은 일반적인 팀에 적용할 수 있는 방법이다. 팀의 특성에 따라 어떤 방법이 더 좋을지 선택하면 좋다.

크기가 작거나 소규모 단위로 협력하는 팀은 소그룹 단위로 합의하는 방법이 좋다. 개인이 단독으로 일하는 비중이 큰 팀은 개인에게 결정 권한을 위임하는 편이 좋다. 반대로 팀원 전체가 협력해서 일하는 비중이 높다면 팀장이 개입해서 결정을 내려주는 게 좋을 수 있다.

구체적으로 소규모 단위로 협력이 자주 이루어지는 팀이라면 함께 협력하는 소그룹끼리 합의를 통해 의사결정하도록 권한을 부여하는 편이 좋다. 최근에는 팀 내에서 작은 규모로 다양한 프로젝트를 진행하는 모습이 늘고 있다. 이런 프로젝트팀은 자기들끼리 합의해 결론을 내리고 이것을 다시 프로젝트에 반영하도록 한다. 프로젝트팀이 3~4명 정도로 규모가 작으면 전체 합의로 결론을 내리고, 그보다 규모가 크다면 몇 가지 선택안을 마련하고 다수결에 의해 결정을 내린다.

팀원 개개인의 전문성이 중요하고 개인으로 일하는 팀은 각자가 스스로 판단을 내려도 된다. 필요할 때마다 팀장과 상의하거나 회의를 여는 건 비효율적이다. 팀원이 스스로 결정하면서 일을 마무리하고 성과를 만들어 내면 된다. 보험 회사 영업팀이 좋은 사례다. 영업 사원들은 고객의 상황과 의견에 따라 그때그때 판단을 내려야 일이 진행된다. 혼자서 결정하고 빠르게 추진하는 편이 영업 실적을 올리는 데 효과적이다.

복잡한 IT 시스템 개발 업무는 여러 팀원과 이해관계자가 복잡하게 얽혀 있다. 그래서 구성원 간 협력이 필요한 일이 많고 이 과정에서 의사결정이 필요한 빈도가 높아짐에 따라 의견 다툼도 많아진다. 이럴 때는 그때마다 팀장이 개입해서 명쾌한 답을 주는 편이 낫다. 그래야 혼란이 커지지 않는다.

 실무형 팀장을 위한 SUMMARY

- 의사결정은 모든 리더의 본질적인 책무이며 최선의 결정을 빠르게 해야 한다.
- 의사결정 방식에는 단독 결정, 다수결 결정, 합의 결정이 있다.
- 의사결정이 필요한 사안의 80%는 팀장이 빠르게 결정하는 편이 좋다.
- 의사결정이 필요한 사안의 20%는 함께 결정하는 편이 좋다.
- 의사결정 시에는 반드시 명확한 결정 기준과 그 기준을 적용할 우선순위를 세워야 한다.
- 팀의 특성에 따라 적절한 의사결정 방식은 다르다.

팀원의
성장, 성장, 성장

"성과가 더 중요한데 자꾸 먼 미래 이야기인 교육을 언급하면 안 돼. 팀원의 성과 집중력이 떨어질 수도 있잖아. 성장은 개인이 알아서 챙겨야지. 팀장은 개인보다는 팀 전체를 관리하는 게 중요하지."

팀원의 성장을 어떻게 도와야 할지 고민하며 선배 팀장에게 상담을 청했다가 들은 말이다. 선배 팀장은 자신은 성과만 강조하지, 성장에는 관심이 없다고 딱 잘라 말했다. 성장 이야기를 꺼내면 팀 분위기가 느슨해지고, 실적이 떨어질까 두렵다는 것이 이유였다.

틀린 말은 아니다. 그러나 성장의 중요성을 믿는 나로서는 선배 팀장의 조언을 선뜻 받아들이기 어려웠다. 나중에 알게 된 사실이지만, 그 선배 팀장은 팀원들이 함께 일하길 원치 않는 팀장이었다. 성과만 낸다면 다른 건 상관없는 팀장으로 비추어졌나 보다.

실무형 팀장은 '팀원의 성장'을 반드시 잘 다루어야 한다. 성장에 무관심하고 성과만 강조하면, 팀원은 팀장을 신뢰하지 않는다. 당장의 실적을 위해 팀원을 '갈아 넣는' 리더라는 인식만 남게 된다. 팀원의 미래에 관심이 없는 팀장을 과연 믿고 따를 수 있을까?

성장은 실무형 팀장의 문제 해결사다

어떤 팀장은 성과 관리만으로도 벅찬데, 팀원의 성장까지 챙기는 건 무리라고 생각할지도 모른다. 하지만 그건 오해다. 성장은 실무형 팀장의 문제 해결사다. 팀원의 성장은 팀에서 발생하는 다양한 문제를 한꺼번에 해결해 주기도 한다.

팀원의 성장이 팀 운영에 미치는 효과
- 업무 스트레스를 줄인다.
- 동기를 크게 높인다.
- 성장이 전염되어, 팀 전체의 실력이 좋아진다.

먼저, 성장하고 있다는 실감만으로도 스트레스가 줄어든다.

링크드인(LinkedIn)이 2018년에 발표한 연구에 따르면, 학습에 시간을 쓰는 직장인은 스트레스 수준이 낮은 경향이 있다. 어려운 상황을 배움의 기회로 받아들이기 때문이다. 배우는 사람은 학습을 통해 자신이 더 나은 커리어를 가질 가능성이 높다고 믿고, 업무에 대한 자신감도 강하다. 그리고 문제를 만나도 당당하게 대처한다.

앞에서 자율성은 팀원의 동기를 유발한다고 했다. 성장은 자율성보다 더욱 강력한 동기부여 요소가 된다. 자율성이 단기적인 어려움을 이겨내는 힘이라면, 성장은 장기적인 위기를 견디는 힘이기 때문이다.

예를 들어 성과 압박이 심한 업무를 맡거나, 관계 갈등이 클 때가 있다. 이 시기를 잘 넘기지 못하면 결국 이직하거나 퇴사하게 된다. 이럴 때 팀장은 무엇을 해줄 수 있을까? 대부분의 팀장은 이렇게 말한다.

"그래도 먹고살아야 하잖아. 버티다 보면 좋은 날이 와."

물론 버티는 것도 하나의 방법이다. 그러나 성장을 통해 이겨내도록 돕는 것이 훨씬 좋은 해법이다. 지금 겪는 모든 상황이 팀원의 커리어를 성장시키는 데 밑거름이 될 수 있도록 이끌어 주는 것이다.

더 나아가 팀원 개인의 성장은 팀원 간의 '성장 전염'을 일으킨다. 팀원은 각자의 업무 속에서 배움을 얻는다. 이 경험을 팀원 간에 나누면, 서로가 서로의 멘토가 된다. 1명이 배운 것을 이야기하고, 다른 팀원이 그것을 실천해 보면서 다시 자신만의 통찰을 얻게 된다. 이 과정을 반복하면서 팀 전체의 학습 속도가 빨라진다.

협업 과정에서도 자연스럽게 배움이 이루어진다. 동료와 함께 일하다 보면 자신의 지식, 맥락 읽는 방식, 문제 해결 관점을 공유하게 되고, 이것이 또 다른 동료의 성장을 유도한다.

이렇게 성장은 팀원 사이에서 전염되고, 전염된 성장은 다시 성과로 돌아온다. 팀장이 할 일은 바로 이 '배움의 접점'을 만들어 주는 것이다. 협업 기회를 늘리고, 공동 프로젝트를 설계하고, 성과가 난 뒤에는 반드시 성찰의 시간을 가지도록 하자. 이런 과정에서 팀워크는 더욱 좋아지고, 팀원은 스스로의 성장을 실감하며 동기를 얻는다. 그 결과, 팀 전체의 실력이 올라간다.

이처럼 팀원의 성장은 실무형 팀장의 진짜 문제 해결사다. 그렇다면 이 성장을 팀장은 어떻게 다룰 수 있을까?

팀원의 성장은 '일을 어떻게 맡기느냐'에서 시작된다

중학교 시절 체육 선생님이 수업 중에 흥미로운 질문을 던졌다.

"무예를 수련한 유단자와 길거리 싸움으로 잔뼈가 굵은 스트리트 파이터가 있다. 이 둘이 이종 격투기로 맞붙는다면 누가 유리할까?"

물론 개인의 훈련 정도에 따라 결과는 달라지겠지만, 훈련 시간이 같다면 스트리트 파이터 쪽이 이길 확률이 높다고 선생님은 설명했다. 이론도 물론 중요하지만, 결국 몸으로 익혀야 실력이 쌓인다는 점을 강조하기 위한 질문이었다.

일도 마찬가지다. 자격증이나 MBA(Master of Business Administration, 경영학 석사) 과정을 통해 이론적 기초는 쌓을 수 있다. 하지만 실전에서의 실력은 경험의 양과 비례한다. 현장은 복잡하고 상황은 수차례 바뀌는 탓에 예측할 수 없다. 다양한 변수를 마주하고 대응해 나가면서 성장한다. 그리고 이것을 '일머리'가 생겼다고 한다.

일머리가 생기는 과정을 정리하면 다음과 같다.

첫째, 기초적인 지식을 습득한다. 선배나 멘토에게서 업무의 기본을 배우는 게 여기에 해당한다. 둘째, 실제로 일하면서 상황의 흐름을 읽는 눈이 생긴다. 마지막으로 경험을 자기화하고 다른 문제에 응용하기 시작한다.

팀장을 잘 만났을 때 팀원의 성장이 빠르다는 말이 있다. 유독 팀원을 잘 키우는 팀장이 있는데, 그들의 공통점은 바로 팀원들에게 '일을 잘 맡기는 스킬'을 갖추고 있다는 것이다.

모든 팀장이 일을 분배하긴 한다. 하지만 진짜 중요한 건 '어떤 일을, 어떻게' 맡기느냐다. 즉, 일머리가 생길 수 있도록 적절한 수준의 업무를 맡겨야 한다.

일머리가 생기는 과정

지식 습득	→	해석	→	적용
선배나 멘토에게 업무의 기본을 배운다.		의미를 해석하면서 일의 맥락을 보는 눈을 기른다.		경험하고 해석한 것을 새로운 일에 적용한다.

마이크로 프로젝트

루틴한 일만 하다 보면 업무는 금세 익숙해진다. 고민 없이 자동 반복하는 일은 팀원의 성장을 유도하지 못한다. 프로젝트를 맡으면 상황이 달라진다. 진행률을 스스로 점검해야 하고, 성과물의 수준도 관리해야 하며, 팀원과의 협력과 소통까지 책임져야 하기 때문이다.

나는 팀원 각자의 직무에서 프로젝트화할 수 있는 단위를 뽑아 '마이크로 프로젝트(Micro project)'로 운영한다(회사의 공식 프로젝트와는 별도로 작게 구성한 과업이므로 이렇게 부른다). 보통 1~3개월 정도로 기한을 설정하고, 성과가 명확히 드러나도록 설계한다. 그래서 타임라인과 결과물을 함께 챙길 수 있다.

특히 PM(Project Manager, 프로젝트 책임자) 역할을 맡기면 팀원은 단순히 자신 일만 보는 것이 아니라, 유관 부서나 큰 흐름까지 보게 되는 시야 전환이 이루어진다. 이런 시야 전환이야말로 일머리를 키우는 핵심이다.

고난도 업무

고난도 업무도 팀원의 일머리를 키우는 데 도움이 된다. 주의할 점은 단순히 어려운 일을 던져주는 게 전부가 아니라는 점이다. 잘못하면 이것이 '성장'을 핑계로 팀원을 시험하거나 괴롭히는 것처럼 보일 수 있다.

그래서 팀장은 먼저 팀원의 성장 욕구와 의지를 세심하게 읽어야 한다. 커리어 면담을 통해 팀원이 도전하고 싶은 분야, 열정을 느끼는 영역을 파악한 뒤, 그에 맞는 적절한 난도의 과제를 부여해야 한다. 여기서 '적절함'은 개인의 역량 수준뿐만 아니라 그 시점의 업무 여건, 지원 체계까지 감안한 수준이어야 한다.

적절한 난도의 일을 맡기는 거에서 끝나면 안 된다. 팀원의 학습과 도전을 촉진할 계획을 가지고, 중간 점검과 피드백 계획을 설계해야 한다. 방치된 고난도 업무는 팀원에게 스트레스만 남기고, 오히려 자신감을 떨어뜨린다. 팀장의 중간 점검과 적절한 조언이 있어야 팀원의 성장을 촉진하는 도전이 된다. 개인의 성장 단계, 업무 특성, 지원 방법을 고려한 전략적인 접근이 필요하다.

나는 매년 연초에 1:1 면담을 할 때, 그해 팀원이 새롭게 도전할 업무를 반기별로 한 가지씩 정하도록 권한다. 고난도 업무는 실패할 확률도 크기 때문에 팀원이 자원하는 경우는 드물다. 그래서 팀장이 먼저 격려하고, "실패해도 괜찮다"라고 말해주어야 한다. 팀원은 비로소 도전할 용기를 얻게 된다. 1년에 한두 가지 정도의 도전이라면 팀원에게도 큰 부담이 되지 않으면서, '나는 성장하고 있다'는 느낌과 자신감을 동시에 줄 수 있다.

팀원을 '하이 퍼포머'로 성장시키는 팀장의 단계별 전략

팀원에게 적절한 도전 과제를 맡겨 성장을 유도하는 데 성공했다면, 이제 다음 단계로 나아갈 차례다. 바로 하이 퍼포머로 키우는 일이다.

하이 퍼포머란 단지 일을 잘하는 사람이 아니라, 잠재력을 최대치로 끌어올려 탁월한 성과를 내는 사람이다. 팀장의 역할은 그 잠재력을 발굴하고, 끌어내고, 확장시키는 것이다.

1단계: 기대를 보여주기

팀원을 한 단계 더 성장시키기 위해서는 팀장은 먼저 팀원에게 '높은 기대'를 품고 있다는 사실을 분명히 보여주어야 한다.

많은 사람이 자신의 잠재력을 알아보지 못한 채 평생을 보낸다. 감추어진 강점이나 재능을 발견하려면, 그것을 먼저 알아봐 주는 존재가 필요하다. 나 역시 그랬다. 여러 권의 책을 쓰고, 블로그에 글을 올리고, 강의를 하고, 매거진에 기고까지 하게 될 줄은 몰랐다. 선배 과장의 말을 듣기 전까지는.

예전엔 글쓰는 일이 나에겐 두려운 일이었다. 그러던 어느 날, 직원 제안서를 요약해 CEO에게 보고하는 일이 있었다. 그 보고서를 읽은 선배 과장이 내게 말했다.

"임 대리는 글쓰기에 재능이 있어. 글 좀 제대로 써봐."

그 순간, '내가 글을 잘 쓸지도 모르겠다'는 막연한 가능성이 열렸다. 자신의 강점을 발견해 주는 상사나 선배는, 나의 사례처럼 한 사람의 인생을 바꾸는 결정적 존재가 될 수 있다.

2단계: 컴포트 존에서 끌어내기

팀원이 일정 수준의 실력을 갖추게 되면, 늘 하던 방법, 익숙하고 안전한 방법만 지속하려고 한다. 즉, '컴포트 존(Comfort zone)'에만 머물려고 한다.

높이 성장하려면 컴포트 존을 벗어나야 한다. 팀장은 현재에 안주하는 팀원을 설득해 한 번도 해보지 않은 방식, 새로운 분야에 도전하게 만들어야 한다.

물론 컴포트 존을 벗어나게 하는 일은 팀장에게도 부담이다. 에이스 팀원이라도 새로운 도전은 실패 가능성이 높고, 실패하면 단기적으로 팀 성과에 영향을 줄 수 있기 때문이다. 하지만 그 위험을 감수하고서라도 팀원이 다음 단계로 성장할 수 있도록 도전을 지원해야 한다. 이때 팀장 혼자보다는 함께 지지해 줄 동료가 있다면 더 좋다.

3단계: 강점을 구체적으로 발견하고 코칭하기

팀장과 동료가 팀원의 새로운 도전을 수행할 수 있도록 팀원의 강점을 발굴해 주는 것도 도움이 된다. 팀장은 강점 발굴을 위한 양식과 시스템을 만들어 주면 된다.

우리 팀에서는 반기마다 '동료의 강점 발굴 진단'을 실시한다. 온라인에서 쉽게 찾을 수 있는 강점 진단 도구를 참고해, 간소한 양식을 만들어 운영하고 있다. 너무 세세한 진단 항목은 오히려 평가처럼 느껴지므로, 동료 2명과 팀장 1명의 '관찰 의견'만 반영해서 진행한다.

나의 경우에는 팀원의 강점을 포착하기 위해 작은 메모 습관을 활용한다. 팀원이 잘한 점, 칭찬하고 싶은 순간을 그때그때 짧게 메모한다. 메모는 잘 관찰하고 해석하도록 돕는 도구다. 메모를 적을 때마다 하나의 점이 생기는데, 그 점들을 이으면 한 사람의 강점과 잠재력에 대한 통찰이 만들어진다.

4단계: 근자감(근거 없는 자신감)을 활용하기

하이 퍼포머로의 성장에는 근자감도 큰 작용을 한다. 학원 강사를 하는 친구가 말하기를, 상위권 학생 중에 과거에 근거 없이 자신감을 보이는 아이들이 있다고 한다. 공부량이나 재능을 보면 분명 평

강점 발굴을 위한 양식

카테고리	카테고리 설명	세부 강점 항목	
대인관계	• 효과적으로 인간관계를 만들어 내고 발전, 유지한다. • 타인에게 어떻게 접근하고 자신에게 다가오는 사람을 어떻게 대응하는지 안다. • 자연스럽게 관계를 형성하고 그 관계를 유지하는 자신만의 방법이 있다.	• 공감 • 화합 • 포용 • 개발	• 긍정 • 개별화 • 연결성 • 적응
영향력	• 다른 사람이 행동하도록 동기를 부여한다. • 사람들에게 길을 제시하고 그 길을 따라 움직이도록 한다.	• 행동 • 커뮤니케이션 • 주도력 • 승부	• 극대화 • 사교성 • 자기 확신 • 존재감
실행력	• 스스로를 동기부여해서 성과를 내도록 하는 데 강하다. • 어떤 일을 완수하고 성취를 만들어 내는 데 강점이 있다. • 성취를 위해 위험을 감수하고 높은 목표를 추구한다.	• 성취 • 정리 • 신념 • 공정성 • 심사숙고	• 체계적 • 원칙적 • 집중 • 책임 • 복구
전략적 사고	• 정보를 모으고 분석해 합리적으로 의사결정을 내린다. • 상황을 논리적으로 접근하고 적절한 계획을 세운다. • 효율성을 높이는 방향으로 일하는 방법을 제안한다.	• 분석 • 회고 • 미래지향 • 발상	• 수집 • 지적 사고 • 배움 • 전략

출처: 갤럽의 '클리프턴 스트렝스'

작성자	관찰 대상자	카테고리	세부 강점	선정 사유 기술
×××	○○○	대인관계	공감	
			긍정	
	△△△	영향력	신념	
			집중	

CHAPTER 3 실무형 팀장을 위한 팀 운영 매뉴얼

범한 수준인데 "저는 자신 있어요"라고 말한다는 것이다. 그런데 놀랍게도, 시간이 흘러 성적을 보면 상당한 수준에 올라 있다. 우리 뇌는 사실보다는 착각에 따라 움직인다. 나는 뛰어나다는 착각이 이처럼 성과로 이어지게 된다.

5단계: 세세하고 구체적인 착각 만들기

상위권 학생의 사례에서 알 수 있듯이 팀장이 의도적으로 팀원이 자기 역량을 과대평가하도록 '착각'을 설계하는 것은, 하이 퍼포머를 만드는 강력한 전략이다.

단, 주의할 점이 있다. "넌 잠재력이 있어!" 같은 추상적 칭찬은 소용없다. "넌 설명을 할 때 복잡한 정보를 쉽게 풀어내는 능력이 있어" "이번 프로젝트에서 기획보다도 후반 조율에 강점을 보였어"처럼 세세하고 구체적인 장면에 기반한 메시지를 전달해야 믿게 된다. 착각은 정교하게 설계된 피드백에서 비롯된다.

정리하자면 팀원을 하이 퍼포머를 만드는 일은 기대를 보여주고, 도전을 설계하고, 강점을 발견하고 해석하며, 자신감을 유도하고, 그 가능성을 믿게 만드는 과정이다. 실무형 팀장의 진짜 실력은 '일을 시키는 능력'이 아니라 '팀원의 잠재력을 현실로 끌어내는 힘'에 있다.

마이크로 프로젝트로 팀원을 성장시키기

팀원의 성장을 끌어내기 위해 실무형 팀장이 활용할 수 있는 가장 현실적인 전략은 '마이크로 프로젝트'와 '고난도 업무'의 병행 운영이다.

마이크로 프로젝트는 팀 운영의 체계를 유지하면서도 팀원에게 성장의 기회를 제공하는 가장 실용적인 방식이다. 핵심 업무를 프로젝트 형태로 구성해 정기적으로 점검하면, 팀원은 책임감을 가지고 업무에 임하고 팀장은 체계적으로 성과를 관리할 수 있다. 모든 업무를 챙기기 어려운 실무형 팀장에게 특히 유용하다.

마이크로 프로젝트는 4단계로 운영할 수 있다.

1단계: 팀원의 바람을 반영해 프로젝트 구성

팀원이 도전하고 싶은 업무를 스스로 정하도록 유도한다. 원하는 프로젝트가 없으면 팀장이 팀의 필요와 개인의 강점을 고려해 과제를 매칭해 준다.

2단계: 프로젝트 기획

추진 일정, 참여 인원, 성과물의 형태를 구체화한다. 마이크로 프로젝트는 한 사람의 일을 프로젝트화했기 때문에 일정을 너무 길게 잡지 않는다. 1~3개월 이내 기간을 권장하며 가능하면 2명 이상의 팀으로 구성해 협업과 PM 경험을 동시에 얻게 한다. 그래야 팀원이 PM 역할을 하며 성장할 수 있고, 동료의 의견을 받으며 일을 보는 시각을 키우게 된다.

3단계: 정기 리뷰 데이

2주에 한 번 정도를 추천한다. 사전에 점검 일정을 미리 정하고 해당 날짜에는 반드시 피드백한다. 프로젝트가 일정대로 진행되고 있는지, 산출물은 적당한지 살피도록 한다. 성과가 나지 않거나 지연될 때는 문제를 파악하도록 지시한다. 일을 진행하면서 발생하는 문제의 핵심 원인을 알아보고 대안을 찾는 과정이 성과 관리 과정과 같다.

4단계: 성찰 피드백 미팅

프로젝트가 완료되면 운영 전 과정을 들여다보고 성찰하는 시간을 가진다. 프로젝트 참여자뿐만 아니라 팀 전체가 참여하고, 프로젝트를 통해 배운 점을 집중적으로 공유한다.

마이크로 프로젝트를 운영할 때 주의할 점이 있다. '진짜 프로젝트라는 인식'을 팀원에게 충분히 설명해야 한다는 것이다. 내가 실제로 마이크로 프로젝트를 운영해 보니 프로젝트라고 생각하지 않는 팀원이 있었다. 그냥 팀장이 자주 관심을 두는 과업 정도로만 인식했다. 당연히 진짜 프로젝트처럼 책임감을 가지지 않아, 리뷰 데이에 아무 준비를 하지 않은 채 빈손으로 오기도 했다. 팀장은 팀원에게 프로젝트로서 따로 떼어 관리하는 이유, 그 방식이 성장에 어떤 도움이 되는지 사전에 명확히 안내해야 한다. 설명은 곧 책임감을 만든다.

고난도 업무로 팀원을 성장시키기

고난도 업무는 팀원이 다음 단계로 성장하는 데 강력한 자극이 되는 요소다. 다만 무작정 어려운 업무를 맡긴다고 해서 성장으로 이어지는 것은 아니다. 실무형 팀장은 팀원의 역량 수준과 커리어 지향, 업무 성격 등을 고려해 전략적으로 고난도 업무를 설계하고 부여해야 한다. 지금부터 이와 관련해 5가지 전략을 소개하겠다.

① 단계적 난도 상승 과제 부여

이 방법은 팀원에게 작은 성공 경험을 축적하도록 설계해, 점진적으로 더 높은 수준의 과제에 도전하게 만드는 전략이다. 이 전략이 성공하려면 팀장의 역할이 중요하다. 현재 팀원의 역량 수준을 정확히 판단해서 그보다 살짝 높은 난도의 업무를 맡겨야 한다.

예를 들어 처음에는 새로 맡게 된 업무에 대한 단순 보고서 작성을 시작으로 한다. 일정 수준 이상의 보고서 작성 능력이 확인되면, 그다음에는 작은 규모의 기획안을 작성하도록 유도한다. 이 단계에서도 성과가 안정적으로 나오는 경우, 전체 프로젝트를 아우르는 기획에 도전할 수 있도록 격려한다.

난도를 점차 높이는 설계는 팀원에게 지속적인 성장 감각과 자신감을 느낄 수 있도록 하고, 동시에 팀장에게는 팀원의 역량 향상을 체계적으로 추적할 수 있는 기회가 된다.

② 역할 전환 과제 부여

평소 담당하지 않던 업무나, 더 어려운 선배의 역할을 일시적으로 맡겨보는 방식이다. 익숙한 역할에서 벗어나면 팀원은 자연스럽게 다른 시각과 사고 방식을 경험하게 되며, 업무를 다면적으로 해석하는 힘을 키우게 된다.

예를 들어 평소 상품 개발만 담당하던 팀원에게 고객 인터뷰를 맡긴다. 고객의 반응을 직접 듣고, 상품이 고객에게 어떤 영향을 미치는지를 체감하게 되면, 고객 니즈를 파악하는 어려움, 사용자의 시선, 개발자로서의 자부심까지 다양한 측면을 경험하게 된다.

이처럼 역할을 전환하면 관점이 확장되고, 본인의 업무에 대한 이해도 깊어진다.

③ 책임감이 큰 과제 부여

책임감이 큰 과제를 맡기는 것은 팀원이 업무의 무게와 어려움을 체감하고, 한 단계 성장할 수 있도록 돕는 효과적인 방법이다.

예를 들어 주요 고객사를 대상으로 하는 프레젠테이션을 직접 수행하게 하거나, 고위 임원에게 할 보고를 맡기는 방식이다. 실수가 허용되지 않는 상황에 직접 나서게 하면, 자연스럽게 업무의 중요성과 그 속에 따르는 긴장감을 인식하게 된다. 물론 이 과정은 스트레스를 동반하지만, 바로 그 책임감과 긴장감이 성장의 자극제가 된다. 그리고 이 과제를 성공적으로 마무리했을 때, 팀원은 강한 성취감과 자신감을 얻게 된다.

④ 프로젝트 리더 역할 부여

작은 규모라도 프로젝트의 리더 역할을 맡게 되면, 팀원은 자연스럽게 업무 조율력과 의사결정력을 키우게 된다. 일만 처리하는 실무자 입장에서 벗어나 전체 흐름을 조망하고, 책임 있게 이끄는 리더 입장을 경험하는 것이다.

나는 3년 차 시절 팀 내 다양한 업무 매뉴얼을 제작하는 프로젝트에서 리더 역할을 맡았다. 처음으로 리더 역할을 맡아 주도적으로 일하는 방식을 체험할 수 있었던 기회였다. 이 경험은 단순히 문서를 완성하는 업무 능력을 넘어, 사람을 조율하고 상황을 판단하는 리더십 감각을 키우는 데 큰 도움이 되었다.

이처럼 프로젝트 리더 역할은 성과 중심의 실무 능력과 사람 중심의 리더십 역량을 동시에 기를 수 있는 훈련이다.

⑤ 불확실성이 높은 과제 부여

정답이 없고 예측이 어려운 과제에 도전하는 것은 팀원의 복합적인 역량을 빠르게 성장시키는 효과적인 방식이다.

예를 들어 시장 트렌드를 분석하거나 완전히 새로운 제품 및 서비스를 기획하도록 기회를 부여하는 것이다. 정해진 답이나 선례가 없는 과제를 수행하다 보면, 스스로 문제를 정의하고 정보를 탐색하는 스킬을 빠르게 높일 수 있다.

이처럼 다양한 시도와 실패 경험은 복합적인 역량을 개발하는 데 도움이 된다. 다만 매우 어려운 과제에 해당하기 때문에 팀원이 좌절하고 포기할 가능성도 높아진다. 그래서 팀장의 지원과 코칭 능력이 중요한 과제라고 할 수 있다.

앞으로 팀원의 성장은 실무형 팀장이 팀 운영을 하는 데 있어서 가장 중요한 이슈가 될 가능성이 크다. 갈수록 팀원들은 성장의 가치를 높게 본다. 내가 이 자리에게 계속 성장할 수 있는지를 판단해 이 팀과 회사에 남아 헌신할지를 결정하기 때문이다.

실무형 팀장에게는 팀원의 성장을 위한 운영 체계를 만드는 일은 매우 어려운 과제다. 마이크로 프로젝트를 챙기고 고난도 과제를 부여하고 적절히 피드백, 코칭을 한다는 것이 시간이 부족한 실무형 팀장에게는 말처럼 쉽지 않다. 그러나 일단 팀원을 성장시키는 운영 체계가 안정 궤도에 오르고 나면 수고가 훨씬 줄어든다. 이 방법은 별도의 훈련 과정이라기보다는 팀에서 일하는 방법 중에 하나이기 때문이다.

 실무형 팀장을 위한 SUMMARY

- 팀원의 성장은 실무형 팀장의 문제 해결사이므로 팀원의 성장을 위해 노력해야 한다.
- 팀원의 성장은 팀원의 업무 스트레스를 줄이고, 동기를 크게 높일 뿐만 아니라 다른 팀원에게 성장을 전염시켜 팀 전체의 실력을 높인다.
- 팀원을 하이 퍼포머로 성장시키기 위한 5단계 전략을 활용한다.
- 팀원을 성장시키기 위한 가장 현실적인 전략은 마이크로 프로젝트와 고난도 업무를 병행 운영하는 것이다.

CHAPTER 4

실무형 팀장의

'나 먼저 살아남기'

실무형 팀장, 나는 누구인가?

**내가 원하는
팀장 모델부터 정하기**

한때 나는 일이 너무 많다며 늘 투덜거렸다. 그 말을 곁에서 듣던 후배가 어느 날, 심장을 콕 찌르는 질문 하나를 던졌다.

"선배님은 그렇게 힘들기만 한데, 왜 이 일을 계속하고 계세요? 많이 힘들면 이 회사 때려치우고 그냥 다른 일 구하면 되잖아요."

스트레스는 크고 바빠서 죽을 지경이었지만, 정작 회사를 그만둘 생각은 없었다. 곰곰이 되돌아보니, 나는 이 일을 더 잘하고 싶어서 스트레스를 받았던 것이다. 투덜거리는 말투가 습관처럼 굳어져 있었을 뿐, 일 자체가 싫은 건 아니었다.

후배의 질문은 '왜 일하는가?'라는 근본적인 질문을 스스로에게 되풀이하게 만들었다. 쉽게 답을 찾을 수 없어 책을 찾아보았다. 어떤 작가는 '내 삶의 미션을 수행하기 위해서'라고 말했고, 어떤 이는 성취감, 또 다른 이는 생계를 위해 일한다고 했다. 결국 이 질문에는 정해진 정답이 없었다.

'왜 살아가는가?'라는 질문처럼, '왜 일하는가?'라는 질문의 답도 스스로 찾아야 한다. '어떻게 해야 좋은 팀장이 될 수 있을까?'라는 질문도 마찬가지다. 이는 외부에서 주어지는 답이 아니라 팀장 스스로가 결정해야 하는 문제다.

처음 팀장이 되었을 때 나는 조직과 상사의 의도를 읽으려 애썼다. 그렇지만 '이 회사는 나를 팀장으로 세우고 어떤 결과를 바라는 걸까?' '상사는 팀장인 나에게 어떤 역할을 기대하는 걸까?'를 아무리 고민해도 쉽게 알 수 없었다. 그러다 문득 질문이 잘못되었다는 것을 깨달았다. 그래서 질문을 바꾸었다.

'나는 어떤 팀장이 되기를 원하는가?'

남의 기대를 읽고 거기에 맞추려 애써봐야 헛수고였다. 타인의 기대는 상황에 따라 시시각각 달라진다. 설령 내가 그들의 기대를 정확히 알아냈다 하더라도, 그 기대에 완벽히 맞추어 행동하기는 어렵다. 마치 누군가의 이상형을 안다고 해서 내가 그 사람이 될 수 없는 것처럼, 나 자신을 부정하면서까지 거기에 맞출 필요가 없다는 것을 깨달은 뒤에 비로소 제대로 된 질문을 나에게 던질 수 있었다.

좋은 팀장이 되기 위해서는 자신을 잘 알아야 한다. 자기에게 맞는 리더십을 찾고, 흔들림 없는 자기다움을 실천할 수 있어야 팀원에게도 든든한 기둥이 되어줄 수 있다. 그런데 모든 면에서 완벽할 수 없는 실무형 팀장은 그럴 시간과 에너지가 부족하다. 따라서 선택과 집중이 필요하다.

'나만의 팀장 모델'이라는 지향점을 하나 정해, 오직 그 길만 가기로 하자. 나의 정체성을 정의하는 한 문장을 간단히 요약해 적고, 그것을 마음에 새겨두면 좋다.

나만의 팀장 모델 예시
- 늘 배움을 먼저 실천하는 전문성 높은 팀장
- 지시하고 통제하기보다는 솔선수범하며 이끄는 팀장
- 사사건건 간섭하지 않으면서도 팀원이 마주한 문제의 핵심을 짚는 팀장

내가 감당할 수 있는 역할과 책임 한계 정하기

실무형 팀장의 가장 큰 고통은 다중 역할 간의 충돌에서 비롯된다.

팀장과 실무자라는 두 역할 사이의 균형을 맞추려다 보면 과도한 업무량에 시달리기 일쑤다. 이 상황에서 벗어나려면, 복잡한 역할을 단순화하는 수밖에 없다. 먼저 자신의 역할을 명확히 정의하고, 그 한계를 분명히 설정하자.

최대한 해내야 할 일은 해내야 하고, 도저히 감당하기 어려운 일이라면 스트레스를 받기 전에 선을 긋는 편이 낫다. 미리 한계를 정해두어야 정말 중요한 일을 놓치거나, 중요하지 않은 일에 정신을 빼앗기는 오류를 막을 수 있다.

그렇다면 어떻게 해야 할까? 먼저 내가 수행하고 있는 모든 업무를 하나도 빠짐없이 써본다. 컨설턴트들은 복잡한 문제를 해결하기 위해선 우선 그 복잡성의 실체를 드러내야 한다고 말한다. 막상 적어보면, '이 많은 일을 어떻게 혼자 하려 했나' 싶은 생각이 들 것이다.

그다음으로는 중요도가 낮고 현실적으로 무리라고 판단되는 일들을 과감히 지워나간다. 이것은 멘털을 보호하기 위한 심리적 방어선을 긋는 작업이다.

내가 존경하는 팀장님은 항상 이렇게 말했다.

"회사의 스트레스를 회사 밖의 삶으로 전염시키지 말라."

일만큼이나 가족과의 시간, 운동, 학습과 성장의 시간도 매우 소중하니 잃지 않도록 하자. 회사를 벗어난 삶도 제대로 꾸리기 위해, 회사 안에서의 역할과 책임에는 반드시 선을 그을 필요가 있다.

한 후배에게 들은 이야기다. 이 후배도 팀장인데 팀원이 갑작스럽게 퇴사하면서 그의 업무까지 떠맡게 되었다. 그날부터 후배의 삶은 엉망이 되었다. 할 일은 넘치는데 절대적으로 시간이 부족했던 그는 팀장 역할도, 실무 역할도 모두 어설프게 처리하며 매일 허둥댔다.

이대로는 안 되겠다고 생각한 그는 자신이 맡은 역할과 책임을 목록으로 정리했고, 업무량을 30% 줄이는 목표를 세웠다. 이도 저도 아닌 결과물보다는 선택과 집중이 필요하다는 판단 때문이었다.

목록을 완성한 뒤, 특히 손이 많이 가는 대외 커뮤니케이션 업무 중 친목성 활동은 과감히 줄이기로 했다. 공식적인 미팅 외에는 식사 자리를 최대한 피했다. 그럼에도 여전히 업무가 과도하다는 판단이 들자, 팀장의 일 중 주간 점검 미팅을 격주로 바꾸는 결단도 내렸다.

여러 번의 과감한 결정을 내릴 때마다 고민과 걱정이 되었지만, 그는 '10가지 일을 어설프게 하느니, 5가지 일을 제대로 하자'고 마음먹고 추진했다. 그러자 마음이 한결 가벼워졌고, 모든 걸 잘해야 한다는 압박감에서 조금은 벗어날 수 있었다고 말했다.

만약 지금의 당신이 역할과 책임 목록에서 아무것도 지워내지 못하겠다면, 우선순위 프레임을 활용하는 방법도 있다. 대표적으로 급한 일과 중요한 일을 구분하는 아이젠하워 매트릭스(Eisenhower

아이젠하워 매트릭스

구분	급한 일	급하지 않은 일
중요한 일	우선순위에 두고 해야 할 일	장기적인 계획을 세워 단계적으로 실행해야 할 일
덜 중요한 일	위임해도 되는 일	즉시 제거해야 할 일

matrix)*가 있다. 아이젠하워 매트릭스는 가장 오래되고 널리 쓰이는 시간 관리 도구다. 분명 당신에게도 유용한 도구가 될 것이다.

좋은 팀장은 언제든 긍정적이다

실무형 팀장이 가장 불안함을 느끼는 순간은, 팀에서 자신이 모르는 일이 벌어지고 있다는 생각이 들 때다. 내 통제를 벗어난 무언가가 돌아가고 있다는 막연한 불안. 하지만 이런 불안감은 팀장의 역할을

---

* 미국 제34대 대통령 '드와이트 아이젠하워(Dwight D. Eisenhower)'의 '중요한 것과 긴급한 것은 다르다'는 철학에서 유래한 개념으로, '긴급성'과 '중요성'을 기준으로 업무를 4가지로 분류해 우선순위를 정하는 시간 관리 도구

과대평가한 결과일 수도 있다.

팀장이라고 해서 팀 업무 전부를 꿰뚫고 있어야 하는 건 아니다. 현실적으로 팀원 간 오가는 정보를 모두 알 수도 없다. 그러니 자신이 모든 것을 알아야 한다는 부담을 내려놓는 연습이 필요하다.

오히려 때로는 의도적으로 게으름을 부리는 것이 팀을 건강하게 만든다. 팀장이 자주 자리를 비우거나 개입하지 않으면, 오히려 팀원들은 자율적으로 일하게 된다. 자율경영팀의 리더인 실무형 팀장은 일일이 감시하거나 간섭하지 않아도, 보고를 받고 적절한 질문을 던지면 팀이 어떻게 굴러가는지 파악할 수 있다.

중간관리자나 소그룹 리더가 있다면, 이들을 통해 정보를 얻는 구조를 만들자. 여러 번 강조하지만 팀장이 팀의 모든 업무에 개입할 필요는 없다. 오히려 여유가 있는 팀장이 전체의 맥을 더 잘 짚을 수 있다. 관리만 하는 팀장이라 하더라도 팀의 모든 업무에 관여하고 모든 일을 다 파악할 수는 없는 법이다.

그렇게 확보한 여유로 실무형 팀장은 무엇을 할 수 있을까? 바로 긍정적인 리더가 되는 데 투자하는 것이다. 팀장은 언제나, 어떤 상황에서도 빛을 이야기하고, 길을 찾는 사람이어야 한다. 그러려면 팀장이 먼저 긍정적이고 열정이 가득 찬 상태가 되어야 하는데, 이는 여유가 있어야 가능하다.

예전에 함께 일했던 부사장님은 팀장 후보를 고를 때 항상 '긍정적인가'를 가장 중요한 기준으로 삼았다. 아무리 실력이 뛰어나고 머리가 좋아도 부정적인 사람은 절대 팀장으로 뽑지 않았다. 그는 이렇게 말했다.

"긍정적인 사람은 어떤 상황에서도 해결의 실마리를 본다. 하지만 부정적인 시각에 빠진 사람은 아무것도 보지 못한다."

리더는 상황 너머를 보고, 사람을 믿고, 희망을 향해 나아가는 사람이다. 그래서 좋은 팀장은 언제나 긍정적인 방향으로 시선을 두는 사람이다. 모든 것에 팀장이 개입하고 해박해야 한다는 부담을 벗어던지자. 긍정과 열정은 여유가 있을 때 비로소 생기는 것이다.

 실무형 팀장을 위한 SUMMARY

- 좋은 팀장이 되기 위해서는 나의 정체성, 즉 내가 지향하는 나만의 팀장 모델을 정해야 한다.
- 회사 밖의 나의 삶까지 지킬 수 있도록 회사에서의 나의 역할과 책임의 한계를 명확히 설정해야 한다.
- 좋은 팀장은 긍정적이고 열정이 넘치는 사람이다. 긍정과 열정은 실무형 팀장의 여유에서 나온다.

완벽한 리더 말고, 나다운 리더 되기

완벽한 리더는 없다

팀장이 되면 누구나 멋진 리더가 되고 싶다. 가슴이 뜨겁고 팀에 애정이 깊을수록, 그 마음을 억누르기 어렵다. 하지만 모든 것이 완벽한 '결점 없는 리더'가 되는 것은 현실적으로 불가능한 일이다.

나 역시 완벽한 팀장이 될 수 없다는 사실을 알고 있다 생각했지만, 막상 팀장이 되어보니 '알고 있다고' 착각한 거였다. 속으로는 이것도 잘하고 싶고, 저것도 잘하고 싶다는 과한 욕심이 있었다.

'내가 겪은 팀장님들과 달리, 나는 팀원들에게 뚜렷한 비전을 제

시하겠어.'

'1:1 면담으로 팀원의 사소한 고민까지도 파악하는 팀장이 되겠어.'

'팀원의 자기 계발을 열심히 지원하겠어.'

그러나 시간이 지날수록 내가 그리던 팀장 모습과 나의 진짜 모습 간의 간극이 점점 커졌다. 상사의 회의 소집이 계속되고, 반년에 한 번 1:1 면담을 하기도 벅찼다. 현장에서는 끊임없이 예상하지 못한 문제가 발생했고, 결국 팀원의 성장을 돕는 일은 늘 후순위로 밀렸다. 새로 팀을 맡은 지 1년, 2년이 지나도록 팀의 비전을 제대로 고민해 본 적이 없었다.

이상과 현실의 괴리 속에서 자책이 깊어졌다. 아무것도 실천하지 못하는 자신이 원망스러웠다. 매일 새롭게 다짐하고 지키지 못했다는 자책을 반복하는 악순환 끝에, 결국 '상황이 그래서 어쩔 수 없다'라고 자기 합리화를 했다.

실무를 하지 않는 팀장도 시간에 쫓기기는 마찬가지다. 애초에 모든 면에서 완벽한 팀장이란 존재하지 않기 때문이다. 최고가 되기보다는 지금 팀에 맞는 '최적의 리더'가 되는 것이 중요하다.

최근 리더십 교육도 변화하고 있다. 과거에는 리더는 인성이 좋아야 하고, 경청과 소통 스킬을 갖추어야 했다. 그리고 빠르면서도 최적의 의사결정을 해야 하고 비전을 세우고 성과도 내야 했다. 즉, 과거에는 군자처럼 흠결 없는 리더를 모델로 삼았다면, 지금은 리더도 불완전함을 인정하고, 상황에 맞는 유연한 대응을 중시한다. 어느 상황, 어느 조직에나 딱 들어맞는 리더가 없다는 것을 인정하기 때문이다. 그러므로 지향점을 가지고 노력하되, 스스로 완벽해져야 한다는 강박은 버려야 한다.

모든 걸 잘하려는 건 욕심이다. 특정 영역에서 강점을 발휘하면 충분하다. 어떤 팀장은 갈등 조율에 강하고, 또 어떤 팀장은 미래의 방향을 명확하게 제시해 팀원의 가슴을 뛰게 만든다. 그런 하나의 장점만으로도 충분히 좋은 팀장이 될 수 있다. 그리고 사실 그런 팀장조차 드문 게 현실이다.

내가 아는 후배 팀장은 동네 형처럼 팀원과 편하게 지낸다. 캘린더에 점심·저녁 약속이 빼곡할 정도로 사람들과의 관계를 즐긴다. 후배 팀장은 자신이 업무 인사이트를 주는 데는 약하다고 걱정도 했지만, 팀원들과의 관계만큼은 그 어떤 다른 팀장들보다 자신 있다고 생각하자 마음이 한결 편해졌다고 한다.

이처럼 불완전함을 인정하면 리더십의 무게, 즉 부담감도 한결 가벼워진다. 시간이 부족한 실무형 팀장이라면 특히 잘할 수 있는 영역을 제한하고 집중하는 것이 중요하다. 이를 위해 나에게 맞는 리더십 스타일을 정해보자. 리더가 조직을 이끌어 가는 방향성을 정하는 방식에는 맞고 틀림이 없다. 각자가 가진 가치관과 강점을 발휘해 적절한 리더십 스타일을 추구하고 팀을 이끌어 갈 뿐이다.

6가지 리더십 스타일

리더십 스타일이란, 팀을 운영할 때 나만의 리듬과 전략을 뜻한다. 조직을 어떤 방향으로 이끌 것인지, 어떻게 동기를 부여하고 성과를 이끌어 낼 것인지에 대한 고유한 방식이다.

심리학자 쿠르트 레빈(Kurt Lewin)은 리더십을 3가지 유형으로 나누었고, 이후 이를 확장해 여러 리더십 스타일이 제안되었다. 여기서는 감성 지능 이론으로 유명한 대니엘 골먼(Daniel Goleman)이 제시한 6가지 리더십 스타일을 소개한다.*

6가지 리더십 스타일

- **지시형 리더십(Coercive leadership style)**

  위기 상황에서 빠른 실행을 필요로 할 때, 구성원에게 명확한 지시를 내리고 따르도록 요구한다.

- **비전형 리더십(Authoritative leadership style)**

  조직의 비전과 목표를 명확히 제시하고, 구성원에게 영감을 부여해 따르게 한다.

- **관계형 리더십(Affiliative leadership style)**

  구성원 간의 유대와 신뢰를 중시하며, 감정적인 유대를 통해 조직 내

---

* 대니엘 골먼, 『Leadership That Gets Results』, 2000

협력을 이끌어 낸다.

- **민주형 리더십**(Democratic leadership style)
  구성원의 의견을 적극적으로 수렴하고 참여를 장려하며, 함께 결정을 내리는 방식을 선호한다.

- **솔선형 리더십**(Pacesetting leadership style)
  리더가 높은 성과 기준을 직접 실천하고, 구성원에게도 그 기준을 따르도록 요구한다.

- **코칭형 리더십**(Coaching leadership style)
  구성원의 강점과 잠재력을 파악해 이를 개발하고, 장기적으로 성장할 수 있도록 지도하고 격려한다.

이 중에서 자신의 성향과 강점에 맞는 스타일을 택하고, 그 방향으로 일관되게 팀을 이끌면 된다. 하나의 북극성을 가슴에 품고 흔들리지 않도록 하는 것이다.

나는 교육 담당자로서의 경력을 바탕으로 '성장을 중시하는 리더'를 지향해 왔다. 직장 생활에서 가장 큰 기쁨은 자신의 성장이라고 믿는다. 성장은 여러 가지 문제 해결의 실마리가 되기 때문이다. 일이 지루하거나 힘들 때도 성장의 기쁨으로 이겨낼 수 있다. 협업이나 소통도 개인의 성장을 위해서라면 귀찮은 것이 아닌 즐거운 일이 될 수 있다. 그래서 성장을 중요시하는 나는 '코칭형 리더십'을 선택했다.

코칭형 리더십을 지향하는 팀장의 역할은 '일로 팀원을 성장시키는 것'이다. 정기적인 회고와 피드백으로 팀원 스스로 자신의 성장 경험을 공유하도록 돕는다. 이런 경험이 팀원 간 배움으로 이어지고, 궁극적으로는 팀 전체의 성장이라는 선순환을 만들어 낸다.

리더십 스타일은 고정된 것이 아니다. 하나를 정해 실천해 보고, 필요하면 바꿀 수 있다. 생각과 다르게 리더십 스타일이 나랑 안 맞아서 바꿀 수도 있다. 어떤 팀장은 부서마다 스타일을 달리 적용하기도 한다. 팀원 모두가 능력이 뛰어나고 일하는 체계가 갖추어진 팀에는 비전형 리더십을 택했다. 팀장의 권한의 상당 부분을 위임하고, 대신 리더로서 더 큰 그림을 제안하고 팀원의 눈높이를 올리는 데 시간을 할애했다. 반면 새롭게 구성된 TF팀에는 일하는 체계나 팀원 간의 업무 소통 방법을 몸소 보여주려 애쓰는 등 솔선형 리더십을 적용해 좋은 성과를 내기도 했다. 무작정 하나의 리더십만 고집하기보다는 상황과 팀에 따라 유연한 선택이 필요하다.

내게 맞는 리더십 유형을 어떻게 알아볼까?

6가지 리더십 스타일 중 나는 무엇을 지향하는가? 이미 선호하는 리더십 스타일이 분명하다면, 그 신념을 믿고 꾸준히 실천해 나가면 된다. 하지만 아직 어떤 리더십 스타일이 나와 어울리는지 잘 모르겠다면, 2가지 측면에서 적합한 스타일을 고민해 보면 된다. 바로 '지향점'과 '강점'이다.

① 나의 지향점 생각하기

먼저 내가 가진 지향점을 살펴보자. '나는 어떤 팀장이 되고 싶은가?'의 질문에 떠오르는 대로 적어보자. 특별한 형식이 없어도 좋다. 앞서 언급한 '나만의 팀장 모델'처럼 간단한 문장으로라도 메모해 두면 흔들릴 때 지침이 된다. 이미 리더십에 대해 고민했던 기록이 있다면 찾아 활용해도 좋다.

예를 들어 나는 책상 앞에 '늘 배우고 성장하는 팀장, 솔선수범하는 팀장'이라고 적어 붙여두었다. 이를 실천하기 위해 팀 내에 정기적인 스터디 그룹을 운영하고, 핵심 업무는 마이크로 프로젝트로 전환해 팀원 중에서 PM을 정한다. 반기마다 하나 정도는 내가 직접 PM으로 참여한다. 이 모든 활동이 바로 '배우는 팀장' '솔선수범하는 팀장'이 되기 위한 구체적 실천이다.

이처럼 내가 중요하게 여기는 방향이 곧 나의 가치다. 이 가치와 현재의 강점을 결합하면, 나에게 적합한 리더십 스타일에 가까워진다.

② 나의 강점 파악하기

강점은 단점보다 다루기 쉽고 성장 가능성도 크다. 단점을 고치기보다는 강점을 키우고 활용하는 것이 훨씬 빠르고 효과적이다.

먼저 나의 강점을 몇 가지 나열해 보자. '내가 잘하는 것은 무엇인가?' '어떤 상황에서 성과를 냈는가?' '언제 가장 의욕적으로 팀을 이끌었는가?'를 고민해 보고 적어보자.

타인의 시선에서 내 강점을 확인해 보고 싶다면, 팀원 피드백을 받아보는 것도 좋다. 예를 들어 1:1 면담에서 "제가 어떤 팀장 스타일로 보이세요?"라고 가볍게 물어볼 수 있다. 혹은 간단한 모바일 설문 조사를 시행해 팀원 전반의 인식을 살펴보는 방법도 있다. 서베이몽키(SurveyMonkey), 구글 폼(Google Forms) 같은 툴을 활용하면 간단히 수행할 수 있다.

다음은 실제 활용할 수 있는 설문 예시이다.

나의 팀장 강점을 확인해 볼 수 있는 문항

- 문제에 부딪혔을 때 우리 팀장은 어떻게 대안을 결정하나요?
- 팀장에게 가장 크게 도움받은 것은 무엇인가요?
- 우리 팀장은 어떤 일을 할 때 가장 에너지가 넘치나요?
- 우리 팀장의 강점은 무엇이라고 생각합니까?

(Tip. 직접적인 질문은 마지막에 배치하는 것이 좋다.)

이렇게 스스로와 타인의 시선에서 나의 강점을 정리해 보면, 어떤 리더십 스타일이 나와 가장 잘 맞는지 자연스럽게 감이 온다.

리더십 스타일을 찾는다는 건, 길을 잃었을 때 지침이 되어 줄 북극성을 정하는 과정이다. 리더로서의 목표는 많다. 좋은 포지션으로 승진하는 것, 커리어를 성공적으로 쌓는 것, 팀의 성과를 끌어올리는 것 등 모두가 훌륭한 '목표'다. 그러나 '목적'은 다르다. 목적은 더 깊은 차원의 질문이다.

'나는 왜 더 훌륭한 리더가 되고자 하는가?'

내가 리더로서 일하는 이유에 대한 답이 당신만의 리더십을 찾을 수 있도록 이끌어 줄 것이다.

실무형 팀장을 위한 SUMMARY

- 완벽한 리더는 없다. 최고보다 지금 팀에 맞는 '최적의 리더'가 되는 것이 중요하다.
- 리더십 스타일은 팀을 운영할 때 활용하는 나만의 고유한 방식으로, 나의 성향, 지향점, 강점을 고려해 내게 맞는 리더십을 고민해야 한다.
- 나의 강점을 찾기 위해서 팀원들에게 설문 조사 형식으로 물어보는 것도 하나의 방법이다.

실무형 팀장의
울트라 전문성

팀장의 전문성이란?

팀장의 전문성은 팀원의 전문성과 다르다. 팀원은 자신이 맡은 직무 안에서 전문성을 쌓으면 충분하다. 정해진 업무 범위 내에서 역량을 발휘해 팀에 공헌하고, 주어진 성과 목표를 달성하면 된다. 그 수준이면 팀원에게 요구되는 전문성은 충족된 셈이다.

하지만 팀장은 다르다. 팀장의 전문성은 상위 조직의 성과에 기여할 수 있어야 하고, 아래로는 팀원의 전문성이 향상되도록 이끌 수 있어야 한다. 그러기 위해서는 3가지 요건이 충족되어야 한다.

첫째, 본인의 전문 분야에서 풍부한 경험을 쌓아야 한다. 일단 하나의 분야에서 통용될 수 있을 만큼의 실력을 갖추어야 다음 단계로 나아갈 수 있다. 둘째, 자신의 일이 상위 조직과 인접 분야에 어떤 영향을 미치는지 파악해야 한다. 내가 하는 일이 더 큰 조직 단위의 성과에 어떤 영향을 주는지 염두에 두고 일해야 한다. 셋째, 이런 이해도를 다른 사람에게 설명하고 전달할 수 있어야 한다. 팀장은 단순히 전문가가 아니라 전문가이자 리더다. 자신의 전문성을 팀원의 성장과 팀 전체의 실력 향상으로 연결하는 리더여야 한다.

이제부터 3가지에 대해 조금 더 구체적으로 살펴보자.

① 본인의 전문 분야에 충분한 경험과 이해도를 가졌다

여기서 '충분한 경험'이란 단순히 시간을 뜻하지 않는다. 기초적인 피아노 건반 연습을 10년간 반복했다고 해서 누구나 피아니스트가 되는 건 아니다. 다양한 곡을 수없이 연주해야 하듯이, 새로운 시도를 끊임없이 해나가며 해당 분야에서 경험의 '폭'과 '깊이'를 함께 쌓아야 한다. 즉, 그 분야에서 벌어질 수 있는 다양한 문제를 직접 겪어본 사람이야말로 진짜 전문가다. 그렇게 축적된 경험은 문제 상황마다 적용할 수 있는 다양한 대안을 제시할 수 있는 기반이 된다. 그래서 전문성이 높은 사람은 일반인보다 훨씬 더 넓고 유연한 선택지를 가지게 된다.

② 상위 조직 및 밸류 체인에 미치는 영향을 안다

전문성이 있는 팀장은 자신의 직무뿐만 아니라 인접 분야와 상위 조직에 영향을 미치는 흐름까지 이해한다. 인접 분야 전문가의 이야기를 경청하고, 그 분야의 핵심 지식을 익히며, 그것을 바탕으로 통합적 관점을 갖춘다. 단순한 일머리를 넘어서 '조직의 관점'으로 일하는 것이다.

이때 '밸류 체인(Value chain)'을 이해하는 것이 중요하다. 기업은 제품이나 서비스를 통해 고객에게 유용한 가치를 제공한다. 이 가치가 만들어지는 일련의 과정을 끈으로 엮으면 체인처럼 연결된 구조가 된다. 이 사슬의 각 단계, 즉 인력·소재·장비·예산·시간이 어떻게 연결되는지 이해하면 협업의 방식이 바뀐다.

물론 자신의 일에 전문가가 되기도 어려운데 인접 분야의 지식까지 익히라고 하면 당연히 벅찰 수 있다. 그러나 석·박사 수준의 지식이 필요한 것이 아니다. 단지 인접 분야에 대한 약간의 호기심과 애정만 있으면 충분히 안목이 생긴다.

효과는 확연하다. 내 일만 챙기는 사람과, 인접 분야와 상위 조직 흐름까지 아우르며 일하는 사람의 협업 품질은 비교가 되지 않는다. 상대의 언어를 이해하고 기대치를 짐작하며 소통할 수 있기 때문이다. 아이디어도 더 다채롭게 쏟아진다.

③ 이 2가지를 다른 사람에게 설명할 수 있다

우리는 알고 있다고 착각하지만 막상 설명하려 하면 말문이 막힐 때가 있다. 설명하지 못하는 지식은 제대로 아는 것이 아니다. 설명하고, 질문에 대답할 수 있어야 진짜 전문성을 갖춘 것이다. 팀장은 팀원의 질문에 근거 있는 설명을 해줄 수 있는 '전문성' 있는 사람이 되어야 한다.

또한 팀원의 신뢰를 얻기 위해서라도, 내가 무엇을 알고 있는지 자연스럽게 드러낼 필요가 있다. 특히 실무형 팀장에게는 팀원의 '질문'이 곧 '신뢰'의 시험이 되기도 한다.

따라서 팀원들에게 자주 설명할 기회를 가지자. 글로 써보면 더 좋다. 내가 쓴 글을 정리해 두면 조직 내에서 내 전문성이 '자산'으로 공유되기도 한다. '전문가로서의 영향력'은 말하는 순간보다, 설명하고 남긴 흔적에서 더 깊어진다.

전문성을 유지하는 방법

전문성을 유지하고 발전하기 위해서는 끊임없이 노력해야 한다. 세상은 빠르게 변하고 있기에 현재의 실무 능력을 발전시키고 미래의 내가 지향하는 커리어 목표를 위해 경력 개발 계획을 세워야 한다. 즉 주요 프로젝트에서 PM을 맡아 실무 능력을 유지, 발전하고 5년 뒤의 커리어 목표를 위한 역량 개발 계획을 세워야 한다.

주요 프로젝트를 직접 수행하기

앞서 팀원의 성장을 위해 주요 업무를 마이크로 프로젝트 형태로 운영해서 팀원이 PM을 맡게 하는 방식을 추천했다. 이때 팀장 역시 1년에 2~3개 정도 직접 마이크로 프로젝트를 진행해 보자. 이 방식은 팀장의 전문성을 유지하고 향상하는 데에도 유용하게 작용한다.

프로젝트를 직접 수행하면 실무 감각을 유지하는 데 도움이 된다. 팀장이 PM을 맡은 프로젝트라면, 가능한 한 사소한 일이라도 팀원에게 위임하지 말고 직접 실행해 본다. 사소한 업무일수록 실무자의 고충이 더 잘 보인다. 실무 현장에서 느낄 수 있는 현장감 있는 경험을 통해 비효율적인 과정을 제거하고, 시스템화할 수 있는 부분을 찾아낼 수 있다. 실무자 입장에서 제안할 수 있는 개선 아이디어도 훨씬 풍부해진다.

가장 전략적이거나 핵심적인 업무라면 더욱 좋다. 예컨대 신사업 발굴과 같은 고난도 프로젝트는 팀원들이 실패에 대한 두려움을 크게 느낄 수 있기 때문에 팀장이 직접 맡아 진행하기에 적절하다. 팀장이 어려운 일에 솔선수범하는 모습을 보여주면, '실패해도 괜찮은 팀'이라는 메시지를 자연스럽게 전달할 수 있다. 팀장의 솔선수범으로 심리적 안정감이 형성되면 팀원들도 새로운 시도를 두려워하지 않게 된다.

우리 팀의 경우 반기마다 진행하는 사업계획 수립은 내가 직접 수행한다. 임원 책임하에 진행되는 경영혁신 프로젝트도 직접 주도한다. 이처럼 자원이 많이 투입되고 규모가 큰 프로젝트는 팀장에게도 커리어 경험의 폭을 넓혀주는 기회가 된다.

참고로 팀장이 직접 프로젝트를 진행했을 때는, 팀장과 팀원 구분 없이 동일하게 리뷰 데이에서 프로젝트 성과를 점검한다. 팀장도 팀원도 피드백을 주고받는 문화가 정착되어야 한다. 그런 문화 속에서 팀장의 전문성도 자연스럽게 드러나고, 성장한다.

5년 뒤의 커리어 목표를 기준으로 역량 설계하기

다음은 전문성 개발을 위한 시간 확보에 대한 이야기다. 실무형 팀장에게 가장 부족한 자원은 단연 '시간'이다. 실무도 관리도 시간 부족으로 어려움을 겪는 마당에 역량 개발 시간이 충분할리 없다. 시간이 부족한 실무형 팀장은 앞으로의 역량 개발을 위한 큰 방향성과 목표를 정하지 않으면, "지금은 바빠서 안 돼"라는 말을 끝없이 반복하게 된다. 방향과 우선순위를 정하고 가장 긴요한 역량에 시간을 집중해야 한다.

정기적으로 커리어 목표를 돌아보자. '5년 뒤 나는 어떤 커리어 경험을 가지고 있으면 좋을까?'의 질문에 답하다 보면 구체적인 미래의 목표가 그려지기 시작한다. 다음 단계는 거기까지 가는 데 필요한 역량을 목록으로 적는 것이다. 그리고 그 역량을 키울 수 있는 커리어 경험을 구상해 본다.

예를 들어 지금 내게 부족한 역량은 무엇인지 적어본다. 반대로 지금까지 비교적 잘 축적해 온 역량은 무엇인지도 함께 적는다. 이렇게 하면 내 커리어의 강점과 보완 지점이 드러난다. 그중 보완해야 할 부분이 앞으로 5년간 집중할 영역, 즉 '전문성의 공백 영역'이 된다.

그다음은 실행 단계다. 이 영역에 필요한 역량을 개발할 수 있는 프로젝트를 직접 주도하거나, 상위 리더가 총괄하는 프로젝트에 적극 참여한다. 기회가 없다면, 우리 팀 내부에 새로운 마이크로 프로젝트를 기획하는 것도 하나의 방법이다.

인접 분야나 새로운 분야의 경험이 필요한 경우, 상사나 경영진에게 관련 의사를 밝히는 것도 중요하다. 새로운 분야에 도전해 보고, 업무 영역을 넓히려 하니 기회를 달라고 요청한다. 가능하다면 새로운 분야에서 팀장직을 맡아 커리어 방향을 전환하는 것도 방법이다. 만약 그렇게 하기가 어렵다면 현재 자리에서 인접 분야의 역량을 차근차근 쌓으며 기회를 기다리는 것이 현실적인 대안이다.

전문 영역 넓히기

내가 한때 즐겼던 PC 게임 장르 중에 '전략 시뮬레이션 게임'이 있다. 그중 가장 대표적인 것이 '스타크래프트(StarCraft)'다. 자원과 병력을 적절히 배치하고 관리해 적과의 전쟁에서 승리하는 것을 목표로 하는 게임이다. 이 전략 게임에는 '코로니(Colony)*'라는 개념이 있다. 제한된 맵(map, 지도)에서 더 많은 영역을 차지할수록 자원을 확보하기 좋고, 병력도 유리하게 배치할 수 있다. 코로니는 새로운 자원 수집의 거점이자 병력 양성의 전진 기지다. 팀장의 커리어 성장에도 이런 코로니 영역이 필요하다.

실무형 팀장으로서 하나의 전문 분야에서 깊이를 더해 가는 것도 중요하다. 그러나 회사에서 요구하는 전문성의 깊이에는 일정한 한계가 있다. 단 하나의 분야에 정통하다고 해서 경쟁력이 자동으로 높아지는 것도 아니다. 예컨대 회계 직무를 약 7~8년 수행하다 보면 대부분의 실무 패턴을 경험하게 된다. 세무 감사처럼 드물게 발생하는 상황도 어느 정도 겪게 된다. 그 이상은 기존의 경험이 반복되는 경우가 많다.

그렇다고 회계 직무를 수행하기 위해서 회계학 박사 과정을 수료하거나 논문을 쓸 정도의 깊이 있는 지식이 필요한 것도 아니다. 회계 기준을 수립하거나 새로운 해석을 제시하는 외부 전문가가 아니라면, 일반적인 직장인에게 그 정도의 학문적 깊이는 요구되지 않는다.

---

* 게임에서 사용하는 용어로, 식민지를 뜻하는 Colony에서 유래

과거에는 여러 부서의 팀장 자리를 거치며 조직 운영의 전반을 익히는 방식이 일반적인 커리어였다. 팀장이 되면 다양한 조직을 경험하고, 이후에는 임원으로 승진하는 수직 상승 커리어 모델이 자연스러웠다. 이 시기에는 실무 전문성보다는 커뮤니케이션, 관계 조율, 동기부여와 같은 휴먼 스킬(Human skill)이 더 중요하게 여겨졌다.

그러나 지금은 그런 수직 상승 커리어가 당연하게 이루어지는 조직이 점차 줄어들고 있다. 신사업 부서에는 외부 전문가가 영입되기도 하고, 대체자를 찾지 못해 기존 임원이 자리를 오래 유지하는 경우도 많다. 조직은 더 이상 관료제처럼 비대해지지 않는다. 계층은 줄고, 임원 자리는 예전만큼 열려 있지 않다.

그렇다면 팀장의 다음 커리어 스텝은 무엇일까? 수직 이동이 아닌 수평 이동의 시대다. 팀장에서 임원으로 승진하기보다, 새로운 부서로 옮겨 다른 실무를 경험하게 되는 경우가 많다. 과거에는 전혀 연관 없는 부서로 팀장이 순환되었다. 예컨대 영업팀장이 인사팀장이 되고, 재무팀장이 총무팀장을 맡는 식이었다. 이제는 단순한 이동이 아닌 직무의 확장, 이종 직무의 결합을 통해 새로운 전문성을 확보한다.

오늘날에는 누구나 '베스트 커리어'를 원한다. 나의 시장가치를 높이는 가장 확실한 길은 바로 훌륭한 커리어를 쌓는 것이다. 직장 생활을 통해 쌓을 수 있는 가장 강력한 무형 자산은 바로 '경험'이다.

어떤 경험을 하느냐에 따라 콘텐츠가 달라지고, 경험의 질은 나의 전문성 표현에도 영향을 준다. 팀장에게 '콘텐츠'란 곧 전문성을 향상시키는 방법과 그것을 표현하는 방식이다. 그래서 커리어에 대한 팀장의 관심은 점점 커질 수밖에 없다.

가장 바람직한 방식은 '메인 커리어'를 중심으로, 인접 분야를 상하좌우로 확장하며 커리어를 설계하는 것이다. 폭이 너무 좁은 하나의 직무에만 갇히지 않으면서도, 리더십과 실무 전문성을 함께 갖추게 된다. 나아가 이직 시장에서도 매력적인 인재로 평가받는다.

실제 사례를 보자. 내가 아는 한 팀장은 재무팀장으로 일하면서, 기업 공시 자료를 홈페이지에 공지하고, 회사의 재무 상황을 알리는 업무를 새롭게 맡았다. 조직 개편으로 홍보팀이 마케팅팀과 통합되면서, 회사 홈페이지 관리도 재무팀으로 넘어오게 된 것이다. 팀원들은 "왜 재무팀이 홈페이지를 관리하나요!"라고 불만을 나타냈지만, 그는 이 기회를 자신의 커리어 영역을 넓히는 기회로 삼기로 했다.

그는 우선 회사 홈페이지를 세세하게 살펴보았고, 제품 설명이 부족하다는 점을 발견했다. 그래서 재무 성과뿐만 아니라 제품 및 서비스 관련 정보를 정리해 업로드하기 시작했다. 이어 SNS를 활용해 회사의 재무 정보와 성과를 효과적으로 알리는 방안을 고민했다. 주니어 팀원의 도움을 받아 SNS 채널을 개설하고, 정보 소통 방식을 실험해 보았다.

이러한 노력으로 그는 재무, 기업 공시, SNS 마케팅까지 전문 분야를 확장할 수 있게 되었다. 요즘 기업들이 특히 관심을 두는 '투명한 정보 소통'이라는 트렌드와도 맞아떨어졌다. 그는 이 경험을 적극적으로 자신의 커리어 콘텐츠로 만들었고, 지금은 여러 기업에서 러브콜을 받고 있다.

지금까지 살펴본 것처럼 팀장의 전문성은 팀원의 전문성과 다르다. 팀원은 하나의 분야에서 지식과 경험을 쌓는 것으로 충분하지만, 팀장은 상위 조직의 밸류체인과 연결되는 구조를 이해하고 그것을 설명할 수 있어야 한다.

이러한 전문성은 쉽게 쌓이지 않는다. 프로젝트를 직접 운영하며 실무 역량을 다듬고, 5년 뒤 필요한 능력을 상정해 지금부터 차근차근 준비해야 한다. 또한 메인 커리어에 기반한 인접 분야로의 확장을 통해 전문성의 외연을 넓혀 나가는 전략도 필요하다.

많은 이들이 이미 자신은 충분히 전문성을 갖추었다고 착각하지만, 실은 아직도 성장 가능성이 크다. 지금이라도 팀장 고유의 전문성 개념을 새롭게 정의하고, 구체적인 개발 계획을 수립해 보자. 그것이 바로 자신만의 콘텐츠를 가진 차별화된 리더로 성장하는 출발점이 될 것이다.

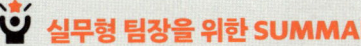# 실무형 팀장을 위한 SUMMARY

- 팀장의 전문성과 팀원의 전문성은 다르다. 팀장은 인접 분야에 대한 전문성까지 갖추어야 한다.
- 팀장은 자신의 전문성을 다른 사람에게 설명할 수 있어야 한다.
- 마이크로 프로젝트의 PM을 맡아 직접 실무를 수행해서 실무 전문성을 유지하고, 5년 뒤 커리어 목표를 위한 역량 개발 계획을 세워야 한다.
- 수식 상승 커리어가 당연해진 시대는 끝났다. 메인 커리어를 기반으로 인접 분야로의 전문성 외연을 확장하는 노력이 필요하다.

팀장의 콘텐츠가
권위를 만든다

**왜 리더에게
콘텐츠가 필요한가?**

Z세대 팀원의 마음을 어떻게 움직일 것인가? 이는 최근 팀장들이 가장 깊이 고민하는 주제다. 커뮤니케이션 방식, 회식 문화, 인사 관리에 이르기까지 새로운 세대와 함께 일하기 위해 고심하며 전문가의 조언까지 구한다. 여러 곳에 조언을 구하지만 돌아오는 답은 하나다. 그들의 마음을 이해하고 존중하라는 말이다. 하지만 팀장이 아무리 배려하고 애써도, Z세대의 눈에는 여전히 보수적이고 권위

적인 상사로 비치기 십상이다.

그렇다면 팀원들의 마음을 사로잡고 존경받는 리더가 되려면 어떻게 해야 할까? 핵심은 '성장'이다. Z세대는 성장을 통해 일의 보람을 찾고, 자신의 시장가치를 높일 수 있다고 믿는다. 인간은 본래 성장하고자 하는 욕구를 지닌 존재다. 만일 리더가 성장의 방향을 제시하고 그 길을 함께 걸어준다면, 구성원은 열정으로 응답할 것이다.

장윤혁 작가의 『팀장의 본질』(2022)에서는 '콘텐츠 리더십'이라는 개념을 제안한다. 이 책에서 리더는 자신만의 콘텐츠가 있어야 팀원이 자발적으로 따르게 된다고 주장하는데, 나는 이 주장에 깊이 공감했다. 팀원은 배울 점이 있는 매력적인 리더에게 마음을 연다. 반대로 배울 것이 없는 리더는 롤 모델로 삼기를 거부한다. 즉, 팀장에게는 '전문성이 담긴 콘텐츠'가 있어야 진정한 리더로 인정받는다.

전문성을 기반으로 한 콘텐츠를 만드는 과정은 팀장 자신의 경쟁력을 높이는 데도 유익하다. 동시에 팀원을 성장시키고, 팀의 성과를 끌어올리는 데 기여한다. 콘텐츠가 있으면 팀원의 동기를 자극하고, 팀 전략의 방향을 설정하는 데 도움이 된다. 팀원에게 피드백을 줄 때도 콘텐츠는 훌륭한 지침이 된다.

더 나아가 콘텐츠는 팀장으로서 일하게 하는 내적 동기가 되기도 한다. 팀장 역할이 버거울 때마다, 나는 내 콘텐츠가 쌓이고 있다는 사실로 스스로를 위로한다. 그러면 다시 힘이 난다. 팀장 역할이 단순히 회사를 위해, 팀원을 위해 헌신하는 자리라는 인식만으로는 오래 버티기 어렵다. 나 역시 그 과정에서 무언가를 얻고 있어야 한다. '시장에 비싸게 팔릴 나만의 콘텐츠를 쌓아가고 있다'는 생각은 나를 단단히 붙잡아 준다.

언젠가는 우리의 직장 생활이 끝나는 순간이 찾아온다. 그 긴 시간 동안의 결과로 우리에게 무엇이 남을까? 은퇴하는 선배들은 수십 년을 헌신하고도 남은 것이 없다며 허탈해한다. 이는 축적된 콘텐츠가 없기 때문이다.

팀장은 팀원의 성장뿐만 아니라 자신의 경쟁력을 위해서라도 리더의 콘텐츠를 만들어야 한다. 여기서 말하는 '리더의 콘텐츠'란 팀장이 먼저 전문성을 갖추고, 그 전문성을 팀원이 받아들이기 쉽도록 가공한 것을 의미한다. 리더의 콘텐츠를 쌓기 위한 첫걸음은 팀장이 먼저 전문성을 갖추기 위해 끊임없이 배우고, 연구하고, 고민하는 것이다. 마지막으로 그걸 어떻게 전달할지 고민하는 것까지 포함된다.

팀장이 콘텐츠를 갖추기 위해 필요한 능력

팀장의 콘텐츠를 쌓아가기 위해 가장 먼저 생각해 봐야할 것은 업무 전문성이다. 전문성이란 실무를 효율적으로 처리해 내는 역량이며, 막히거나 해결되지 않던 일을 되게 만드는 돌파력을 말한다. 이 점에서 실무형 팀장은 유리한 위치에 있다. 실무를 계속해 온 덕분에 현장 상황과 문제 해결의 감각을 누구보다 꿰뚫고 있기 때문이다.

전문성을 갖춘 팀장은 위기 상황에서 팀원에게 존경을 받는다. 예를 들어 고객사가 일의 범위를 늘리는 추가 요청을 해왔는데, 팀원들의 업무 스케줄이 이미 꽉 차 있는 상황을 생각해 보자. 누구도 선뜻 나서지 못하고 눈치를 살필 때, 팀장이 "그 일은 내가 한번 해 볼게요"라고 말한다면 팀원들은 팀장의 솔선수범함에 감탄하며 신뢰를 보낼 것이다.

내가 과거에 겪은 팀장들은 종종 이렇게 말하곤 했다.

"어쩌겠냐, 나는 고객사와 회식도 해야 하니 너희들이 고생 좀 해줘. 다 같이 나누어서 하면 어떻게든 되지 않겠어? 대신 내가 이번 프로젝트 끝나면 크게 한턱낼게."

과연 팀원들이 이런 팀장을 믿고 총알이 쏟아지는 최전방에 나가려고 할까? 이런 태도는 팀원을 전장의 최전선으로 이끄는 것이 아니라, 등을 돌리게 만든다.

그렇다면 존경받는 팀장이 되기 위해 업무 전문성을 어떻게 콘텐츠로 만들 수 있을까? 지금 소개하는 3가지 조건을 충족하면 나의 실무 전문성이 '팀장의 콘텐츠'가 된다.

팀장의 콘텐츠가 되기 위한 3가지 조건

① 일의 핵심을 파악하는 능력

단순히 일을 잘한다고 해서 콘텐츠를 갖추었다고 할 수는 없다. 콘텐츠가 되기 위해서는 그 일이 어떤 세부 과업으로 구성되어 있고, 어떤 체계로 돌아가는지를 머릿속에 그릴 수 있어야 한다. 업무의 내용은 계속 바뀌지만, 기본이 되는 구조는 쉽게 달라지지 않기 때문이다.

업무의 구조를 선명하게 인식하기 위해서는 핵심을 파악하는 능력이 있어야 한다. 중요한 업무 단계별로 구분할 줄 알아야, 일의 시작부터 끝까지 전체 흐름을 일련의 과정으로 조감할 수 있다. 오늘날의 업무는 매우 복잡하게 얽혀 있다. 그 복잡한 과정을 쪼개고 정리하려면, 반드시 핵심을 읽어내는 역량이 필요하다. 핵심을 놓치면 전체를 구조화하기 어렵다.

② 구조화하는 능력

업무의 큰 덩어리를 쪼개고 나면, 이번에는 그것을 다시 새롭게 묶어내는 과정이 필요하다. 이것이 바로 '구조화'다. 구조화란 정보를 일정한 기준으로 묶어 체계화하는 작업이다.

예를 들어 '김치찌개, 제육볶음, 짜장면, 라면, 햄버거'와 같은 음식 목록은 나열된 정보에 불과하다. 이를 '한식, 양식, 중식, 분식'으로 분류하면 그 정보가 비로소 의미를 가지게 된다. 단순 나열된 정보는 전체의 흐름이나 가치를 파악하기 어렵지만, 구조화하면 맥락과 핵심을 파악하기 쉬워진다.

보고서 역시 마찬가지다. 데이터를 무작정 정리하지 않고 나열하면 보는 사람은 의미를 읽지 못한다. 이때 구조화된 프레임을 제시하면 단번에 내용을 파악할 수 있다. 팀장이 갖추어야 할 콘텐츠는 단순 정보가 아니라, 의미 있는 구조로 정리된 지식이다.

③ 표현하는 능력

일의 핵심을 파악하고 구조화까지 마쳤다면, 이제 그것을 외부에 표현해야 한다. 콘텐츠란 '내 안에 있는 암묵지*를 팀원이 이해할 수 있도록 구체적으로 표현한 것'이다. 머릿속에 아무리 잘 정리되어 있어도 꺼내 보여주지 못하면 아무 의미가 없다.

표현 방법은 다양하다. 글로 풀어낼 수도 있고, PPT나 강의 형태로 전달할 수도 있다. 특히 글쓰기는 전문성을 가시화하는 데 매우 유용한 수단이다. 요즘에는 글쓰기 플랫폼, SNS, 책 등 글로 나의 이야기를 남길 수 있는 곳이 다채롭다. 내 전문성을 가시적으로 변화시키면서 생각까지 정리할 수 있는 좋은 도구인 만큼 글쓰기를 적극적으로 활용해 보면 좋다.

강의도 마찬가지다. 각 팀원에게 주제를 부여해 돌아가며 연구

---

* 경험과 숙련을 통해 개인의 몸에 배어 있지만, 말이나 글로 표현하거나 전달하기 어려운 지식

강의 자료 샘플

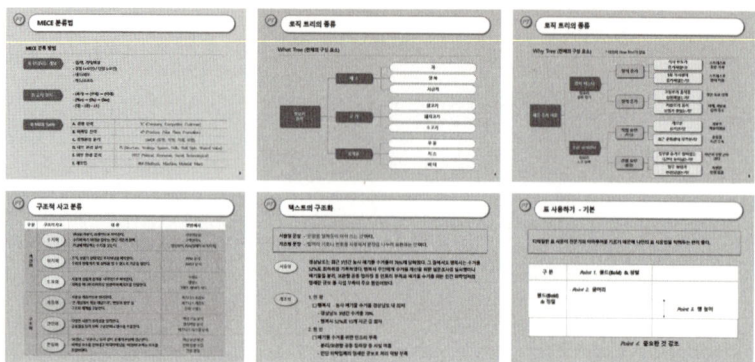

강의를 하도록 했던 적이 있다. 팀장인 나 역시 강의했는데, 한 번도 다루어 보지 않은 분야를 준비하며 두렵기도 했다. 익숙한 주제가 아닌 만큼 준비하는 데 꽤 많은 시간과 노력이 들었지만, 그 과정을 통해 그 분야에서 준전문가 수준의 지식을 쌓을 수 있었다. 가르치려면 머릿속에 전체 맥락이 깔끔하게 정리되어 있어야 하므로, 각각의 개념이 어떻게 연결되는지 개념 간의 관계까지 파악하며 공부해야 한다. 이런 훈련이 누적되면 자연스럽게 나만의 콘텐츠가 쌓인다.

신입 온보딩 강의, 팀 전략 공유 강의도 팀장이라면 반드시 한 번쯤 해봐야 할 콘텐츠 실습 무대다. 팀원의 역량 개발에도 효과적이며, 팀장의 전문성 정리에 큰 도움이 된다.

실무 역량을 갖추고 있지만 글이나 강의 형태로 정리하기 어렵다면 '스터디 그룹'을 운영하는 방법도 고려할 수 있다. 초기에는 쉽게 구할 수 있는 보고서나 아티클(Article)을 중심으로 스터디를 운영하고, 팀원 간 역할을 나누어 각자 자료를 찾아 정리하도록 한다. 이후에는 팀원 스스로 간단한 글을 써보게 하자. 이렇게 하나씩 정리하는 과정을 통해, 팀원들뿐만 아니라 팀장도 자신만의 콘텐츠를 쌓을 수 있게 된다.

팀장의 콘텐츠는 어떻게 만들까?

팀장 먼저 배우기

콘텐츠를 지속적으로 만들어 내는 팀장이 되기 위해서는 무엇보다도 '먼저 배우는 자세'가 필요하다. 사내외 멘토를 찾아 정기적으로 가르침을 받고, 교육 기회가 있다면 적극적으로 참여해 보자. 책을 꾸준히 읽는 습관을 들이는 것도 좋다.

물론 시간이 많다면 누구나 배움을 거부하지 않을 것이다. 그러나 실무형 팀장들은 늘 시간에 쫓기고, 정신적으로도 육체적으로도 지쳐 있다. 이런 상황에서 멘토를 찾고, 교육을 받으라고 하니 배부른 소리처럼 들릴 수 있다.

하지만 지금의 학습은 단순히 지식을 보충하기 위한 것이 아니다. '콘텐츠'가 곧 팀장의 리더십이자 경쟁력이다. 팀원이 따르고 싶어 하는 팀장이 되려면, 팀장 자신이 성장하고 있다는 신호를 보여주어야 한다. 시간이 없고 피곤하더라도, 콘텐츠를 찾기 위한 발걸음을 멈추어서는 안 된다.

팀장에게는 '솔선수범'의 자세가 필요하다고 여러 번 말했다. 여기서 '솔선(率先)'은 리더가 남보다 먼저, 기꺼이 나서는 태도를 의미한다. '수범(垂範)'은 그러한 태도가 구성원에게 본보기가 되어 자발적으로 따르게 하는 것이다. 결국 팀장이 '솔선'하는 배움의 자세를 보이고, 자기만의 콘텐츠로 '수범'의 기반을 만든다면, 그것은 팀원들에게 매우 강력한 리더십으로 작용하게 된다.

팀장만의 내용과 색깔 담기

좋은 콘텐츠는 '자기다움'을 담고 있어야 한다. 팀원의 마음을 움직이는 콘텐츠는 언제나 리더 고유의 견해, 경험, 가치관이 녹아 있는 이야기다.

예를 들어 "팀의 전략과 직접 연관된 일부터 우선하자"라는 말은 누구나 할 수 있다. 하지만 팀장이 주니어 시절 전략 방향을 몰라 몇 달간 진행한 프로젝트가 수포로 돌아갔던 경험을 이야기한다면 어떨까? 그 경험에서 팀장이 어떤 교훈을 얻었고, 그 뒤로 어떤 변화가 있었는지를 팀원들에게 공유한다면, 이건 누구도 복제할 수 없는 리더의 고유한 콘텐츠가 된다.

SNS나 책에서 본 좋은 문장을 인용하며 말하는 리더도 있다. 그러나 그런 콘텐츠에는 '자기다움'이 없다. 남의 생각을 가져와 말하는 것은 팀원의 공감을 얻기 어렵다. 팀장이 콘텐츠를 만들고 싶다면 반드시 자신의 목소리, 경험, 문제의식이 담겨야 한다.

새로운 관점 제시하기

마지막으로 스킬이나 정보 자체보다는 관점을 전달하는 데 집중하자. 어떤 팀장은 자꾸만 정보 전달에 집착한다. 마치 숨겨진 정보가 곧 힘이라는 과거의 논리에 사로잡혀 있는 듯하다. 그러나 지금은 팀장만 알고 있는 고급 정보라는 게 거의 존재하지 않는다. 오히려 정보의 습득과 공유 속도는 젊은 직원들이 훨씬 빠르다.

팀장이 진짜 경쟁력을 가지려면 '정보'가 아니라 '해석'에 강해야 한다. 문제나 주제를 자신만의 관점으로 재해석하는 것, 이것이야말로 주니어들이 쉽게 따라올 수 없는 팀장의 고급 스킬이다. 관점에는 리더 고유의 가치와 의미가 담겨야 한다.

깊이 있는 고민을 통해 주제를 나만의 지식 체계로 변환하고, 거기서 도출한 관점을 제안해 보자. 정보 자체보다 정보를 바라보는 방식, 바로 그 관점이 팀원의 마음을 움직인다. 이런 리더는 팀원들로부터 자연스럽게 존경을 받게 된다.

실무형 팀장을 위한 SUMMARY

- 실무형 팀장은 말보다 '콘텐츠'로 신뢰를 얻어야 한다.
- 팀장의 콘텐츠란 전문성을 갖춘 팀장이 그 전문성을 팀원이 받아들이기 쉽도록 가공한 것을 의미한다.
- 팀장의 콘텐츠를 갖추기 위해서는 일의 핵심을 파악하는 능력, 일을 구조화하는 능력, 그리고 이것을 팀원들에게 표현하는 능력을 갖추어야 한다.
- 솔선수범해서 배움의 자세를 갖추고, 팀장의 내용과 색깔을 담고, 새로운 관점을 제시해야 비로소 팀장만의 고유한 콘텐츠가 된다.

팀장의 시간 관리, 이것만 알면 된다

시간이 부족한 실무형 팀장은 늘 '을'이다

실무형 팀장은 '시간 부족'으로 큰 스트레스를 받는다. 아무리 열심히 To Do List를 만들어도 항목을 지워나가질 못하니 자괴감이 밀려온다. 중요한 일에는 손도 대지 못한 채 한 주가 끝나기 일쑤다. '다음 주는 더 힘들겠다'는 생각에 앞이 캄캄해진다. 해도 해도 끝나지 않는 야근은 열정과 체력을 앗아간다.

시간 관리 측면에서 실무형 팀장은 늘 '을'의 입장이다. 상사, 고객, 팀원 모두가 시간을 요구하며 줄을 선다. 모두가 갑이니 실무형 팀장은 요청에 응할 수밖에 없는 처지다. 스스로 시간을 설계하기는커녕, 타인의 일정에 끊임없이 휘둘린다.

팀장은 관리 업무에도 굉장히 많은 시간을 소모해야 한다. 팀 관리를 위해서는 팀원과의 소통은 필수다. 그런데 소통에는 반드시 '노이즈'가 개입된다. 그래서 노이즈를 해소하기 위해 누군가를 이해시키고 설득하는 데는 생각보다 많은 시간이 든다. 30분이면 충분하리라 예상한 회의가 실제로는 1시간이 훌쩍 넘게 진행되는 일이 비일비재하다.

더 큰 문제는 실무도 함께해야 한다는 점이다. 실무에 집중하려면 덩어리 시간이 필요하지만, 실무 외 또 다른 팀장의 역할 때문에 조각 시간밖에 남지 않아, 결국 퇴근 후에야 비로소 내 업무에 몰입할 수 있다. 모든 팀원이 퇴근한 뒤, 아무도 건드리지 않는 조용한 시간에만 비로소 팀장은 진짜 '시간의 주인'이 된다. 계속되는 야근에 몸은 지치지만, 그때만큼은 시간 통제감을 느낄 수 있어 오히려 위안이 되기도 한다.

기존 시간 관리 방식은 주로 톱다운(Top-down, 하향식) 방식이었다. 큰 그림을 먼저 그리고 그에 따라 하위 계획을 배치하는 전략으로, 연간 계획을 세우고 그것을 월별, 주별, 일별로 쪼개 실행하는 식이다. 하지만 이 방식은 '자신의 일정을 스스로 통제할 수 있는 사람'에게나 잘 맞는다. 즉, 기업 임원, 대학 교수, 전문직 종사자처럼 계획 수립과 실행에 재량이 있는 사람에게나 적합하다.

중간관리자인 실무형 팀장에게는 이 방식이 잘 통하지 않는다. 계속해서 업무 요청이 쏟아지는데 일의 대부분이 외부에서 발생하기 때문이다. 이럴 때는 보텀업(Bottom-up, 상향식) 방식이 더 유효하다. 여전히 계획은 필요하지만, 계획을 고수하기보다는 유연하게 대처하는 역량이 중요하기 때문이다. 눈앞에 떨어진 일의 성격을 재빨리 파악해 즉시 처리할 일은 바로 해치우고, 넘길 수 있는 일은 과감히 위임해야 한다. 실무형 팀장에게 필요한 시간 관리란 '치밀한 계획'보다는 '빠른 판단과 행동'이다.

실무형 팀장을 위한 시간 관리 팁

보텀업 방식의 유연한 시간 관리를 위해서는 '기록'부터 시작해야 한다. 어떤 형태의 일이 어떤 식으로 주어지고, 나는 어떻게 대처하고 있는지 기록이 필요하다. 시간 데이터를 기록하고 그 속에서 일정 관리의 실마리를 찾으면 된다. 기록은 흘러가는 시간이 눈에 보이도록 도와준다. 일단 눈에 보이기만 해도 훨씬 관리하기 쉽다.

'가뜩이나 시간이 부족해 죽겠는데, 기록할 여유가 어디 있어?' 하고 생각할 수도 있지만, 간단한 메모 습관만으로 충분히 시간 관리에 도움이 된다.

① 웜업 쿨다운 시간을 단축하는 '중단 전 업무 메모'

일의 몰입을 위해서는 '웜업(Warm-up)'이 필요하다. 반대로 곧 중단된다는 사실을 알게 되면 집중력이 급격히 떨어지는 '쿨다운(Cool-down)' 구간이 생긴다. 점심시간 직전이나 회의 직전이 그런 시간이다.

'중단 전 업무 메모'는 웜업·쿨다운 시간을 줄이기 위한 방법이다. 작업 중단 시점의 상황을 간단히 메모함으로써 일을 재개했을 때 몰입까지 걸리는 시간을 줄인다. 손을 뗀 일을 다시 시작하려고 하면 막막할 때가 많은데, 고민거리를 메모해 놓은 것만 봐도 시작하기가 한결 편하다.

'중단 전 업무 메모'는 '자이가르닉 효과(Zeigarnik effect)'를 방지하는 데에도 효과적이다. 자이가르닉 효과는 미완의 업무가 뇌에 계

중단 전 업무 메모	
진행도	일이 얼마나 진행되었는지 적는다. 단순히 '70%'가 아니라 어떤 단계까지 진행되었는지, 즉 아이디어 도출, 기획서 구성 진행도, 이해관계자 설득 정도처럼 구체적으로 쓰는 편이 좋다.
고민거리	남은 문제 중 핵심만 1~2개 적는다. 고민을 적어놓고 잊기 위해서 이전에 일할 때 고민되었던 것 중 가장 중요한 것 1~2개만 적는 편이 좋다.
가장 먼저 할 일	다시 일할 때 가장 먼저 해야 할 일을 적는다. 다음에 일을 다시 시작할 때 웜업에 걸리는 시간을 줄일 수 있다.

속 남아 다른 일의 몰입을 방해하는 현상이다. 수학 시간에 못다한 영어 공부를, 영어 시간에 못다한 수학 공부를 떠올리는 것처럼 말이다. '중단 전 메모'는 미완의 업무가 뇌리에 남아 지금 하는 일을 방해하지 않게 도와준다. 더불어 중단된 일을 재개할 때 이전의 상태를 금세 떠올리게 해준다. 즉, 머릿속으로만 진행된 일도 기록해 '없었던 일'로 되지 않게 해준다.

② 나를 위한 시간을 만드는 '타임 블로킹'

타임 블로킹(Time blocking)은 몰입을 위해 일정한 시간대를 미리 확보해 두는 방법이다. 프로젝트 수행, 팀원 피드백, 고유 업무 집중 등을 방해받지 않고 처리할 수 있는 시간대를 스스로 확보하는 것이다.

우리는 언제든 몰입할 수 있도록 설계된 기계가 아니다. 새로운 일을 시작할 때 쉽게 몰입하려면 '예상 가능한 시간'이 필요하다. 예컨대 '월·수·금 퇴근 전 3시간씩은 마케팅 전략 수립에 사용하겠다'처럼 업무 가능 시간, 업무 예정 시간을 구체적으로 예측할 수 있어야 한다. 그래야 마음의 준비를 할 수 있고, 좀 더 빠르게 집중 상태에 도달할 수 있다.

타임 블로킹을 효과적으로 활용하려면 먼저 확보할 수 있는 시간대를 꼼꼼히 살펴야 한다. 이 시간대는 하루 중 일정한 시간일 수도 있고, 특정 요일일 수도 있다.

타임 블로킹 예시

구분	월	화	수	목	금
09:00					
10:00					
11:00		(팀장 블록) 담당자별 실적 분석 및 피드백 메모			
12:00			점심시간		
13:00					(팀장 블록) 팀원 1:1 피드백
14:00					
15:00	(실무자 블록) 마케팅 기획안 작성		(실무자 블록) 고객사별 프로모션 방안 작성		
16:00					
17:00					

이 방법을 잘 활용하려면 팀원과 동료의 협조를 구해야 한다. "이 시간에는 집중 업무를 해야 하니, 급한 일이 아니라면 피해주시겠어요?"라는 식으로 정중히 양해를 구하고 이 시간만큼은 단순 결재, 업무 문의, 전화 등 몰입을 방해하는 요청을 받지 않도록 한다.

타임 블로킹 시간은 가급적 1시간 이상 확보하는 것이 좋다. 업무 모드를 전환하는 데만 최소 10~15분이 소요되기 때문이다. 시간이 너무 짧으면 확보한 시간을 제대로 활용하기 어렵다.

③ 숨겨진 시간을 찾는 '타임 데이터 분석'

이 방법은 '시간 가계부 작성'이라고도 불린다. 빅데이터를 분석해 솔루션을 도출하듯, 시간 기록 데이터를 활용해 효율적인 시간 관리를 위한 해결 실마리를 찾는 방식이다.

시간 데이터는 자동으로 쌓이지 않는다. 메모를 통해 데이터를 만들어야 한다. 처음에는 귀찮게 느껴질 수 있지만, 막상 해보면 노력 대비 효과가 꽤 크다는 걸 체감하게 된다.

타임 데이터를 메모하는 방법은 간단하다. 하루 동안 내가 시간을 어떻게 사용하는지 빠짐없이 적는다. 업무뿐만 아니라 커피 브레이크, 스몰 토크, 멍하니 고민하는 시간까지 모두 적는다.

중요한 점은 기억에 의존하지 말고, 그때그때 기록해야 한다는 것이다. 시간이 조금만 지나도 '방금 내가 무슨 일을 했는지'조차 기억하기 어려워지기 때문이다.

처음에는 10분 단위로 시간을 기록해 보자. 직장인의 업무는 일주일 단위로 반복되는 경향이 있다. 10분 단위로 1~2주 정도만 적으면 패턴을 파악할 정도의 데이터가 확보된다. 업무 특성상 한 달 단위로 일정이 반복되기도 하는데 그럴 경우에는 1~2개월치 데이터를 모아야 한다. 이때는 10분 단위로 기록하면 데이터가 너무 많아지므로 30분~1시간 단위로 기록한다.

이렇게 기록한 타임 데이터는 2가지 방식으로 활용할 수 있다.

첫째, 숨겨진 시간을 찾아낼 수 있다. 누구에게나 드러나지 않는

타임 데이터 기록 예시

시간	타임데이터	분류
09:00~09:20	다과 타임	C
09:20~09:50	하루 업무 일정 계획	I
09:50~10:10	고객사 담당자와 전화	U
10:10~10:40	본부장님의 영업 실적 질문에 답변	U
10:40~11:00	습관적인 이메일 확인	W
11:00~11:30	마케팅 제안서 작성 아이디어 구상	I
11:30~11:50	???(순삭된 시간)	W

* I: Important, U: Urgent, C: Common, W: Wasted

'숨겨진 시간'이 있다. 대표적으로 커피 브레이크나 흡연 시간이 여기 해당한다. 나는 커피 마시는 데 10분 정도 썼다고 생각하지만 실제로는 30~40분이 훌쩍 지나간 경우가 태반이다. 이 틈새를 찾지 못하고 '나는 왜 항상 시간이 없을까?'라고 고민하는 사람이 많다. 숨겨진 시간을 발굴하면 하루에 1~2시간은 쉽게 확보할 수 있다.

둘째, 급한 일을 하느라 정작 중요한 일을 놓쳤는지 확인할 수 있다. 눈앞에 급한 일이 닥치게 되면 당장은 급한 일이 더 크게 보여, 중요하지만 시급하지 않은 일을 놓치기 쉽다. 타임 데이터에 기록한 급한 일을 하는 시간과 중요한 일을 하는 시간을 합산해 보면, 내가 중요한 일을 놓치고 있는지 알 수 있다. 만일 아주 중요한 일이지만 시간을 할애하지 못하고 있다면 나의 시간 사용 패턴을 개선해야 한다.

중요한 것은 시간 통제감이다

보고 일정을 명확히 해 시간을 예측하기

수시로 끼어드는 팀원의 보고는 팀장의 시간 관리를 어렵게 하는 대표적인 방해 요소다. 팀원은 일을 마무리하려면 중간 보고 단계를 반드시 거쳐야 하고, 팀장이 실행 여부를 판단해 주어야 다음 단계로 넘어갈 수 있다. 문제는 팀원이 팀장의 일정과 상관없이 자기 시간에 맞추어 보고하러 온다는 점이다. 그 결과, 팀장은 하루에도 여러 번 자신의 업무 흐름이 끊기게 된다. 일정의 예측 가능성은 떨어지고, 몰입은 자꾸 방해받는다.

많은 팀장이 보고 일정에 관한 뚜렷한 기준을 제시하지 않는다. 이유는 간단하다. 업무를 수행하는 데 걸리는 시간이 사람마다 천차만별이기 때문이다. A 팀원이 3일 만에 끝낼 일을 B 팀원은 6일이 걸리기도 한다. 게다가 어떤 일은 애초에 소요 시간을 예측하기 어렵다. 그래서 마감을 정해주기를 주저하게 된다.

하지만 가늠하기 어렵더라도 보고 일정을 명확히 해주는 편이 훨씬 낫다. 마감이 정해져 있으면 팀장은 그 일정에 맞추어 보고를 받을 수 있고, 전체적인 시간 흐름을 조율하기 쉬워진다. 업무량을 잘못 예측했다면? 혹은 돌발 상황이 생겼다면? 그때는 협의를 통해 보고 시점을 조정하면 된다. 중요한 것은 처음부터 보고 일정을 명확히 하는 것이다.

보고 일정을 제시하려면 팀장이 실무를 잘 이해하고 있어야 한다. 일정을 너무 여유롭게 잡으면 팀원은 느슨하게 일해도 괜찮다고 생각한다. 반대로 지나치게 타이트한 일정을 제시하면, 팀원은 '팀장이 이 일을 제대로 이해하고 있지 못하네'라고 생각한다. 일정 조율은 단순한 실무 통제가 아니라 팀장의 전문성, 신뢰와도 연결된다.

성과 vs. 손실 비교법으로 의사결정 시간을 단축하기

의사결정 지연도 팀장이 자신의 시간을 관리하는 데 방해 요소다. 결정 기준이 명확하지 않으면 판단을 내리는 데 소요되는 시간이 점점 오래 걸린다. 이럴 때 활용할 수 있는 간단하면서 효과적인 기준이 있다. 바로 '성과 vs. 손실 비교법'이다. 의사결정의 시점에서, '이 선택을 했을 때 얻게 될 성과'와 '하지 않았을 때 발생할 손실'을 크기와 영향력 중심으로 비교하는 것이다.

예를 들어 임원이 지나치게 자주 회의를 소집한다고 하자. 이때 '회의를 거절하고 프로젝트에 집중했을 때의 성과'와 '회의 참석을

성과 vs. 손실 비교법 예시

문제 상황: 고객사와의 미팅 vs. 핵심 인력의 퇴사 고민 면담 중 어느 것이 우선일까?

성과	손실		결론
고객사와의 미팅으로 담당자의 의문점이 해소되면 계약 체결 가능성이 높아진다.	핵심 인재가 퇴사하면 각 팀원의 업무 부담이 커지고 과다한 업무량에 연쇄 퇴사의 가능성이 높다.	➡	먼저 퇴사 면담을 한다. 장기적으로 구성원 이탈방지를 통한 손실 방지 효과가 크다.

거절했을 때 임원의 기분을 상하게 할 가능성' 중 어느 쪽의 영향이 더 큰지를 비교해 보는 것이다.

회의를 거절한다고 해서 커리어에 큰 타격을 받는 건 아니다. 그러나 시급한 프로젝트가 실패하면 그것은 팀 전체, 혹은 본인의 커리어에 심각한 영향을 줄 수 있다. 성과와 손실 크기를 비교해 본다면 팀장이 선택할 수 있는 선택지는 더욱 명료해진다.

항상 시간이 부족한 실무형 팀장은 '을'의 위치에 있지만, '무조건 끌려가지 않고 반드시 지켜야 할 시간'은 존재한다.

내 시간을 지키기 위한 핵심 키는 바로 '시간 통제감'이다. 통제감을 잃으면 일의 우선순위도 무너지고, 불안과 무력감이 커진다. 하루가 정해진 루틴 없이 흘러가면 지금 내가 잘하고 있는지 스스로 의심하게 되고 자신감도 잃는다. 회사의 리듬에만 맞추느라 내 시간의 주도권을 완전히 잃는 것, 그것이 팀장이 가장 피해야 할 상황이다.

내게 맞는 시간 통제 전략을 찾고, 작게라도 실험해 보자. 확신을 줄 수 있는 방법 하나는 반드시 찾을 수 있을 것이다.

 실무형 팀장을 위한 SUMMARY

- 실무와 관리 업무를 모두 수행하느라 시간이 항상 부족한 실무형 팀장에게는 '보텀업' 방식의 유연한 시간 관리 방식이 필요하다.
- 보텀업 방식의 시간 관리를 위해서 '중단 전 업무 메모하기' '타임 블로킹' '타임 데이터 분석' 방식을 활용할 수 있다.
- 명확한 보고 일정을 제시하고 의사결정 시 성과 vs. 손실 비교법을 활용함으로써 팀장의 시간 통제감을 지켜야 한다.

가장 강력한 커리어 자산 '팀장 리더십'

**'좋은' 팀장 수요는 늘었지만
공급은 턱없이 부족한 시대**

수평적인 기업 문화가 확산되고 있다. 재택 근무, 유연 근무제 등 일하는 장소와 시간이 유연해졌다. 한편 불경기로 많은 기업이 의사결정 단계를 축소하고, 조직을 줄이고 있다. 동시에 팀원이 팀장 직책을 회피하는 이른바 '리더 포비아(Leader phobia)' 현상도 나타난다.

그래서일까? '이제 팀장의 시대는 끝난 것이 아닐까'라는 질문이 슬금슬금 나온다. '팀장 없이 팀원이 자율적으로 일하는 문화로 전환되는 것은 아닐까?' 'AI가 업무를 배분하고 성과를 피드백하는 시대가 도래한 것은 아닐까?'와 같이 팀장의 수가 줄어들지도 모른다는 전망이 이어진다.

그러나 실제 통계는 반대의 흐름을 보여준다. 하버드경영대학원(Harvard Business School)의 장 러티안(Letian Zhang) 교수는 미국 노동통계국의 인구 조사(Current Population Survey, CPS) 데이터를 분석해 1983년부터 2020년까지 관리자의 비율이 무려 35%나 증가했다고 밝혔다.*

생각해 보면, '팀장을 없앤 회사'를 현실에서 거의 들어보지 못했다. 오히려 서점에는 '팀장 리더십'을 주제로 한 책들이 넘쳐난다. 이처럼 실제로는 팀장에 대한 관심은 줄지 않았다. 그 이유는 바로 팀장의 '역할 변화' 때문이다.

과거에는 팀장의 주요 역할이 관리와 통제였다면, 이제는 협업을 조정하고 소통을 활성화하는 일이 중심이 되었다. 기업은 급변하는 환경에 민첩하게 대응할 수 있어야 하며, 팀장은 그 중심에서 센스 메이킹 능력을 발휘해야 한다. 즉, 상황을 통찰하고 빠르게 전략을 제시하는 리더십이 요구된다. 이렇게 팀장에게 기대되는 역할이 늘어나면서, 오히려 팀장의 수가 증가한 것이다.

---

* Zhang, L. (2023). *The changing role of managers. American Journal of Sociology, 129*(2), 439-484.

팀장의 역할이 과거보다 훨씬 복잡하고 고난도가 되면서, 그 가치는 더 높아졌다. 과거에는 연차만 쌓이면 자연스럽게 팀장이 되었다. 어느 정도 경력이 있다면 리더 역할을 수행하는 데 무리가 없다는 인식이 있었다. 그러나 이제는 다르다. 능력이 기준에 미치지 않으면 절대 팀장 자리에 오르지 못한다. 상사도, 부하도, 함께 일할 리더가 제대로 된 사람인지 촉각을 곤두세운다.

좋은 팀장은 수요가 넘치지만, 공급은 턱없이 부족한 시대다. 팀장의 자리는 흔하지 않고, 팀장의 역량은 기업의 경쟁력을 좌우한다. 그렇기에 지금 이 시대의 팀장은 투자 대비 수익이 가장 높은 자산으로 평가받는다.

AI 시대에도 리더십이 필요한 이유

AI와 함께 일하는 시대가 되었다. AI 시대에는 정형화되고 반복적인 일은 AI가 수행하고, 인간은 더 복잡하고 더 어려운 일을 맡게 된다. 필연적으로 인간만이 할 수 있는 스킬이 요구되는 일의 비중이 늘어난다. 창의성, 협업, 공감, 소통 능력 등이 여기에 해당한다. 기존의 업무보다 훨씬 더 고난도의 역량을 요구하는 일이다.

이처럼 인간의 고유 역량이 중요해질수록, 그 역량들을 효과적으로 연결하고 시너지를 낼 수 있도록 이끄는 리더십의 가치는 더욱 높아진다. 앞으로 조직이 가장 필요로 하는 역량은 리더십이 될 것이다. 바로 이것이 AI 시대에도 리더십에 주목해야 하는 이유다.

왜 조직은 이렇게 리더십에 목말라 할까? 위기일수록 리더십의 중요성이 커지기 때문이다. 기업의 미래가 낙관적이고 성장 가능성이 뚜렷했던 시기에는 리더십을 지금처럼 강조하지 않았다. 하지만 불확실성과 저성장이 일상화된 지금, 사람들은 더 강력한 리더십을 찾는다.

우리 사회는 고령화와 저출산이라는 구조적 문제를 안고 있고, 상당수 산업은 성숙기에 접어들고 있다. 이차전지, 반도체도 지금은 성장 산업으로 주목받지만, 언제까지 성장 곡선을 유지할 수 있을지 알 수 없다. 중국의 거센 추격도 무시할 수 없다. 10년 뒤에 한국 경제가 맞닥뜨릴 문제에는 '리더십'만이 답을 할 수 있을 것이다.

"The best ship in time of crisis is leadership."
"위기의 순간일수록 최고의 배(ship)는 리더십이다."

미국 해군사관학교(U.S. Naval Academy)에서 가르치는 격언이다. 이 말처럼, 리더십은 조직을 위기에서 구하는 유일한 역량이다. 정답이 보이지 않는 혼란의 시기일수록 사람들은 리더의 얼굴만 바라본다. 이처럼 리더십에 대한 의존도가 높아질수록, 조직이 리더에게 지불하는 경제적 가치도 상승한다.

전문가로 성장하면 일반 구성원보다 2~3배의 연봉을 받을 수 있다. 반면 리더는 보통 사람의 20~30배, 많게는 100배의 연봉을 받는다. 이것이 오늘날 채용 시장에서 리더십의 가치다.

실무형 팀장은 실무 전문성과 리더십이라는 2개의 고난도 역량을 동시에 갖추어야 하는 쉽지 않은 포지션에 있다. 전문성의 끈을 놓지 말고 언제든 실무자로 돌아갈 수 있도록 준비해야 하지만, 리더 경험을 쌓을 수 있는 기회가 주어진다면 굳이 피할 이유는 없다. 실무 역량에 리더십까지 더한다면 커리어에서 전혀 기대하지 않았던 기회가 찾아올 수 있다.

게다가 리더십은 쉽게 배울 수 있는 역량이 아니다. 조직은 1명의 리더를 키우기 위해 예산, 조직, 권한과 같은 자원을 아낌없이 투자한다. 신임 팀장을 위해 조직은 투자와 모험을 감수한다. 팀 운영에 실패하면 손해가 크다는 걸 알면서도 계속 팀장에게 기회를 주는 이유는, 그만큼 리더십이 희소하고 강력한 자산이기 때문이다.

회사가 당신에게 리더의 기회를 주려 한다면, 주저하지 말자. 리더십은 누군가 시켜서 억지로 수행하는 것이 아니라, 스스로가 성장의 길을 받아들이는 투자 행위다. 그리고 그 투자 수익률은, 상상을 초월한다.

센스 메이킹을 잘하는 팀장이 되어야 하는 이유

미시간대학교(Michigan University)의 칼 와익(Kárl Weick) 교수는 지금과 같이 불확실성이 높은 시대에 가장 필요한 능력으로 '센스 메이킹'을 꼽았다. 센스 메이킹이란 '우리가 처한 상황의 숨겨진 의미를 파악하고, 통찰력을 발휘해 최적의 대응 전략을 세우는 과정'이라고 앞서 말했다. 한마디로 변화한 게임 규칙을 읽는 능력이다.

사례를 보자. 레고는 한때 위기의 중심에 있었다. 저출산으로 주 고객층인 어린이 수가 급감했고, 청소년층은 플레이스테이션(PlayStation)과 같은 비디오 게임으로 이동했다. 시장의 판 자체가 바뀌는 상황이었다. 이때 레고는 방향을 바꾸어 '키덜트(Kidult)' 시장, 즉 성인 고객층을 겨냥한 전략으로 선회했고, 결과는 대성공이었다. 이처럼 바뀐 판에서 어떤 전략을 선택하느냐가 기업의 생존을 좌우한다.

그렇다면 이런 센스 메이킹 능력은 어떻게 발현될까? '프레임' 개념이 실마리를 제공한다. 사람은 누구나 자신도 모르게 사고와 행동의 기준이 되는 '숨은 가정'을 가지고 있다. 우리는 마치 매 순간 새롭게 판단하고 결정하는 것처럼 느끼지만, 사실은 숨은 가정 '프레임'에 따라 무의식적으로 생각이 끌려간다.

팀장은 팀원의 일하는 모습을 한발 떨어져 관찰할 수 있는 위치에 있다. 이때 팀원이 어떤 기준으로 업무를 전개하는지를 유심히 살펴보면, 그 속에 숨어 있는 팀원의 프레임을 발견할 수 있다.

예를 들어보자. 마케팅팀 팀원이 신제품을 홍보하기 위해 팝업 스토어를 열자고 제안했다. 제안의 배경에는 '색다른 매장을 경험하면 고객의 이목을 끌 수 있다'는 가정이 깔려 있다. 즉, '호기심을 자극하면 반응할 것'이라는 프레임이 전제된 것이다.

하지만 팀장은 최근 경쟁사들이 비슷한 팝업 스토어를 이미 경쟁적으로 운영 중이라는 사실을 파악했다. 그래서 고객이 느낄 신선함이 줄어들었고, 기존 프레임은 더 이상 통하지 않는다고 판단했다. 이처럼 기존의 프레임을 해체하고, 새로운 관점에서 문제를 재구성하는 과정이 바로 '리프레이밍(Reframing)'이다. 팀장은 팀원이 새로운 프레임을 만들도록 돕는 지원자가 되어야 한다.

센스 메이킹을 잘하는 팀장은 일상의 업무에서도 새로운 의미를 발견하는 태도를 갖춘 사람이다. 기존 가치에 의문을 품고, 다른 의미를 끊임없이 탐색하는 호기심 많은 리더가 되어야 한다.

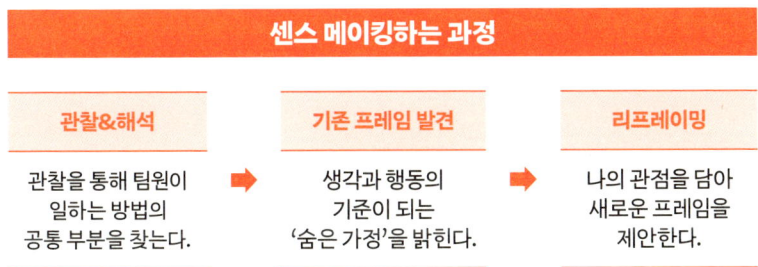

팀장이기에 배울 수 있는 것들

언제까지나 팀장 자리에 머무는 것은 아니다. 더 상위의 리더 직책으로 이동할 수도 있고, 창업해서 기업의 대표가 될 수도 있다. 은퇴 후에는 식당이나 편의점을 운영할 기회가 생길 수도 있다. 어떤 형태가 되었든 상위 리더로 활동하려면 비즈니스 전반을 이해하는 머리가 필요하다. 경영진은 일을 바라보는 관점 자체가 다르다. 모든 상황을 비즈니스에 미치는 영향으로 해석한다. 수익과 투자, 손익 구조와 성장성이라는 관점으로 본다.

회사가 절대 놓지 않는 임원은 '이익을 만들어 내는 사람'이다. 제품을 어떻게 기획할지, 주요 고객을 어떻게 설득할지, 얼마를 재투자하고 얼마를 분배할지 등 비즈니스의 흐름을 꿰뚫는 사람이다. 반드시 세부 업무 하나하나까지 직접 처리할 필요는 없다. 하지만 사업이 어떻게 전개되어야 하는지에 대한 A부터 Z까지 그림이 머릿속에 있어야 한다.

팀장 직책을 잘 활용하는 법
- 비즈니스 전반을 이해하는 눈을 키우기
- 리더의 격을 배우기
- 회사에서 제공하는 리더십 교육을 최대한 활용하기

이왕 팀장이라는 고민 많은 직책을 맡았다면, 비즈니스 전반을 이해하는 눈을 키워보자. 하나의 사업 본부를 책임진 사람처럼 생각해 보는 것이다. 투자의 개념, 유관 부서의 업무 흐름을 파악해 보고, 우리 팀의 일이 어떤 방식으로 다른 조직과 연관되어 있는지 살펴본다. 특정 부서나 사업 부문이 손실을 냈을 때, 어떤 방식으로 이를 만회할 수 있을지 판매 채널 포트폴리오를 조정하는 전략도 함께 고민해 본다.

팀장의 직책을 활용하는 또 다른 방법은 '리더의 격'을 배우는 기회로 삼는 것이다. '자리가 사람을 만든다'는 말처럼, 맡은 역할에 따라 사람의 행동거지와 태도가 달라진다. 나 역시 팀장이 되기 전에는 술자리에서 뒷담화를 곧잘 하던 사람이었다. 하지만 팀장이 된 후로는 다른 직원이나 타 부서 이야기를 쉽게 꺼내지 않으려 노력하고 있다. 누군가를 자주 비난하면, 결국은 그 말을 하는 사람의 격도 함께 낮아진다는 사실을 깨달았기 때문이다.

리더가 되고 나서 우선순위를 매기고, 선택과 집중을 실천하려는 태도도 변화 중 하나다. 팀장은 결정하는 사람이어야 한다고 믿는다. 점심 식당이나 회식 장소 하나도 제대로 정하지 못하는 리더는, 더 큰 결정을 잘하기 어렵다. 사소한 결정이라도 판단 기준이 있어야 한다. 작은 결정과 큰 결정은 본질적으로 같다.

마지막으로 회사에서 리더십 교육을 받을 기회를 준다면 이 기회를 꼭 활용하자. 어떤 사람은 "어차피 뻔한 내용이겠지"라며 폄하

하기도 한다. 하지만 생각해 보자. 이처럼 막대한 정보가 넘쳐나는 시대에, 당연히 완전히 새로운 교육 콘텐츠란 거의 없을 수밖에 없다. 그리고 리더십, 코칭 같은 과정은 우리가 이미 알고 있다고 착각하기 쉽지만, 실제로는 제대로 체화되지 않은 지식이 많기 때문에 유의미한 것이다.

게다가 리더십 교육은 가격이 만만치 않다. 개인 비용으로 수강하려면 상당히 부담스러운 금액이다. 회사에서 제공하는 교육을 귀찮다고 피할 것이 아니라, 한 문장이라도 내 언어로 곱씹어 자기 것으로 만들겠다는 자세로 참여해야 한다. 그것이 진짜 내 커리어에 남을 자산이 된다.

 실무형 팀장을 위한 SUMMARY

- 인간만의 고유한 역량이 중요해진 AI 시대, 불확실성과 저성장이 일상화된 오늘날에는 리더십은 값비싼 투자 자산이다.
- 리더는 센스 메이킹을 발휘해 팀원들의 리프레이밍을 도와야 한다.
- 팀장이기에 배울 수 있는 것들이 많으니 잘 활용해야 한다. 비즈니스 전반을 이해하는 눈, 리더의 격, 빠른 의사결정을 위한 판단 기준은 리더이기에 배울 수 있다.
- 조직이 제공하는 리더십 교육이 있으니 십분 활용해야 한다.

멘털 꽉 부여잡는 방법

불안과 초조에서 빠져나오기

팀장이 불안에 사로잡히면 의사결정 방식이 바뀐다. 스트레스가 과도하게 누적되면 리더는 과거의 성공 전략에 집착하기 쉽다. 실패를 회피하려는 성향이 강해지면서 점점 보수적으로 변하고, 팀원은 점점 일하기 힘들어진다.

그뿐만 아니라 불안한 팀장은 팀원이 자율적으로 일해서 성과를 가져오기까지 기다리지 못한다. 팀원의 일거수일투족이 불안하게 느껴져 사사건건 개입하면서 결국 마이크로 매니징을 하게 된다. 이 때문에 팀장과 팀원 사이의 마찰은 끊이지 않게 된다.

팀의 성과가 조금만 부진해도, 모든 게 다 끝난 것처럼 느껴진다. '이대로 가다간 팀장인 나는 경질되고, 팀원들도 나쁜 평가를 받을 거야'라고 생각하며 스스로 불안과 초조 속으로 빠져든다.

불안이 심해지면 모든 게 내 탓으로 보인다. '내가 의사결정을 잘못해서 팀 성과가 떨어진 건 아닐까?' '내 리더십이 부족해서 팀이 이 모양인 건가?'와 같은 스스로를 할퀴는 부정적인 생각이 꼬리에 꼬리를 문다.

머릿속에서 '그때 그렇게만 했더라면…'이라는 생각이 반복된다면, 이미 과도한 불안 상태에 놓여 있는 것이다. 이 상태를 벗어나기 위해 제일 먼저 해야 할 일은, 내가 심리적 위기 상태에 있다는 사실을 자각하는 것이다. 정신적으로 한계에 다다른 사람은 자신의 상태를 인식하지 못하다가 어느 날 갑자기 한계선을 넘고 급격히 무너져 버린다. 그러므로 지금 위험하다는 사실만 알아차려도 무너지는 걸 막을 수 있다.

이럴 때는 잠시 멈추어 서서 자기 내면을 들여다보는 시간이 필요하다. 한발 떨어진 곳에서 나를 바라보듯, 지금의 상황을 차분히 성찰해 본다. 그러면 자동적으로 작동하던 심리적 방어 기제가 멈추고, 조금 더 객관적으로 상황을 바라볼 수 있게 된다.

내가 아는 후배 팀장은 매주 토요일 오전이면 집 근처 한적한

카페로 향한다. 회사에서는 도무지 차분히 생각할 시간이 없기 때문이다. 반복되는 회의, 임원의 성과 독촉, 팀원의 불만 제기…. 이 모든 것에서 벗어나 혼자만의 시간을 가진다. 현실에 휘둘리다 보면 부정적 감정에 사로잡히고, 온갖 일이 다 잘못될 것 같다는 생각에 마음이 조급해진다.

그래서 시작한 '혼자만의 토요일 커피 브레이크'는 마음에 평화를 선사해 주었다. 이상하게 회사에서는 당장 큰일 날 것 같은 일도, 이 시간만큼은 모두 잘 해결될 것처럼 느껴졌다. 평일의 나와 토요일의 나는 전혀 다른 사람 같았다.

이 시간 동안 자신이 처한 상황을 곱씹어 본다. 고민거리를 하나씩 적어보면, 그다지 심각하지 않은 문제가 70%나 된다는 걸 발견하게 된다. 실제 중요한 문제는 고작 2~3가지에 지나지 않았다.

커피 브레이크처럼 정기적으로 '여유의 시간'을 마련하는 것만으로도 불안과 초조에서 빠져나오는 데 큰 효과가 있다. 시간과 장소가 바뀌면 생각도 달라진다. 긴장이 풀리고, 문제를 대하는 태도도 유연해진다. 여유와 성찰의 시간이 습관이 되면, 어떤 어려운 상황도 풀어낼 수 있게 된다.

주 단위로는 '한발 떨어져서 상황을 바라보는 시간'을 정해두고, 분기나 반기 단위로는 '되돌아보기'와 '목표 세우기' 시간을 가져보자. 혼란스러운 상황에서 의도적으로 벗어나 보는 시간은 불안에 빠지지 않는 가장 좋은 예방책이 된다.

회사 화장실에 붙어 있던 글귀 하나가 떠오른다. 한참을 곱씹게 되었던 문장이다.

'차를 타고 달릴 때는 하늘이 얼마나 푸른지, 길가의 꽃이 얼마나 아름다운지 알지 못합니다. 천천히 길을 걸을 때야 이 모든 풍경을 볼 수 있습니다. 앞만 보고 달리지 말고 주변의 아름다움에 눈길을 주는 것이 어떨까요?'

목적지에 최대한 빨리 도착하는 것만을 생각하다 보면, 일과 삶에서 놓치는 것이 많아진다. 때로는 잠시 멈추어 현재를 살피고, 뒤를 돌아보는 시간이 필요하다. 우리는 경험을 통해 배운다. 같은 경험을 해도, 되돌아보는 사람은 경험에서 훨씬 더 많이 배운다.

회사에서는 분기, 반기, 연 단위로 팀원의 실적을 점검하라고 한다. 이때 팀장인 나 자신도 돌아보면 어떨까? 복잡한 양식이 필요한 건 아니다. 단지 한두 시간만 여유를 내어, 그동안 내가 이루어 낸 것, 부족했던 것, 만족스러웠던 것들을 곱씹어 보자.

되돌아보는 과정에서 발견한 것이 있다면, 다음을 위한 계획도 함께 세워보자. 나는 6개월마다 개인 목표를 새로 세운다. 피드백 스킬이나 코칭 기법을 배우고 싶으면 책이나 교육 과정을 찾아본다. 팀원 면담 노트를 정리하면서 면담 스킬을 다듬기도 한다. 다음 반기에 진행할 프로젝트를 미리 떠올려 보며, 어떤 능력을 기를 수 있을지 상상해 본다.

되돌아보고 나아갈 길을 점검해 보는 것. 이것만으로도 마음이 한결 든든해진다. 어디에서 와서 어디로 가는지 알게 되면, 비록 지금 흙탕물과 가시덤불에 둘러싸여 있더라도 그 여정이 다르게 보인다.

루틴화할 수 있는 자기 관리 시간과 예산 확보하기

팀을 관리한다는 것, 리더로서 일한다는 것은 생각보다 훨씬 고된 일이다. 팀장 노릇은 고도의 정신노동이다. 쉽게 지치고 금세 무기력해지기 쉽다. 그래서 반드시 정신과 마음을 돌아보고, 스스로를 달래는 시간을 확보해야 한다. 더불어 정신이 담기는 그릇인 우리의 몸, 즉 육체도 잘 관리해 주어야 한다.

위대한 리더일수록 운동을 즐긴다. 운동하라고 하면 대부분 '시간이 없다' '돈이 든다'는 이유로 망설인다. 하지만 10~15분 정도의 간단한 스트레칭만으로도 충분하다. 근육 운동이 필요한 시기라면, 몇 번의 팔굽혀펴기나 스쿼트로 가볍게 시작할 수 있다. 10분 이내로 어렵지 않게 할 수 있는 운동부터 해보면 된다. 일단 루틴이 만들어지면 점차 운동량을 늘리고 더 높은 강도의 운동에 도전해도 좋다.

운동은 단지 체력을 기르기 위한 수단에 그치지 않는다. 운동을 통해 도전하고 성취하는 경험이 주는 에너지가 업무에도 긍정적인 영향을 준다. 이와 같은 이유로, 악기를 배우는 것도 매우 좋은 자기 관리 루틴이 된다. 짧게라도 꾸준히 연습하다 보면 어느새 한 곡을 완주하게 되고, 그 성취감이 삶의 자존감을 키워준다.

리더십 관련 도서 대부분은 명상을 추천한다. 마음을 단단하게 만들고 심리적인 회복력을 기르는 데 명상만 한 것이 없기 때문이다. 하지만 명상이 낯설다면, 잠자리에 들기 전 5분 동안 오늘 하루 감사한 일을 하나씩 떠올려 보는 것만으로도 충분하다.

나도 평소에 마음챙김 명상을 실천하려 애쓴다. 샤워를 마치고 나면 조용한 곳에 앉아 10분간 심호흡하며 내 숨소리에 집중해 본다. 자꾸만 주의가 흐트러지지만, 그때마다 의식적으로 다시 집중하려 한다. 이런 과정을 반복하면서 마음이 고요해지고, 나 자신을 다잡을 수 있게 된다.

운동이나 악기 연주처럼 몰입도가 높은 활동도 명상과 유사한 효과를 준다. 종교 활동을 통해 심리적인 안정을 찾는 사람도 많다. 종교 활동은 삶의 방향을 명확히 잡아주고, 심리적 위안을 주는 좋은 루틴이 될 수 있다.

어떤 방법이든 중요한 것은 '지속 가능한 루틴'을 만드는 것이다. 나에게 맞는 치유법을 찾고, 무리 없이 반복할 수 있는 방식으로 실천해 보자. 운동, 명상, 종교 활동처럼 나를 회복시키는 활동은 미리 시간을 확보하지 않으면 절대로 실행되지 않는다. '언젠가 시간이 나면 해야지'라는 생각만으로는 영원히 실행할 수 없다.

팀장은 늘 시간이 부족한 사람이다. 스케줄이 저절로 비는 날은 절대 오지 않는다. 그래서 더욱 의도적으로, 단단한 마음가짐으로 자기 관리를 위한 '시간'과 '예산'을 사전에 확보해 두어야 한다.

농사꾼은 아무리 배가 고파도 다음 해 파종을 위해 남겨둔 씨앗만큼은 절대 먹지 않는다. 자기 관리에 들이는 시간과 예산은 바로 그 씨앗과 같다. 농사꾼은 지금 먹고 싶은 유혹을 이겨내야, 다음 해에도 농사를 계속 지을 수 있다. 마찬가지로 리더의 회복 루틴을 위해서, 무너지지 않고 오래가기 위해서 그리고 다시 한번 뛸 수 있는 힘을 얻기 위해서 자기 관리를 위한 시간과 예산을 반드시 확보해 두자.

흔들릴 때 나를 붙드는 긍정심리 자산 쌓기

나를 진심으로 응원해 줄 한 사람을 곁에 두기

'직장 생활을 계속해 나가기 위해 꼭 필요한 것'이라는 주제로 동료들과 이야기를 나눈 적이 있다. 여러 가지 의견이 오갔지만, 내 마음을 가장 사로잡은 것은 단 하나였다.

'언제든 내 편을 들어줄 한 사람.'

나를 지지하고 응원해 줄 한 사람을 만드는 일. 말은 쉬워도 현실에서는 어렵다. 그러나 팀장에게는 반드시 필요한 일이다. 외롭지 않기 위해, 흔들리는 순간에 중심을 붙들기 위해, 나를 끝까지 응원해 줄 단 한 사람을 곁에 두자.

예전에 담당 임원에게 몇 시간 동안 크게 질책을 받았던 적이 있다. 욱하는 마음에 사직서를 써놓고 책상을 정리하기까지 했다. 그때 가장 친한 후배가 내게 말했다.

"선배가 그만두면, 저도 따라 그만둘 거예요."

그 한마디가 나를 붙들었다. 순간의 욱하는 감정이라 시간이 지나니 차분해졌고, 다시 일에 몰입할 수 있었다. 후배는 실제로 날 따라서 사직할 생각은 아니었을 것이다. 그러나 그의 단단한 믿음이 담긴 말 한마디가 내가 다시 걸어갈 수 있게 한 큰 힘이었다.

한 사람이라도 좋다. 언제든 나를 믿고 지지해 줄 사람을 만들자. 꼭 멘토나 코치일 필요는 없다. 진심 어린 응원만으로도 충분하다. 멘토는 쉽게 만나기 어렵지만, '응원자'는 나의 노력으로도 만들 수 있다.

작은 성공을 자축하기

물론 언제까지나 그 사람에게만 의지해서는 안 된다. 스스로 멘털 회복 루틴을 갖추는 것이 더 중요하다. 멘털 회복을 위한 좋은 방법 중 하나는 '작은 성공'을 자축하는 것이다.

우리는 매일 일하면서 작은 성공을 쌓는다. 큰 프로젝트가 아니어서 기억하지 못했을 뿐, 오늘도 우리는 수많은 좋은 결정을 내렸다. 팀원의 마음을 다독이고, 갈등을 조정하고, 적절한 타이밍에 칭찬을 건넸다. 그러나 우리는 작은 성공을 잘 기억하지 못한다. 실패는 저절로 떠오르지만, 사소한 성과는 일부러 들여다보지 않으면 눈에 띄지 않는다.

 매일 내가 잘한 일을 한두 가지씩 찾아 적어보자. 그리고 아주 작게라도 스스로에게 보상한다. 맛있는 커피 한 잔을 사 마시거나, 자주 먹기 어려운 저녁 메뉴를 고르거나, 마음에 드는 소품을 구입하는 것도 좋다. 실무형 팀장에게는 자신을 칭찬해 줄 상사가 많지 않다. 팀원에게 칭찬을 받는 것도 쉽지 않다. 그래서 더더욱 스스로를 응원해 주어야 한다.

롤 모델 만들기

슬럼프가 깊어졌다면 롤 모델을 떠올려 보자. 『팀장의 탄생』(2022)을 쓴 메타(Meta)의 팀장 줄리 주오(Julie Zhuo)는 유명 인물을 롤 모델로 삼고, 그들이 겪은 시련을 찾아보라고 조언한다. 위대한 리더도 누구나 시련의 시간을 겪는다. 그들의 이야기로 나만 유난히 힘든 것이 아니라는 사실을 깨달으면 마음이 조금 놓인다.

 꼭 유명 인물이 아니어도 된다. 주변의 다른 팀장을 롤 모델로 삼아도 좋다. 멘토가 되어 달라고 요청하지 않더라도, 그의 판단과 행동을 지켜보며 배울 수 있다. '이런 상황에서 나는 어떻게 할까?'

를 떠올리기만 해도 큰 도움이 된다.

내가 사람 문제로 벽에 부딪힐 때면 떠오르는 한 팀장님이 있다. 그 팀장님은 종종 "의심스러운 사람은 쓰지 말고, 일단 쓰기로 했으면 의심하지 말라"라고 자주 말씀하셨다. 그는 팀원이 신뢰를 저버리고 큰 실수를 해도, 나름의 이유가 있었을 거라며 이해하려 애썼다. 포기하지 않고 해당 팀원을 변화시키려 노력했다. 하지만 인내할 수 있는 수준을 넘어서면 단호하게 처리했다. 냉혹하게 인사 평가를 했고, 때로는 정리한 팀원도 있었다.

나 또한 팀원에게 큰 실망을 느끼는 순간을 마주치면 그 팀장님을 떠올린다. '팀장님이라면 뭐라고 하셨을까?' 마치 그분이 내 옆에서 조언해 주시는 것처럼 그의 표정, 말투를 상상해 본다. 그리고 나도 우리 팀의 팀원은 최대한 믿고 지지해 주려 애쓴다.

한번은 이런 일이 있었다. 우리 팀의 한 팀원이 인사 정보 시스템 개발에 참여하고 있었다. 그런데 어느 날, 개발 TF팀의 팀장이 프로젝트가 제대로 진행되지 않는다며 나에게 연락해 왔다.

"그 팀의 팀원이 개발 업무의 요건 정의를 게을리 합니다. 우리 개발자가 요건 정의서를 바탕으로 코딩을 해야 하는데 업무가 크게 지연되고 있어요."

나는 우리 팀원은 그럴 리가 없다며 단호하게 대답했고, 팀원에게도 '네가 고의로 그랬을 리 없다'라는 말로 믿음을 보여주었다. 이 일로 팀원과의 관계가 더욱 좋아졌고 나중에 해당 사건은 오해로

밝혀졌다.

매번 롤 모델을 찾아가서 직접 도움을 얻기는 쉽지 않다. 하지만 롤 모델과의 가상 대화를 통해서 충분히 도움을 받을 수 있다. 판단이 어려운 상황일수록 롤 모델을 떠올리며 판단하고 행동하면 흔들리는 내 중심을 바로잡게 된다.

때로는 늘 접하는 일상의 장면에서 벗어나 보면 좋다. 푸른 숲이나 넓은 바다를 보면 마음을 위로받고, 예술 작품을 감상하다 보면 마음의 평온을 얻는다. 나는 스스로 번아웃에 빠졌다고 느꼈던 어느 날, 미술관에 갔다. 평소 미술과 관련된 취미가 있었던 것도 아니고, 그날이 첫 미술관 관람이었다. 사무실에서 머리를 쥐어뜯으며 고민하다 보니 정말 머릿속이 이상해질 것 같았다. 급히 반차를 내고 사무실을 나왔지만 마땅한 목적지가 떠오르지 않았다. 그때 문득, 어느 책에서 읽은 문장이 떠올랐다. '자연과 예술은 사람의 마음을 위로한다.' 자연을 찾아 산이나 강으로 가는 건 시간상 무리였다. 그래서 즉흥적으로 미술관에 가보자고 마음먹었다.

그렇게 찾아간 미술관에서는 <초현실주의 작가전>이 열리고 있었다. 첫 방문에 초현실주의 작가전이라니…. 난해한 작품을 제대로 감상하기 어렵겠다는 생각이 들었다. 처음이자 마지막 방문이 될지도 모른다고 생각했다.

그런데 예상과는 전혀 다른 경험이 시작되었다. '이 화가는 도대체 무슨 생각으로 이런 그림 같지 않은 그림을 그렸을까?'라는 생각을 하며, 한 작품 앞에 가만히 서서 한참을 들여다보게 되었다. 이상하게도 시간이 지날수록 마음이 차분해지고 걱정이 하나둘 사라지는 것이 느껴졌다.

내가 본 초현실주의 작가들은 기존의 미술로는 도저히 설명할 수 없는 아이디어를 표현하려 애쓰고 있었다. 표현하기 어려운 심상을 표현하고, 그림으로 구현하기 어려운 형상을 억지로라도 끄집어내려 하고 있었다.

그 모습이 매일 불가능을 가능으로 바꾸기 위해 애쓰는 팀장의 일과 겹쳐 보였다. 화가나 팀장이나, 결국 안 되는 일에 도전하는 사람들이다. 그 사실이 묘한 위로가 되었다.

후배 팀장들에게 이런 말을 자주 한다.

"고민에서 한발 벗어나 보세요."

"정기적으로 자기를 돌아보는 시간을 가지세요."

"자기 관리에 쓸 시간과 예산을 반드시 따로 빼두세요."

그러면 대부분은 이렇게 대답한다.

"마음은 있지만, 지금은 너무 바빠요."

눈앞의 성과가 급하고, 도저히 시간을 낼 수 없어 자신을 돌보지 못하는 그 상황은 충분히 이해한다. 하지만 정말 필요한 건 거창한 시도가 아니라, 작은 실천이다. 어떻게 나를 돌볼지 아직 모르겠다면 일단 무엇이라도 해보자. 전혀 해보지 않았던 경험이 오히려 고뇌의 쳇바퀴에서 빠져나오게 도와줄 수도 있다. 성과와 효율만을 좇으며 달리기보다, 때로는 아주 짧은 '멈춤'이 필요하다. 팀장이 돌봐야 할 대상에는 조직과 팀원, 그리고 반드시 나 자신도 포함되기 때문이다.

 실무형 팀장을 위한 SUMMARY

- 의식적으로 여유를 가지고 자신을 돌아보는 시간을 통해 불안과 초조에서 빠져나오는 연습을 해야 한다.
- 루틴화할 수 있는 자기 관리를 위한 시간과 예산을 확보해야 한다.
- 나를 진심으로 응원해 주는 한 사람 만들기, 작은 성공 자축하기, 롤 모델 만들기 등의 방법으로 긍정심리 자산을 쌓아야 한다.
- 팀장의 돌봄 대상에는 팀원뿐만 아니라 팀장 자신도 포함된다. 자기 돌봄을 위한 작은 실천이 필요하다.

나의 진심이
닿기를 바라며

실무형 팀장이라는 주제로 블로그에 글을 쓰기 시작한 뒤, 몇몇 회사에서 팀장을 대상으로 한 강연 요청이 들어왔다. 다른 팀장님들은 실무형 팀장에 대해 어떻게 생각할지 궁금하기도 해서 강연을 수락했다. 그 자리에서 여러 팀장님들과 의견을 나눌 수 있었다.

그분들의 가장 큰 고민은 '과연 내가 왜 이걸 해야 하는가?'라는 질문이었다.

"원해서 팀장이 된 것도 아닌데, 왜 실무까지 떠안고 스트레스를 받아야 하나요?"

"왜 저만 이런 힘든 역할을 맡아야 하죠? 이런다고 부귀영화를 누리는 것도 아닌데요."

강연을 요청한 회사에서는 실무형 팀장이 겪는 어려움을 극복할 팁을 전해주기를 기대하며 나를 불렀을 것이다. 하지만 정작 팀장들은 '왜 내가 이런 고생을 해야 하지?'라는 원망에 빠져 있었다. 나는 강연에서 실무형 팀장 자리를 활용할 수 있는 다양한 방법을 제안했지만, 몇몇은 여전히 원망의 눈빛을 거두지 못했다.

요즘 직장 생활에서 가장 큰 화두는 '고통 최소화'다. 이를 단순한 공식으로 표현하면 다음과 같다.

> 직장 생활 = 최소한의 고통으로 최대한의 이득

즉, 적게 힘들고 가능한 한 많은 월급을 받는 것이 직장 생활을 잘하는 방법이라고 믿는다. 이 공식을 기준으로 보면, 팀장이라는 역할은 고통은 큰 반면 그에 비례해 보상이 크지 않으므로, 맡을 이유가 없어 보인다. 더군다나 실무까지 함께하는 실무형 팀장은 2배의 고통을 스스로 선택하는 일처럼 여겨진다.

처음 팀장이 되었을 때가 떠올랐다. 나에게 별 관심 없던 상사가 점심을 먹자고 했다. 무슨 일인가 싶었는데 "네가 내일부터 팀장이 될 거다"라고 말씀하셨다. 그 무거운 책임을 내가 감당할 수 있을까 싶어 그날 이후로 며칠 밤을 뒤척였다. 리더가 된다는 자부심이나, 내가 팀을 어떻게 만들어 보겠다는 열정은 없었다. 오직 걱정, 두려움, 부담감뿐이었다.

그런데 막상 팀장으로 일하다 보니, 가슴에 열정을 품고 있는 팀원이 많다는 사실을 알게 되었다. 내가 적당히 일하고 빨리 끝나기만을 바라던 순간에도, 팀원들은 조금이라도 더 좋은 결과물을 만들기 위해 포기하지 않고 눈빛을 빛냈다. '저 팀원이 저토록 애쓰고 있는데, 나는 어떤 도움을 주고 있나?'라는 생각이 들며 팀장으로서 스스로 부끄러워지는 순간이었다.

그들에게 제대로 된 방향을 제시하고 싶어서 팀장 리더십 관련 책을 찾기 시작했다. 관련 교육 프로그램을 수강하고, 팀장들이 모이는 스터디에도 참여했다. 거기서 다루는 주제는 성과 관리, 1:1 면담과 피드백, 팀원 평가 기법 등이었다. 배운 대로 모두 시도해 보았지만, 팀원 개개인의 성장을 돕기에는 무언가 부족하다는 생각이 들었다.

그래서 실무를 직접 수행해 보고 더 나은 방법을 실험해 보며 '이렇게 하니까 좀 더 낫더라'는 교훈을 팀원들에게 전해주고 싶었다. 그렇게 실무형 팀장이라는 역할을 시작하게 되었다. 그래서 자발적으로 실무형 팀장이 되기로 한 나는 상대적으로 '왜 실무형 팀장으로 살아야 하는가?'에 대한 고민이 적었다. 팀원을 돕고자 하는 마음으로 시작했기 때문에, 오히려 '왜'라는 질문에 빠지지 않게 된 셈이다.

이화여자대학교 윤정구 교수는 『진정성이란 무엇인가?』(2012)

에서 '진성 리더(Authentic leader)' 개념을 소개한다. 진성 리더란 '구성원의 가슴을 뛰게 하는 사명이 현실로 구현되도록 돕는 사람'을 뜻한다. 너무 이상적인 개념처럼 들릴 수도 있다. 그러나 나는 그런 리더가 되고 싶었다. 팀원들에게 '저 팀장은 뭔가 가슴 설레는 방향을 제시하는구나'라는 느낌을 주고 싶었다.

실무형 팀장으로서 지시만 하는 사람이 아니라, 함께 뛰며 머리를 맞대고 방법을 찾는 팀장이 되고 싶었다. 이런 모습이 내가 생각하는 '진정성 있는 리더'였다. 그런 팀장이 된다면 내 스스로도 당당하고, 팀원들 앞에서도 뿌듯할 것이라 믿었다. 언젠가 은퇴를 앞두고 지난 직장 생활을 되돌아보는 그 순간에, '참 잘했다'고 스스로를 칭찬해 줄 수 있을 거라 생각했다.

'왜 실무형 팀장이 되어야 하는가?'에 대한 거창한 답을 찾으려 애쓰지 않아도 된다. 일단 책에서 소개한 방법 중 하나라도 실천해 보자. 실무형 팀장이 아니더라도 팀장이라면 업무 프로세스를 체계화하고, 팀 운영 시스템을 만들어야 한다. 팀장이 아니더라도 일하는 체계를 만들고 협업 방식을 개선하면 더 효과적으로 일할 수 있다. 조직을 탓하고 신세를 한탄하기보다 지금의 현실을 조금이라도 개선하기 위해 노력하는 편이 더 현명하다.

가능한 한 내가 먼저 시도하고 발전시켜 온 방법들을 이 책에 최대한 상세하게 담아내려 했다. 앞으로 실무형 팀장이 더 많아지면서 새로운 팀 운영 기법을 실험하는 사람들이 늘어날 거라 생각한다. 지금까지와는 다른 방식의 리더십을 제안하는 팀장이 많아졌으면 좋겠다. 이 책이 그 첫걸음을 내딛는 데 작은 도움이 된다면 더할 나위 없이 기쁠 테다.

지금 이 순간에도 수많은 회사에서 실무형 팀장들이 열정을 불태우고, 고민에 빠지고, 때로는 좌절하고 있을 것이다. 그 고뇌의 시간은 결코 헛된 것이 아니다. 팀장이 진심을 다하면, 팀원은 반드시 그 진심을 느낀다. 단지 표현이 서툴 뿐이다. 그래도 분명 누군가는 당신의 열정과 헌신, 그리고 진심을 알고 있다.

나 역시, 누군가는 언젠가 내 진심을 알아주리라는 믿음으로 오늘 하루 팀장의 일을 다시 시작한다.

실무형 팀장

초판 1쇄 발행 2025년 9월 3일

지은이 임희걸
브랜드 경이로움
출판 총괄 안대현
기획·책임편집 정은솔
편집 김효주, 심보경, 이수빈, 이제호, 전다은
마케팅 김윤성
표지디자인 STUDIO 보글
본문디자인 윤지은

발행인 김의현
발행처 (주)사이다경제
출판등록 제2021-000224호(2021년 7월 8일)
주소 서울특별시 강남구 테헤란로33길 13-3, 7층(역삼동)
홈페이지 cidermics.com
이메일 gyeongiloumbooks@gmail.com(출간 문의)
전화 02-2088-1804 **팩스** 02-2088-5813
종이 다올페이퍼 **인쇄** 재영피앤비
ISBN 979-11-94508-45-8 (03320)

- 책값은 뒤표지에 있습니다.
- 잘못된 책이나 파손된 책은 구입하신 서점에서 교환해드립니다.
- 이 책은 저작권법에 의하여 보호를 받는 저작물이므로 무단 전재와 복제를 금합니다.